辽宁大学工商管理学系列丛书
辽宁省“双一流”学科建设资助项目

# 业绩期望落差对企业风险承担的影响研究

## Research on the Impact of Performance Expectation Gap on Corporate Risk-Taking

李莹　著

中国财经出版传媒集团
经济科学出版社
Economic Science Press
·北京·

**图书在版编目（CIP）数据**

业绩期望落差对企业风险承担的影响研究 / 李莹著.
北京 ：经济科学出版社，2025．3． --（辽宁大学工商管理学系列丛书）． -- ISBN 978 - 7 - 5218 - 5874 - 7

Ⅰ．F279．23

中国国家版本馆 CIP 数据核字第 20240CX848 号

责任编辑：卢玥丞
责任校对：蒋子明
责任印制：范 艳

**业绩期望落差对企业风险承担的影响研究**

YEJI QIWANG LUOCHA DUI QIYE FENGXIAN CHENGDAN DE YINGXING YANJIU

李 莹 著

经济科学出版社出版、发行 新华书店经销

社址：北京市海淀区阜成路甲 28 号 邮编：100142

总编部电话：010 - 88191217 发行部电话：010 - 88191522

网址：www. esp. com. cn

电子邮箱：esp@ esp. com. cn

天猫网店：经济科学出版社旗舰店

网址：http：//jjkxcbs. tmall. com

北京季蜂印刷有限公司印装

710 × 1000 16 开 15. 5 印张 215000 字

2025 年 3 月第 1 版 2025 年 3 月第 1 次印刷

ISBN 978 - 7 - 5218 - 5874 - 7 定价：92. 00 元

# 辽宁大学工商管理学系列丛书编委会

# 前 言

当前中国正在形成以国内大循环为主体、国内国际双循环相互促进的新发展格局，在这个时代背景下，高质量发展已经成为中国企业的必然选择，只有这样才能真正解决关键核心领域的“卡脖子”问题，让更多具有“创新基因”的优秀企业涌现出来。高质量发展道路和运营模式要求中国企业具备更多的风险承担意识和能力，且能够在高度不确定性的外部环境中科学有效地管理高风险的战略行为，以及有效地控制风险。

学术界围绕高管团队风险决策的研究较多，现有研究利用一些理论对此进行了解释，如企业行为理论、前景理论、威胁—刚性理论等，每个理论都有其各自的适用性。高管团队进行高风险决策的动机究竟是什么，不同理论在解释高管团队决策时存在着较为明显的差异。高管团队决策特征的一个主要表现就是利用业绩期望作为参照点，通过业绩反馈来判断当前企业业绩是否存在问题，进而决定企业是否采取相应的变革措施。从以往的研究观点看，导致高管团队采取高风险决策的因素，主要是高管团队的个人特征，以及CEO/高管团队权力和其他一些与高管团队自身较为密切的变量。但是，有必要观察业绩期望落差是否会对高管团队决策时的偏好特征产生影响，这有利于打开上述逻辑黑箱，进一步揭示出其内在机理。

本书采用了逻辑演绎法、多元回归分析法以及三步程序法等研究方法，以我国沪深A股主板的上市公司为研究对象，对业绩期望落差与企业风险承担之间的关系进行了分析。数据选取范围为2003~2019年，一共获得了17年间23215个公司—年份样本观测值。在构建了基准模型、中介效应模型和调节效应模型的基础上，利用多元回归分别检验了所提出的若干假设，并通过稳健性检验，进一步证实了所得结论的有效性。

内容共有六个部分。第一部分是绪论。主要介绍了研究背景，并提出了研究问题。分别从理论和现实角度提出了研究意义，介绍了研究内容和方法、研究思路和技术路线，以及创新点。第二部分是文献综述。主要从风险承担、业绩期望落差、业绩期望落差与风险承担的关系、差异化战略及其相关研究和高管团队异质性对企业行为的影响等方面对相关文献进行了较为全面的综述。第三部分是理论分析和研究假设。主要阐述了企业行为理论、前景理论、威胁—刚性理论和高阶梯队理论等相关理论，进而运用上述理论进行分析提出了研究模型和假设。第四部分是研究设计。介绍了样本选择和数据来源，变量的测量方式，并给出了计量模型。第五部分是数据分析与假设检验。主要介绍了描述性统计，介绍了业绩期望落差与企业风险承担关系的回归结果，差异化战略的中介作用，以及高管团队异质性和制度环境的调节作用等，对此前所提出的假设进行了验证。同时，也进行了稳健性检验。主要利用更换被解释变量、解释变量等对研究结论的稳健性进行了检验。第六部分是结论与展望。主要介绍了研究结论、管理启示与建议，并提出了研究局限以及今后的展望。

本书得出如下结论：第一，业绩期望落差对企业风险承担具有显著的影响，当采用不同方式测量业绩期望落差时，业绩期望落差与企业风险承担的关系并不一致。研究证实，后视性业绩期望落差与企业风险承担间呈倒“U”形关系，而前瞻性业绩期望落差对企业风险承担具有显著的正向影响。第二，差异化战略在业绩期望落差与企业风险承担之间具有显著的中介作用。差异化战略是一种可行的战略选择，更容易被包括股东在内的利益相关者所接受和认可。第三，高管团队异质性对业绩期望落差与企业风险承担之间的关系具有显著的调节作用。第四，制度环境对业绩期望落差与企业风险承担之间的关系同样具有显著的调节作用。

本书的创新点如下：第一，从多维度业绩期望落差入手，揭示了不同维度业绩期望落差对企业风险承担的异质性影响，这对已有的业绩期望落差的研究提供了有益补充。发现前瞻性业绩期望落差与企业决策之间存在着显著的正向线性关系，这与后视性业绩期望落差与企业决策之间的倒“U”形关系截然不同，这说明两者作用机制并不相同，适用理论也有很大的差异。第二，引入差异化战略这个重要战略选项，发现差异化战略在业绩期望落差与企业风险承担之间起到明显的中介作用。即可以认为，当出现业绩期望落差后，企业很可能通过实施差异化战略来改变其风险承担水平，这进一步打开了业绩期望落差与企业风险承担之间的作用机制，提供了一个非常重要的作用路径。第三，高管团队异质性和制度环境分别从组织内外部对业绩期望落差与企业风险承担之间的关系起到显著的调节作用，这有助于补充影响企业决策形成机理的内外部情境因素。

# 目录

CONTENTS

# 第1章 绪 论

## 1.1 研究背景与问题提出

### 1.1.1 研究背景

#### 1.1.1.1 现实背景

当今中国企业所处的外部环境中，有两个截然不同的重要影响因素，都对中国企业的今后发展具有极其重要的作用。首先，全球环境中的“黑天鹅”事件和“灰犀牛”事件频发，对企业生存和发展产生越来越严重的威胁。如2020年初发生的新冠疫情，在最初的一段时间里，国内多地停工停产，给交通、餐饮、旅游等行业和诸多中小企业带来了几乎无法预料的负面影响。其次，随着中国企业日益国际化，中国的国民经济实力越来越强大，企业面临的国际政治经济等环境不确定性不断提高。如一些针对中国企业的制裁事件频发，一个非常明显的趋势是，某些国家正试图将中国从全球供应链体系中剥离出去，或者说是试图在中国之外建设一个全球供应链。

针对全球环境的上述变化，中国政府提出要构建以国内大循环为主体、国内国际双循环相互促进的新发展格局。在这个时代背景下，中国企业必然要选择高质量发展的道路，才能真正解决“卡脖子”问题，让更多具有“创新基因”的中国优秀企业涌现出来。随着中国企业面临的国际形势越来越严峻，中国企业必然要从制造型转向研发型，必然要投入更多的资金进行高水平的研发活动。低水平的研发活动或甘心在全球产业链低端赚钱，已经令大多数中国企业陷入到难以可持续发展的困境。企业所采取的投资活动在很大程度上会受到制度环境的影响，中国企业一旦进行这样的战略转型，这些企业面临的制度环境就显得尤为重要。这些都要求中国企业具备更多的风险承担意识和能力，且能够科学有效地管理高风险的战略行为，有效控制风险。目前来看，在不同的制度环境下究竟哪些企业会主动采取高风险活动，这些企业采取高风险活动时的效果究竟如何，这些都对企业界具有较为普遍的意义。

随着中国经济发展速度逐渐减缓，从高速、中高速增长逐渐转变为高质量发展模式，越来越多的企业也将会面临波动式发展而不是爬坡式发展。机会主义型企业的发展会面临更多的困难。在频繁出现的外部威胁冲击下，企业要想继续生存下去就要表现出更多的“韧性”。在经营业绩持续下滑的过程中，企业要学会如何快速走出困境，重新走上上升轨道，这方面的经验和知识是当今背景下企业能够实现可持续发展的关键所在。

这些都要求学术界能够找出企业业绩下滑后，企业决策者究竟该怎么做，企业究竟该采取哪些行为，从理论上为企业提供有效指导。

#### 1.1.1.2 理论背景

学术界围绕高管团队决策的研究较多，现有研究利用一些理论对此进行了解释，如企业行为理论、前景理论、威胁—刚性理论等，但是每个理论都有其各自的适用性。近年来，随着人们对决策机制的认识逐步深入，越来越多的主流观点认为非理性决策是决策的主要特征，决策者在制定决策时往往会受到诸多心理因素的影响。因此，在非理性决策的视角下，高管团队决策的动机究竟是什么，上述不同理论在解释高管团队决策时的差异是什么，如此等等问题均需做进一步研究，通过深入探讨后予以厘清，特别是要弄清高管团队在进行高风险决策时的内在机理。

高管团队决策特征的一个主要表现就是对以往的业绩或今后可能取得的业绩进行比照，即利用业绩期望作为参照点，通过业绩反馈来判断当前企业运行情况是否存在问题，进而决定企业是否采取相同的变革措施（Cyert & March，1963）。一般认为，熊彼特（Schumpeter）意义的创新意味着组织要打破原有的结构形式或资源分配方式，在这个意义上创新等同于组织变革，而组织变革往往意味着企业要打破原有的均衡态，须面对较高的风险。这里存在一个非常重要的因素，即企业层面上对风险的偏好特征，即企业风险承担，也就是企业倾向于选择高风险高收益项目的特征或行为。因而，厘清业绩期望与企业风险承担究竟存在什么关系，有助于打开业绩期望与企业变革行为之间的黑箱。

为了进一步厘清业绩期望落差对企业风险承担之间的作用机制，本书还引入了高管团队异质性和制度环境两个因素，观察这两个情境因素对上述机制可能带来的影响。从以往的研究观点看，影响企业风险偏好的因素主要是高管团队的个人特征，以及首席执行官（CEO）/高管团队权力和其他一些与高管团队自身较为密切的变量。还需要指出的是，企业行为理论、前景理论和威胁—刚性理论更多地解释的是决策者，而不是描述团队整体。然而在中国，集体决策更符合中国情况，更贴近我国当前企业高管决策的现实情况。因而从团队整体角度考虑，从性别、年龄、教育水平和职业背景等多维度出发，分析高管团队异质性的构成情况对业绩期望落差与企业风险承担关系的调节效应，观察高管团队决策时的自身偏好特征产生影响，进一步揭示出内在机理。引入制度环境这一权变因素，有助于从外部影响因素方面分析其对业绩期望落差与企业风险承担的调节作用。

### 1.1.2 问题提出

当企业利用参照点进行决策时，很可能会利用可以对照的自身业绩或同类企业的业绩作为参照点。与参照点对比发现业绩期望落差后，高管团队就会感受到某些内在的刺激，从而采取适当的组织变革行为，这是企业行为理论的核心逻辑（Cyert & March，1963）。从目前的研究成果看，学者们对此试图给出更为全面的解释，如试图对业绩期望落差进行更为详细的划分，形成了后视性业绩期望落差和前瞻性业绩期望落差（Cyert & March，1963；贺小刚等，2016；Gavetti & Levinthal，2000；郭蓉和文巧甜，2019），还进一步将后视性业绩期望落差分解为历史期望落差和行业期望落差两个截然不同的维度（Cyert & March，1963；贺小刚等，2016）。当业绩期望落差出现后，是否必然意味着组织要加大变革力度呢？也有学者试图引入威胁—刚性假说，并给出了与企业行为理论截然不同的结论（Mckinley et al.，2014）。那么，上述研究结论究竟是否存在着内在的逻辑冲突，不同理论的适用边界该如何厘清，特别是当考虑到推动企业提升风险承担水平，努力加大中国企业创新力度的时代背景下，业绩期望落差究竟如何对企业风险承担产生影响，就成为一个亟须弄清的问题。

为了使讨论能够更全面与深入，弄清企业利用参照点进行决策的内在机理，需要利用决策—行为—绩效的逻辑对业绩期望落差与企业风险承担之间的作用路径进行分析。为结合中国企业高质量发展的时代主题，引入了差异化战略作为一项重要的战略选择，试图揭示差异化战略是否起到了显著的中介作用。此外，还需要充分考虑决策者自身情况以及决策时所处的外部环境，因此，引入了高管团队异质性和制度环境这两个权变因素。对高管团队来说，影响高管团队决策效率和质量的重要因素就是其团队的异质性，普遍被接受的观点是，异质性程度越高，高管团队的决策质量会得到提升，但效率却会出现明显下降。制度环境也会直接影响决策，特别是对市场化程度较高的地区而言，市场中的信息越充分和明确，越有助于决策者在决策时对决策方案和结果等作出更准确的判断。

## 1.2 研究意义

### 1.2.1 理论意义

从理论上讲，近年来业绩期望落差对企业行为影响的研究并不少见，以贺小刚等为核心的团队，形成了以业绩期望为主题词的一系列高水平研究成果，并产生了较大的学术影响力。目前，越来越多的学者开始关注业绩期望落差对企业行为的影响机制，其中业绩期望落差与企业风险承担之间的关系也受到了越来越多的关注。

第一，已有关于业绩期望落差对企业风险承担水平的文献多运用企业行为理论和前景理论来分析其中的影响机制，也有部分文献引入威胁—刚性理论对其进行论述（Cyert & March，1963；Gavetti & Levinthal，2000；Mckinley et al.，2014；贺小刚等，2016；郭蓉和文巧甜，2019）。由于采用的理论存在差异，诸多研究所得到的结论也存在着令人困惑之处，并未形成较为一致的结论。本书通过对企业所处阶段进行“低期望差距”“高期望差距”及临近企业“生存点”的划分（March & Shapira，1992；王晓燕和柳雅君，2021），把看似冲突的理论整合到一个研究框架中。对不同程度的业绩期望落差与风险承担的作用机理进行分析，对业绩期望落差与企业风险承担之间呈现“U”形关系的结论给出了更为全面的理论解释。深化了原有文献的研究结论，拓展了企业行为理论、前景理论和威胁—刚性理论的适用边界。

第二，将高管团队作为与企业风险承担相关的决策主体时，需要考虑到高管团队异质性对决策过程可能带来的影响（Hitt & Tyler，1991；Tihanyi et al.，2000；Carpenter & Fredrickson，2001）。一般认为，高管团队异质性有助于推动企业实施更高程度的风险活动，当高管团队的异质性程度较高时，由于拥有更为广泛的专业知识和技能，高管团队决策时考虑得更为全面，他们所拥有的更为广泛和复杂的网络关系也可以为企业的高风险活动提供必要的支持。不过，也有观点认为，异质性程度还可能存在着明显的负效应，即高管团队异质性程度高不利于风险承担活动的强有力推进。因此，讨论高管团队异质性这一影响决策的重要因素究竟会如何影响业绩期望落差与风险承担之间的关系就显得尤为重要。

第三，关于业绩期望落差与企业风险承担之间作用路径的研究，此前还较少出现。本书试图在中国高质量发展的时代背景下，引入差异化战略作为一个颇具政策意义的战略行为，观察差异化战略是否在业绩期望落差与企业风险承担之间具有中介作用。高管团队基于业绩期望落差进行的战略决策，必然会体现为企业的具体战略行为和行动，如差异化战略、国际化战略、并购和联盟，以及其他一些可能的战略选择。探索性地讨论差异化战略这条重要的战略路径，有助于揭示出业绩期望落差、差异化战略与企业风险承担三者之间的逻辑先后关系，进一步丰富业绩期望落差与企业风险承担关系的相关研究。

第四，考虑我国经济正处于由高速增长向绿色及可持续增长转型阶段，引入制度环境这一权变因素，从外部影响因素方面分析其对业绩期望落差与企业风险承担的调节作用，有助于使上述研究结论更符合实际情况，具有更强的解释力。同时，从内部因素进行考虑，探讨了高管团队异质性的调节作用，明确了高管团队异质性发挥调节作用的适用情境及不同高管决策理论的适用边界，具有重要的理论研究意义。

### 1.2.2 现实意义

在实践层面上的意义主要表现为如下几个方面。

第一，为企业高管进行高风险决策提供必要的理论支持。高风险决策本身就是一项风险水平较高的活动，决策过程中存在着较多的不确定性，如何提升决策质量是高管团队面临的重要任务。识别出不同维度的业绩期望落差对企业风险承担的影响差异，发现差异化战略所起到的中介作用，明确高管团队利用业绩期望落差进行高风险决策的内在机理，为企业及时调整发展战略和提高决策质量提供重要的决策依据。

第二，为公司的股东和董事会进行战略调整提供必要的理论支持。当公司股东和董事会要对公司战略进行必要调整时，不仅要考虑战略本身的变化，还要充分考虑高管团队人员构成可能带来的影响。弄清高管团队异质性对业绩期望落差与企业风险承担之间关系的调节作用，将有助于指导那些处于且急于走出困境的企业，通过对高管成员的组成变化来推动企业提升风险承担水平，进而帮助企业摆脱危机，实现可持续发展。

第三，为政府制定政策和改善营商环境提供必要的理论支持。对一个地区经济发展而言，如何更好地鼓励当地企业进行高风险的战略行动，在当前时代背景下具有非常重要的政策意义，也对当地实现高质量发展的制度设计具有重要价值。本书研究了制度环境对业绩期望落差与企业风险承担之间关系的调节作用，揭示了制度环境对企业高风险战略活动作用的内在机理，在地区政策层面上具有非常重要的实践意义。

## 1.3 研究内容与研究方法

### 1.3.1 研究内容

本书共有八个部分，具体内容如下。

第一部分是绪论。主要介绍了研究背景，并提出研究问题。分别从理论和现实角度提出了研究意义，介绍了研究内容和方法、研究思路和技术路线，以及研究创新点。

第二部分是文献综述。主要从风险承担、业绩期望落差、差异化战略、高管团队异质性和制度环境的概念与内涵，以及这些变量对企业行为的影响等方面展开，对相关领域文献进行了较为全面的综述。

第三部分是理论分析和研究假设。主要阐述了企业行为理论、前景理论、威胁—刚性理论和高阶梯队理论等相关理论。运用上述理论针对业绩期望落差与企业风险承担之间的关系，以及差异化战略的中介效应、高管团队异质性和制度环境的调节效应给出了研究模型并提出了研究假设。

第四部分是研究设计。介绍了样本选择和数据来源，所采取的研究变量的测量方式，尤其是对不同维度的业绩期望落差的测量方式给出了详细的说明，并给出了计量检验模型。

第五部分是数据分析与假设检验。主要汇报了描述性统计与相关性分析，介绍了业绩期望落差与企业风险承担关系的多元回归结果，差异化战略在业绩期望落差与企业风险承担之间所起到的中介作用，以及高管团队异质性和制度环境在上述基准效应中所起到的调节作用等。对此前所提出的假设进行了验证。同时，也进行了稳健性检验，保证所得结论是稳健的。

第六部分是期望差距的广度与宽度：对管理者决策的影响。首先分别讨论了期望差距广度和期望差距宽度各自的管理实践意义，但由于现实中两种情况很可能同时发生在企业里，因此，为更加贴近于现实，对两种情况同时存在进行了探讨。其次分别讨论了期望差距的广度与宽度对管理者决策的影响。最后探讨了二者的四种组合对管理者决策的影响。

第七部分是管理者更迭情境下的业绩期望落差与管理者决策。分别探讨了自然退休、主动离职、被动离职三种离职情境，以及内部管理者继任、外部管理者继任两种继任情境这五种不同情境的组合下业绩期望落差与管理者决策之间可能存在的关系。

第八部分是结论与展望。主要介绍了研究结论、管理启示与建议，并提出了研究局限及今后的展望。

### 1.3.2 研究方法

本书在研究模型和假设的提出部分使用了逻辑演绎法；在主效应、调节效应检验中使用了多元回归分析法；在中介效应检验中使用了巴伦和肯尼（Baron & Kenny）的三步程序法。具体研究方法如下。

**1. 逻辑演绎法**

逻辑演绎法是指人们以一定的反映客观规律的理论认识为依据，从服从该认识的已知部分推知事物的未知部分的思维方法。通过梳理业绩期望落差、差异化战略、高管团队异质性和制度环境这些变量对企业行为的影响的现有研究成果，运用企业行为理论、前景理论、威胁—刚性理论和高阶梯队理论等相关理论针对业绩期望落差与企业风险承担之间的关系，以及差异化战略的中介效应、高管团队异质性和制度环境的调节效应，提出了研究模型和研究假设。

**2. 多元回归分析法**

多元回归分析是指分析因变量和自变量之间的关系。回归分析的基本思想是，虽然自变量和因变量之间没有严格的、确定性的函数关系，但可以设法找出最能代表它们之间关系的数学表达形式。本书运用企业行为理论、威胁刚性理论、前景理论及高阶梯队等理论研究了业绩期望落差与企业风险承担之间的关系。并用统计分析软件 Stata16 对二者关系进行了回归分析。得出了后视性业绩期望落差（以及历史期望落差和行业期望落差）与企业风险承担呈倒“U”形关系，前瞻性业绩期望落差与企业风险承担之间呈线性关系的结论。在做调节效应分析时，通常在主效应模型中加入自变量和调节变量中心化变换后的交乘项，检验加入自变量与调节变量交乘项后模型拟合优度是否显著增加，以及交乘项是否显著，若显著，则存在调节效应。即基于交乘项的调节效应检验法。本书运用该方法分别分析了企业内部的高管团队的年龄异质性、性别异质性、教育水平异质性、职业背景异质性及企业外部的制度环境对业绩期望落差与企业风险承担间关系的调节作用，通过检验验证了调节效应的存在。

**3. 三步程序法**

三步程序法最早是由巴伦和肯尼（Baron & Kenny，1986）提出，用于检验中介效应。主要分为三步：第一步是自变量对因变量的主效应检验是否显著，第二步是分别检验自变量对中介变量回归系数是否显著，以及中介变量对因变量回归系数检验是否显著，第三步是检验中介变量、自变量对因变量的回归系数是否显著，如回归结果中自变量系数不显著或显著降低，说明完全或部分存在中介作用。本书运用三步程序方法，分析了后视性业绩期望落差（以及历史期望落差和行业期望落差）和前瞻性业绩期望落差、差异化战略与企业风险承担三者之间的关系，判断检验了差异化战略在业绩期望落差与风险承担之间起到了中介作用。

## 1.4 研究思路与技术路线

### 1.4.1 研究思路

本书研究的核心问题是业绩期望落差对企业风险承担的影响机理。因而，研究从该效应出发，将业绩期望落差区分为若干维度，进而分析不同维度的业绩期望落差与企业风险承担之间的关系，寻找到其中存在的差异，并厘清作用机理差异性的原因。引入了差异化战略作为中介变量，验证该战略选择是否能够作为业绩期望落差与企业风险承担间的一条可能的作用路径。此外还引入了高管团队异质性和制度环境作为调节变量，观察引入这两个权变因素后，业绩期望落差对企业风险承担的影响是否会表现出不同的情形，以确保所得出的结论更符合实际情况。具体思路如下。

第一，在梳理文献基础上，对与主题相关的文献进行全面检索和梳理，确定了所要研究问题的理论缺口、研究问题的理论意义和现实意义，并确定了所应采取的研究方法、研究样本及相关的研究变量等。在借鉴已有相关理论及模型的基础上，结合我国上市公司的实际情况，从企业行为理论、前景理论、威胁—刚性理论等理论基础出发，通过对“生存点”的识别，构建了业绩期望落差对企业风险承担之间关系的理论逻辑。

第二，利用已构建的理论模型，对业绩期望落差与企业风险承担之间的关系进行了实证检验。在实证检验过程中，为了更准确地区分高管团队在选择参照点时可能存在的差异，区分了前瞻性业绩期望落差和后视性业绩期望落差，分别检验不同维度业绩期望落差可能带来的不同影响。研究结论对业绩期望落差与企业风险承担之间已有的线性结论模型进行了修正和拓展。

第三，利用了动机—行为—绩效的战略框架，将差异化战略作为中国高质量发展时代背景下企业的一个主流战略选择，通过实证检验差异化战略在业绩期望落差与企业风险承担之间所起到的中介作用，试图揭示出企业通过差异化战略来实施高风险战略活动，进而提升企业整体的风险承担水平，促使企业能够加大创新力度，更好地适应当前高质量发展的政策要求。

第四，在以上研究的基础上，引入高管团队异质性这一决策者情境用以调节业绩期望落差对企业风险承担的影响机制。从而更直观清晰地识别出高管团队异质性这一特殊情境的内在调节机理。为企业通过调整高管团队成员的组成以促进企业风险承担水平的提升，实现企业的可持续发展提供了依据。

第五，引入了制度环境这一权变因素，从外部影响因素方面分析了其对业绩期望落差与企业风险承担的调节作用。我国正处于市场化发展进程之中，且经济增速逐步放缓，正在向高质量发展转型，各地区制度环境发展程度差异较大，市场化水平不均衡。因此，在这种经济与社会背景下，引入各地区制度环境的差异性对探究企业风险承担行为就显得十分必要了。

第六，利用所得出的研究结论，结合我国企业的实际情况和各级政府部门的政策制定情况，提出了具有学术价值的管理启示。对于推动中国企业向高质量发展模式的转型，提高其向高端制造与研发方式的转变速度具有重要的启示意义。同时通过总结分析现有的研究方法、研究内容与研究结论，找出了限制本书研究的一些因素，提出了研究存在的局限性，概括总结了以后研究探索的方向，提出了未来的研究展望。

### 1.4.2 研究技术路线

具体技术路线如图 1－1 所示。

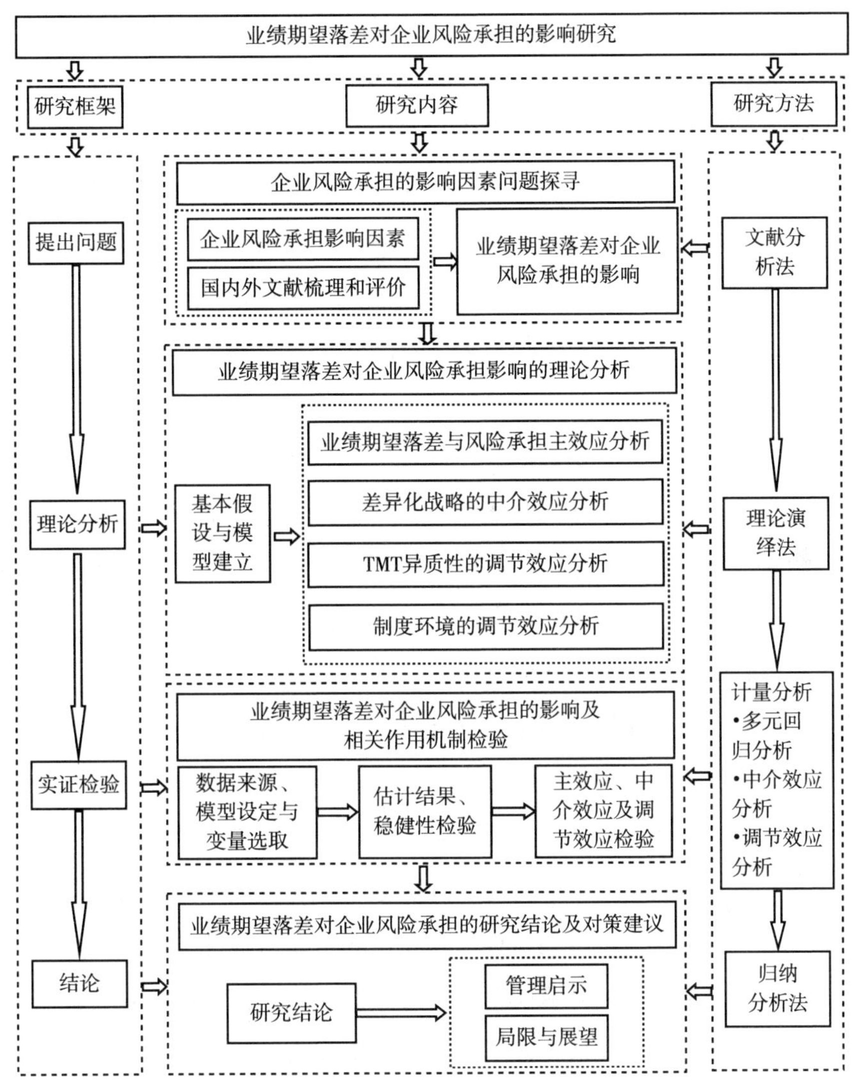


图1-1 技术路线

## 1.5 研究创新点

创新点主要有以下三个方面。

第一，从多维度业绩期望落差入手对企业风险承担的作用和作用路径进行了深入研究，全面揭示了高管团队非理性决策对企业风险承担的影响。在已有研究的基础上，更全面地考虑了业绩期望落差多维度测量可能带来的差异，将业绩期望落差区分为后视性业绩期望落差和前瞻性业绩期望落差，并发现二者对企业风险承担具有不同的影响结果。基于现有文献可以发现，尽管近年来少数学者开始将前瞻性业绩期望落差引入业绩期望落差与企业决策之间关系的相关研究中，试图完善业绩反馈模型（贺小刚等，2017；郭蓉和文巧甜，2019），但究竟如何理解前瞻性业绩期望落差，以及其对企业决策的影响到底与后视性业绩期望落差有何不同，都是需要进一步加以分析和探究的。本书发现前瞻性业绩期望落差与企业决策之间存在着显著的正向线性关系，与后视性业绩期望落差与企业决策之间的倒“U”形关系截然不同，这说明二者作用机制并不相同，适用理论也有很大的差异。

第二，引入了差异化战略这个重要战略选项，发现了差异化战略在业绩期望落差与企业风险承担之间起到明显的中介作用，进一步打开了二者关系的作用机理黑箱。基于高阶梯队理论框架，当业绩期望落差促使高管团队在决策时提升或降低风险承担水平时，必然要体现出某种具有较强外显性的战略选项或行为，故检验了差异化战略是否为其中的一个重要的中介路径。经研究发现，差异化战略在后视性业绩期望落差与企业风险承担及前瞻性业绩期望落差与企业风险承担之间均具有显著的部分中介作用。即可以认为，当出现业绩期望落差后，企业很可能通过实施差异化战略来改变其风险承担水平。

第三，在业绩期望落差与企业风险承担间的关系中分别引入高管团队异质性和制度环境这两个内外部的权变因素，并证实了二者均对上述关系具有显著的调节作用。在业绩期望落差与企业风险承担之间的关系上，高管团队异质性是针对企业决策内在形成机理研究的一个不可或缺的影响因素。对现有文献综述后并未发现有学者引入高管团队异质性这一决策者特征，研究其对企业的风险承担可能带来的影响。无论是企业行为理论、前景理论，还是威胁—刚性理论，决策都是由管理者作出的，因此“人”这一因素的影响力量不可小觑。因此引入高管团队异质性用以调节业绩期望对企业风险承担的影响，可将上述理论进行拓展与深化。同时，还引入了制度环境这一调节变量，从外部因素方面分析了其对业绩期望落差与企业风险承担间关系的影响。

# 第2章

# 文献综述

## 2.1 风险承担的研究

一个普遍的共识是，这是一个快速变革且企业所处的外部环境越来越呈现出高度不确定性的时代。蒂斯等（Teece et al.，1997，2007）提出动态能力理论（dynamic capabilities theory，DCT）时着重强调了“快速技术变革”的时代背景。近年来难以预料的“黑天鹅”事件频繁发生，且往往都会通过蝴蝶效应对全球范围内的很多行业和企业产生较为重大的负面影响。这使得企业不得不努力提升应对突发风险的能力，通过采取长期或短期的战略行为，积累更多的冗余资源或提升自身的组织韧性等来应对和承担各种风险。当然，这就令行业内的企业出现较为明显的战略差异，一些企业不具备风险承担能力，他们在面对新鲜事物时则采取风险规避的态度（Miller & Lessard，2000）。为了规避风险，往往会采取一些低风险的谨慎保守的战略行为。而另一些企业则与之相反，这些企业的风险承担能力更强，愿意对那些高溢价和高风险的投资决策进行分析和选择。他们往往会表现出更倾向于提高风险承担水平，有能力缓解来自外部环境的威胁，将风险内部消化的特点。这些企业会抓住时机迎难而上，用高风险的战略行为来对冲外部环境的高风险。因而，企业风险承担水平的高低，被视作公司决策偏好风格的一种反映，同时也会对公司未来的战略决策、选择等经营状况及效率效果产生影响，影响公司的生存和发展。尤其是一些突发事件的出现会给企业业绩带来极为严重的负面冲击，如何能在危机中生存下来并逐步复苏，这几乎是每个企业都想去探究的问题。

### 2.1.1 风险承担的概念

#### 2.1.1.1 概念与特征

企业风险承担反映企业追求高利润时为之付出代价的意愿和倾向，与企业风险的概念不同，风险承担表明企业的管理层承担不确定性的意愿和能力，最初特指对于企业风险性投资行为的态度与决策（Lumpkin & Dess，1996）。赖特等（Wright et al.，1996）将企业风险承担定义为对那些未来预期结果和现金流不确定性项目的分析与选择，未来收入流的不确定便是其风险承担行为的结果。当前较为主流的定义是，对高风险但净现值为正的投资项目的决策（Bromiley，1991；Li et al.，2012；Bargeron et al.，2010；Acharya et al.，2011；Boubakri et al.，2013；Faccio et al.，2016；Ljungqvist et al.，2017；Langenmayr & Lester，2018）。

企业风险承担具有如下几个特征：第一，它是一种决策行为。企业风险承担反映了企业管理层对投资项目进行分析和决策，是一种决策倾向，这属于企业行为理论范畴。这种决策行为会受到来自企业内部与外部不同因素的影响。第二，决策对象是投资项目。是企业为获取收益而对各种领域项目进行投资的经济行为。第三，投资项目风险高，但能使企业价值增加。这类项目一般具有投资回收期长、短期成本高，且成功率较低等特点，但该类项目一旦成功，便能为企业带来超额利润和竞争优势。不过，这类项目失败的可能性也大，很可能会给组织带来巨大的损失，出现较高的负债比率和较大的财务风险，以及较高的资本性支出等后果。

#### 2.1.1.2　相近概念辨析

为了表述更为清晰，有必要梳理清楚意义相近却容易被混淆的几个概念，下文将几个概念分别与风险承担进行比较。

第一，风险与风险承担。企业风险承担水平高意味着面对较高风险且净现值为正的投资项目时，这类企业更倾向于选择此类项目。当企业风险承担水平低时，面对较高风险且净现值为正的投资项目时，企业更倾向于放弃这类项目（Acharya et al.，2011；Boubakri et al.，2013）。由此可以发现，风险承担与风险是截然不同的两个概念，一个描述了投资项目的不确定性水平和程度，另一个则描述了企业承担不确定性的意愿和动机。因此，企业风险承担是一个界定企业管理层决策特征的重要变量，有助于更完整地绘制企业决策的形象。

第二，风险承担与风险承担水平。风险承担作为一个聚焦于管理者行为的战略管理概念，与战略绩效、动态能力等绝大多数战略管理的重要概念相似，进行直接测量时往往都存在着较高的难度。因此，作为一种相对变通的做法，即可以通过行为的后果（事后观测推断方法）观察，当前较为常见的方法是采用盈余波动性或股票流动性来度量企业风险承担水平的高低。正如霍斯金等（Hoskisson et al.，2005）的观点，企业风险承担体现在管理决策的方方面面，尤其表现在投资行为、融资行为和经营战略行为方面，如创新、并购、市场扩张和战略变革等。仅仅利用经营绩效指标来衡量，很可能忽略了其他对该指标产生重要影响的因素，导致最终所测量的风险承担水平与实际情况存在着一定程度上的偏差，有时，这种偏差可能会非常大。

第三，风险承担与风险承担能力。现有文献里，有一些文献将企业风险承担视作一种独特的能力，或许这种说法借用了战略管理领域的能力概念。但从实际内涵来说，风险承担能力与风险承担本身并没有直接关系，甚至可能会造成对风险承担真实含义的误解。基于蒂斯等（Teece et al.，1997，2007）的观点，企业在面临外部快速技术变革时，需要能够对自身的资源和能力等进行重组，以便更好地应对诸多变化。因而，就企业能力本身来说，其是在资源基础上所形成的一种表现，而风险承担能力并不是一种真实的能力，恰恰被理解为企业能够应对风险承担而具备的一定资源基础条件。例如，当企业拥有较为充裕的冗余资源时，其就能够较好地应对外界突发的风险，这也是企业行为理论逻辑框架中非常重要的研究内容。与之相对应的是，风险承担并不是描述企业能够承担风险的能力，而是企业进行风险选择行为倾向性的程度。

第四，风险承担与风险承担行为。正如此前的讨论，企业风险承担是企业面对较高风险且净现值为正的投资项目时的决策特征与倾向，这种决策特征和倾向最终必然会落到企业的具体行为，也就是这里所说的风险承担行为。一般来说，一家企业的风险承担或许是始终一贯的，即始终都采取较为明显的风险承担行为，也可能有偶发的风险承担行为，这就使得风险承担行为与风险承担水平并不相一致。当企业持续采取风险承担行为，或者所采取的风险承担行为数量较少，但对企业经营活动的影响却非常大时，企业的风险承担水平较高，反之则并未表现出较高的风险承担水平。

### 2.1.2　风险承担的影响因素

目前，有关风险承担的研究结论尚不一致，有学者认为，较高的风险承担水平不仅能帮助企业提高绩效、获取较高的投资收益率及竞争优势，还能提高生产效率及资本的使用效率，推动社会的技术进步，促进整个社会经济的长足发展。不过，也有学者研究发现，过高的风险承担水平则需要消耗企业更多的资源，属于一种内耗行为。鲍曼（Bowman，

1982）、帕尔默和怀斯曼（Palmer & Wiseman，1999）等的研究就持类似的观点，他们认为较高的风险承担水平可能导致不良的经济后果。因此，其风险承担作为企业应对纷繁多变的市场环境时的一种重要的自我保全行为，以及实现可持续发展的重要途径，探讨何种因素会对其产生影响就变得尤为关键和重要。

#### 2.1.2.1 风险承担的组织内部影响因素

一般来说，企业内部治理因素主要可以划分为股东、董事会、高管团队、产权性质和其他公司治理特质等几个方面。下面就从上述几个方面分别展开综述。

（1）股东因素。

有关股权结构对企业风险承担影响方面的研究成果较为丰富，但所得出的结论不尽一致。主要有股权分散会促进风险承担、股权集中会促进风险承担以及股权集中度与企业风险承担存在倒“U”形关系三种不同观点。一些学者的观点认为，股权结构分散会促进企业风险承担水平的提高。法西奥等（Faccio et al.，2011）发现，当企业的大股东持股越分散，越容易导致企业进行多元化投资，继而为了寻求高收益而增加对风险型项目的投资，致使企业的风险承担水平会提高。米什拉（Mishra，2011）同样发现，股权制衡使得公司大股东以外的几个大股东的表决权会得以充分行使，这会对公司的决策及项目的选择产生重要的影响，群体决策会显著提升公司的风险承担水平。柯娜蒂等（Koerniadi et al.，2014）基于新西兰的样本研究发现，股权制衡会使企业所面临的监管水平有所提高，企业在项目决策时更偏好选择高风险高收益的项目，这就会显著促进企业风险承担水平的提升。也有一部分学者通过研究得出截然相反的结论。阿提格等（Attig et al.，2013）研究认为，即股权集中度越高的公司，其风险承担水平越高。这是因为有助于抑制高管团队为保全自己职位而倾向做出风险规避抉择的情况发生，因而会促进企业采取风险承担行为。我国学者在研究中发现了与上述研究不同的结论，股权集中度与企业风险承担水平之间存在着“U”形关系。薛有志和刘鑫（2014）、苏坤和张健（2016）、朱卫东和许赛（2016）利用中国资本市场上市公司样本研究后发现，股东较低的控股权对企业的风险承担水平具有负向影响，当股东持股比例达到某一特定的“点”后，随着股东持股比例的增加，企业的风险承担水平随之提升。

（2）董事会因素。

董事会是公司治理框架下，代表股东利益进行重大决策并能够对高管团队进行监督的常设机构。就目前相关研究整理发现，关于董事会治理对企业风险承担水平影响的研究，多数学者从董事会规模和构成等视角加以讨论。有关董事会规模对企业风险承担影响的研究并未取得一致的研究结论。一些学者认为，董事会规模会降低企业的风险承担水平，即随着董事会规模的扩大，企业风险承担水平表现出下降的趋势。王（Wang，2012）基于欧美国家的制度情境和上市公司样本研究发现，董事会规模较大，董事会内的成员较多，因此很难在一些高风险的项目上达成一致，这必然影响到进行决策的表决和执行效率；而规模相对较小的董事会则恰恰相反，其会表现为更倾向于进行较高风险性的决策，从而提升了企业的风险承担水平。国内学者郑晓倩（2015）、关伯明和邓荣霖（2015）和苏坤（2016b）等通过对我国的上市公司数据进行研究，也得出了同样的结论。与之相反的研究结论显示，董事会规模与企业风险承担水平并不是抑制关系，反而呈现出正相关关系。中野和阮（Nakano & Nguyen，2012）基于对日本企业的研究发现，董事会成员大多讲究团队合作，推崇集体决策，董事会成员的同质性程度也较高，团队决策更容易达成一致。因此规模较大的企业的董事会往往并不会采取相对保守的决策，即董事会规模的增加会提高企业的风险承担水平。孟焰和赖建阳（2019）则在董事会的来源及构成方面做了如下研究。以2011～2017年我国A股主板上市公司为研究对象，研究证明了较高的异质性程度将会迫使董事会进行高风险决策时耗费更多的时间和精力，且难以最终达成一致。即董事会异质性程度越高，企业风险承担水平也会随之下降。

（3）高管团队因素。

高管团队是企业战略决策的重要参与者和执行者，其必然会对企业风险承担水平产生或多或少的影响。基于高阶梯队理论的观点（Hambrick & Mason，1984），高管团队的特征以及与之相关的权力、激励等因素，都会对企业的战略选择、行为和绩效等产生显著的影响。因此，这里对国内外学者从高管特征的诸多方面对企业风险承担水平的影响进行了较为全面的综述。

第一，高管团队特质因素。这里主要包括管理者决策时的心理特征、管理者的人口统计学变量等，如李和唐（Li & Tang，2010）、余明桂等（2013a）发现过度自信的管理者往往对自己的决策特别有信心，更偏好采取高风险的决策，其所在企业更趋向于表现出更高的风险承担水平。吕文栋等（2015）和法西奥等（Faccio et al.，2016）的研究发现，男性高管相对于女性管理者在决策时更激进，往往倾向于选择风险程度较高的投资项目，因此男性管理者所在公司往往具有较高的风险承担水平。吕文栋等（2015）、苏坤（2016a）、刘鑫和薛有志（2016）等研究均发现，高管或高管团队的年龄越大，企业的风险承担水平越低。因为年长的管理者拥有较高的认可度和职业声誉，其在决策时会表现出较为明显的风险规避和损失厌恶的特征，决策时会比较保守。宋建波等（2017）从高管背景特征展开研究，他们发现海归高管能够显著提升企业风险承担水平。这是因为拥有海外工作和学习经历的高管团队能掌握比较前沿的理论实践知识和先进的企业管理经验，且具有国际化的社会组织网络。王元芳和徐业坤（2019）则将高管从军经历作为一种特殊的背景因素加以考虑，发现具有从军经历的管理者偏向于更为保守，这使得其所在公司的风险承担水平显著低于竞争对手。马永强和邱煜（2019）则利用烙印理论，研究了高管的贫困经历对企业风险承担的影响。研究发现 CEO

的贫困出身显著抑制企业风险承担水平。

第二，CEO 权力因素。CEO 权力是代理框架下一个重要影响因素，现有文献关于 CEO 权力对企业风险承担水平的影响存在着两种对立的结论。这种对立结论产生的主要根源在于所基于理论存在差异。部分学者基于“行为决策理论”的理论框架认为：决策权力越集中，公司业绩波动越大，公司内部风险承担水平越高。勒韦林和穆勒·卡尔（Lewellyn & Muller－Kahle，2012）研究发现了高管个人权力与公司风险承担水平正相关。权小锋和吴世农（2010）、张三保和张志学（2012）、陈本凤等（2013）、陈收等（2014）和李海霞和王振山（2015）则分别通过公司治理的不同角度展开研究，证实了我国上市公司中存在着类似的情形，即 CEO 权力的强度越大，越容易将公司置于危险境地当中，即越容易提高公司的风险承担水平。萨和斯蒂格利（Sah & Stiglitz，1991）、亚当斯等（Adams et al.，2005）和程（Cheng，2008）研究也发现，在集体决策及相对分权制度安排的架构下，公司的决策结果往往是对大多数意见的一种妥协或折中，这种折中的决策往往会使得公司尽可能地回避高风险项目，从而有效降低公司业绩的波动性。而“代理人风险规避假说”则认为，管理者作为股东的代理人，其薪酬的高低与职业发展前景与公司的绩效紧密相连。为了使自身利益免受损失和侵害，其在决策过程中更倾向于选择稳健保守的低风险项目，尤其是当代理者的决策自主权较大时，这种风险规避倾向将会显现得更加明显。国外学者赖特等（Wright et al.，1996）、艾森曼（Eisenmann，2002）和米什拉（Mishra，2011）分别从管理者以“自我效用最大化”为目标、对比管理者控制和所有者控制企业的风险承担水平差异对管理者拥有较大自主权的情形进行了论证，结果证明高管个人权力与企业风险承担存在着负向关系。国内学者任海云（2011）、位华（2012）和苏坤（2017）则分别从高风险长回报周期的科学研究与事业发展（R&D）项目、商业银行的 CEO 权力、社会心理学的权力接近和抑制等方面研究了管理层权力对公司风险承担水平的影响，结果也证实了上述关系。

第三，高管激励因素。在代理框架下，高管激励因素对高管决策时的偏好以及决策选择均会产生明显的影响，相关的研究成果也十分丰富，研究结论也莫衷一是。主要有高管激励会促进风险承担、高管激励会抑制风险承担，以及高管激励与企业风险承担存在倒“U”形关系三种不同观点。高管激励对企业风险承担水平具有显著的正向影响是一种比较主流观点。科尔斯等（Coles et al.，2006）、洛（Low，2009）、张瑞君等（2013）、解维敏等（2013）、王栋和吴德胜（2016）的研究均认为，薪酬激励中的货币薪酬激励和股权激励均会对企业的风险承担水平产生正向影响。而赖特等（Wright et al.，2007）却得出了相反结论，认为高管的固定货币薪酬与企业风险承担负相关。我国学者黄建仁等（2010）我国上市公司 2002～2004 年的数据实证研究后也发现，在资产规模相对较小的公司实行薪酬激励能降低公司的风险承担水平。还有一种观点认为，高管的股权激励与企业风险承担水平呈现出明显的倒“U”形关系。李小荣和张瑞君（2014）和拜绍利·索勒等（Baixauli－Soler et al.，2015）的研究认为，在分析高管持股激励对企业风险承担水平的影响时，存在着一个临界点。达到临界点之前时，股权激励会鼓励他们投资于高风险的项目。随着股权激励的增加直至超过临界点后，考虑到个人声誉及其他与管理者个人直接相关的利益损失，管理者会选择风险较低且较为保守稳妥的投资项目，企业风险承担水平会随之下降。

（4）产权性质。

国有企业与非国有企业的诸多行为都会表现出较为明显的差异，因此二者在风险承担等企业行为的表现上也存在一定的差异。目前有关产权性质对企业风险承担的研究存在两种对立的观点。李文贵和余明桂（2012）、布巴克里等（Boubakri et al.，2013）、余明桂等（2013b）和考等（Khaw et al.，2016）研究均发现，由于国有企业除了承担经济目标之外，还要为国家和社会承担更多的责任，因此国有企业在进行项目选择时，往往要同时要兼顾经济利益和社会职能等多重目标。这就导致其不能仅以企业经济利益最大化作为单一的经营目标，故其风险规避程度要高于非国有企业，因此，国有企业的风险承担水平要显著地低于非国有企业。但是，也有学者认为，随着国有控股的金字塔层级的延伸，有助于降低政府对国有企业决策和行为的干预程度，这就导致国有企业实际上拥有了更多的决策自主权。因此，这样会提高国有企业的自主经营度与市场活跃度，进而提高国有企业的风险承担水平（苏坤，2016c）。

（5）其他公司治理特征。

奇二和威廉姆斯（Kini & Williams，2012）发现，企业高管的晋升锦标赛可通过实施高风险政策促进高管人员提高企业的风险，即锦标赛式的激励机制更能使企业提高其风险承担水平。池国华和徐晨阳（2019）利用2009～2016年我国上市企业数据研究发现资产专用性能够提升企业风险承担水平。余思明等（2019）研究证实了收入目标松弛能够提升企业的风险承担水平。吴良海和王玲茜（2020）则以2010～2016年我国沪深A股上市公司数据为样本，研究发现公益性捐赠会挤占企业进行高风险投资的资金，因此，公益性捐赠抑制了企业的风险承担水平。许永斌和鲍树琛（2019）研究表明，由于刚刚继任的管理者在对项目进行评估时，更倾向于选择投资回报较快的短期项目，减少不确定性带来的负面影响，因此继任者会更保守且表现为风险规避，企业风险承担水平会降低。

#### 2.1.2.2 风险承担的组织外部影响因素

有关企业风险承担的组织外部影响因素，前期文献的研究成果较为丰富。主要研究了究竟有哪些因素对企业风险承担会产生影响，以及这些因素究竟产生了什么影响和具体的作用机制等。下面主要从经济、制度、法律等方面展开较为全面的综述。

（1）经济政策不确定性。在经济政策不确定性对企业风险承担的影响结果上，现有的研究结果存在着不同的研究结果。麦克莱恩和赵

（Mclean & Zhao，2014）研究发现，当经济衰退和投资者情绪低迷时，企业的投资决策更为保守，同时也会增加企业的外部融资成本，从而限制了投资和就业，继而会使企业的风险承担水平变得更低。薛龙（2019）的研究也进一步证实，当宏观经济政策具有较强的不确定性时，企业投资于高风险投资项目所产生较大损失的可能性也会加大，加剧了企业的融资约束。同时，高风险的投资项目失败的可能性会提升，企业的决策者为了规避投资风险，就会暂缓风险较大项目的投资决策，从而会降低企业的风险承担水平。然而，也有国内学者的研究得出了相反的结论。刘志远等（2017）基于“风险追求效应”的假设通过实证研究发现，经济政策的不确定性会显著提升非国有企业的风险承担水平。这主要是由于政策变更期间会产生很多投资机会，这使得一些企业愿意展示其经营能力，从危机中抓住时机，在众多企业中脱颖而出。

（2）制度环境因素。学者针对制度环境因素影响企业风险承担水平的研究，主要从正式制度和非正式制度两方面加以展开。

第一，正式制度。一般来说，正式制度主要包括投资者保护和债权人保护等方面。约翰等（John et al.，2008）认为，职业经理人为了使自己的权益免受损失而更倾向于实施保守型的投资决策，良好的投资者保护能抑制职业经理人风险厌恶的倾向，提高公司的风险承担水平。阿查里亚等（Acharya et al.，2011）基于跨国样本的比较分析得出结论，债权人的高权利安排会使公司在经营形式上更加多元化，同时使公司在投资决策时倾向于选择低风险的投资项目，所以，更强的债权人权利会显著降低企业的风险承担水平。杨瑞龙等（2017）还发现，由于剧烈的社会冲突会打破管理者原有的对企业稳定经营的预期，同时也会瓦解管理者的经营信心，使其倾向于风险规避，因而社会冲突会降低企业的风险承担水平。同时，研究还发现，良好的制度可以缓解社会冲突对企业风险承担水平的负向影响。永奎斯特等（Ljungqvist et al.，2017）利用美国各州企业所得税税率的113 次变化的数据研究后发现，更高的税收会使企业风险项目的预期利润显著降低，因此税收增加会降低企业的风险承担水平。胡国柳和胡珺（2017）以2007～2013年我国A股上市公司为样本研究发现董事高管责任保险对管理者的财产具有保护效应，使更倾向去选择一些高风险高收益的项目。即可以通过“激励效应”来促进企业提升风险承担水平。吴倩等（2019）以2007～2017年我国A股上市公司为样本研究发现，产业政策支持通过政府补助、提供信贷支持以及实行税收优惠政策等途径增加企业可自主支配的资源，对企业风险承担具有激励作用，从而提升企业风险承担水平。

第二，非正式制度。关于非正式制度的研究，前期学者从文化等角度进行了理论与实证分析。李等（Li et al.，2012）研究发现，具有个人主义特征的管理者，通常具有较强的从其他管理人员中脱颖而出的动力和自我提升的信念，这两点共同决定了个人主义文化会促进企业风险承担水平的提升。王菁华等（2017）研究发现，宗教传统主要通过对管理者个体风险态度和财富观念、企业文化的形成及地区制度环境的发展来影响企业的风险承担水平。企业所在地宗教文化传统越强，企业的风险承担水平越低，二者呈负相关。金智等（2017）的研究证实了等级观念会降低公司信息传递的效率和质量，进而抑制公司风险承担；同时，受儒家文化中的集体主义、和谐主义与风险规避主义的影响越大，企业的风险承担水平就越低。苏坤（2017）、刘常建等（2019）研究发现，重商文化中敢闯敢拼和积极进取的观念会使企业在决策时具有较高的风险容忍性及较强的冒险精神，易于选择高风险高收益的投资项目。因此，重商文化影响越大的公司，其风险承担水平越高。也有学者从其他类型的非正式制度研究了其对企业风险承担的影响。国内学者陆瑶和胡江燕（2014）研究发现，当CEO与董事会成员具有老乡关系时，一方面会弱化董事会对管理层决策的监督，另一方面也会由于老乡关系产生的相近文化处事方式会使管理层的决策提议更易通过，从而促使管理层更倾向采取一些高风险的投资行为，即CEO与董事间的“老乡”关系对企业的风险承担水平具有显著的正向影响。张敏等（2015）的研究则发现，社会网络越丰富，企业的风险承担水平越高。因为社会网络能为企业实施风险承担提供必要的资源保障，从而帮助企业全面提高风险承担能力，提升风险承担水平。

（3）法律因素。巴杰伦等（Bargeron et al.，2010）实证检验了美国上市公司在采纳萨班斯（SOX）法案一些条款后企业的风险承担水平显著下降的问题。研究发现，扩大独立董事角色、增加董事和高管的责任以及与内部控制有关的一些条款的实施会阻止企业的风险承担。

## 2.2 业绩期望落差的研究

### 2.2.1 业绩期望落差的概念

#### 2.2.1.1 概念与特征

企业行为理论（Cyert & March，1963）认为，决策者在决策过程中会选择一个心理上的满意值作为参考点，在组织层面的这个参考点就是经营期望水平（aspiration level），即决策者更倾向于通过测度当前实际绩效与期望水平的差距来决定后续决策行为。业绩期望的管理思想来自有限理性决策。基于经典的理性决策假设，决策者能够充分获得决策过程中的相关信息，并能够对所有决策方案的成本、收益等进行精确计算，这就使得决策者能够在决策过程中有能力选择出最优方案。不过，自从有限理性假设成为当前主流观点后，越来越多的学者认识到，在决策过程中要受到诸多条件的限制，如时间成本和货币成本等，决策者也难以获得与方案有关的全部信息。因此，在这种情况下，决策者只能就有限的方案并在一定的约束条件下进行决策。这就会促使决策者在决策的过程中需选择一个参照点，而对当前企业业绩的预期则成为一个重要的衡量因素。

一般认为，当企业的实际绩效低于期望绩效水平时，有限理性的决策者将低于期望的状态界定为组织的“损失”状态，而将高于期望绩效水平的状态界定为“获益”状态，在两种截然不同的经营状态下决策者的决策选择迥然不同。目前，关于期望差距的企业行为影响的研究大多集中于出现期望差距时，决策者采取何种发展战略（连燕玲等，2014；连燕玲等，2015）、什么水平的创新投入（贺小刚等，2017）、什么样的国际化速度（宋铁波等，2017），以及期望差距如何影响企业家的风险决策偏好（贺小刚等，2016）等。也有学者利用家族企业上市公司数据分析了期望差距与创始人离任方式（吕斐斐等，2015）。

#### 2.2.1.2　业绩期望落差的类型

加韦蒂和利文索尔（Gavetti & Levinthal，2000）认为，组织的决策是将“向后看”和“向前看”的两种思维模式结合在一起，即组织基于战略的风险承担行为不仅依赖于决策者过往经验和现实考量，还会受到对前景预测和未来趋势判断等前瞻性思维的影响。鉴于此，按照决策考量的视角与业绩期望落差对照依据的不同，可以将业绩期望落差划分为两类，即后视性业绩期望落差和前瞻性业绩期望落差（郭蓉和文巧甜，2019；钟熙等，2020），这里将就这两种类型分别进行介绍。

（1）后视性业绩期望落差。传统的业绩期望落差通常都会将参照点选择为企业过去的绩效，因而，可以将这种方法理解为后视性业绩期望落差，表明企业对当前业绩的期望值来自过去的业绩，而不是其他业绩。进而会考虑企业实际业绩与业绩期望之间的差距，从而采取相应的企业行为。

这样考虑的基本观点是，业绩优劣的判定取决于实际绩效与目标期望的相对大小。早期心理学家认为，目标期望是决策者对自身正常能力的估计与其可接受的某一绩效水平之间的值。当代心理学理论将目标期望水平描述为能够给决策者带来满意的最小产出。当实际绩效低于目标期望时，即出现业绩期望落差时，即使当期绩效水平较上一期有所上升，决策者仍然认为实际绩效是不尽如人意的。相对业绩优劣取决于实际绩效与目标期望两个维度。评估目标期望时有不同的角度，有学者认为过去的绩效水平会通过内部作用影响组织的行为，因此绩效成功或者失败的判断是基于组织自己的参照点进行的（Ocasio，1997）。同样，行业绩效水平也会对企业行为产生多方面的影响，绩效成功与否的判断也需要考虑组织所处行业的绩效水平（Carter，1971）。因此在决定目标期望时有两个参照标准，一是行业业绩期望，二是企业本身的历史业绩期望。企业本身的历史业绩期望是与企业规模、高管能力、公司实力等相挂钩的企业以往经营状态的写照，此为历史业绩参照。行业业绩期望是企业所处行业的业绩水平写照，也能在一定程度上反映行业竞争程度及发展状况，大多数企业会将自身业绩同行业业绩水平进行比较，此为行业业绩参照。

（2）前瞻性业绩期望落差。对资本市场的上市公司而言，还有另一种业绩期望落差，即近年来相关文献较多采用的前瞻性业绩期望落差。对上市公司来说，其投资价值不仅来自投资者的主观判断，也往往来自很多机构投资者或独立分析师等给出的相应分析和判断，这些分析师所给出的结论甚至会影响到其他投资者和资本市场对某家上市公司投资价值的判断。因而，各国资本市场上的监管机构也都在加强对这些分析师的监管，避免他们利用特殊地位而采取恶意操纵股价的行为。多数情况下，分析师会给出针对某家上市公司未来发展前景的判断，或者给出具体的业绩预测，与企业实际业绩进行比较后，就会形成分析师预测业绩与企业实际业绩之间的差异，即所谓的前瞻性业绩期望落差。

当学者们针对业绩期望落差对企业行为的关系展开较为丰富的研究后，他们将研究的视角从“过去”的绩效评估，逐步扩展到“未来”。将一些未发生的，可以基于判断和预测而得出的情况纳入企业决策的框架中，从而探究其对企业风险承担的作用。

### 2.2.2　业绩期望落差对企业行为的影响研究

通过对 Web of Science（WOS）的 Core Collection（SSCI）等外文数据库及中国知网 CNKI（CSSCI）数据库的检索，阅读文章摘要及部分论文内容，剔除与研究内容无关的文献。并进一步对相关文献做阅读梳理，发现有关该主题的研究主要集中在对战略调整、企业研发投资、企业创新、风险承担或风险偏好、高管变革及企业违规行为的影响等方面。其中研究最多的主要集中在对企业创新行为的影响上。下面对此展开综述。

#### 2.2.2.1　后视性业绩期望落差对企业行为的影响

经文献梳理，有关后视性业绩期望落差对企业创新行为的影响，主要可以划分为两种不同的观点，即线性关系论和非线性关系论。

第一，多数观点认为，业绩期望落差与企业创新之间存在着显著的线性关系，但所得出的结论及其作用机理存在着较为明显的差异。李健等（2018b）以我国资本市场的 A 股制造业企业为样本，实证检验了企业期望绩效反馈效果对企业技术创新效果的作用。该文认为二者之间存在着正向影响，同时探讨了公司发展方式与产品市场竞争的情境效应，以及二者的联合作用。李健等（2018a）实证检验了民营企业与非民营企业的期望落差对创新可持续性影响的差异性。结果表明，经营期望落差对创新可持续性存在显著的正向影响，即存在着线性关系，在民营企业中这种促进作用更显著。刘建国（2017）则通过实证检验发现，企业绩效衰退增加了企业创新动机，衰退的程度越大，企业越可能通过创新策略实现复苏。与其他研究不同的是，该文发现历史绩效落差比行业绩效落差更可能激发企业的创新动力。李溪等（2018）则拓展了期望落差的维度，即分别从期望落差的持续性和范围性讨论了二者对创新的影响。与上述观点相反的是，还有一些学者认为，业绩期望落差与企业创新行为之间存在着负向线性关系。曾江洪和杨雅兰（2021）通过实证研究发现，业绩期望落差往往会抑制企业探索性创新，产品市场竞争和技术多样性在经营期望落差和探索性创新间具有显著的负向调节作用。邢新朋等（2018）则将组织期望纳入到开发式和探索式创新的前因要素中，研究发现，当出现历史期望落差时，二者差距的扩大会使得企业提升探索式创新强度而降低开发式创新强度。当实际绩效高于社会期望水平时，二者差距的扩大会使得企业开展相反的创新模式。一些国外学者持有相同的观点，如麦金利等（McKinley et al.，2014）研究发现，持续性的下滑与暂时性的负面业绩均会对企业创新产生不同程度的负向影响。

第二，另一种较为主流的观点是，业绩期望落差与企业创新之间存在着倒“U”形关系。贺小刚等（2016）实证检验了民营企业消极反馈与企业家创新精神之间存在着显著的倒“U”形关系。该研究提出了“可修复水平”这一概念，认为在可修复水平与期望水平的落差区间内，企业家会随着落差程度的增加而增强其冒险创新的动力，但在生存水平与可修复水平的落差区间内，企业家则随着落差程度的增加而降低其冒险创新的动力。贺小刚等（2017）讨论了企业创新水平将随着业绩期望落差的增加呈现出倒“U”形关系，同时强调了曲线的斜率变化，即冒险程度下降的速度问题。该研究引入了冗余资源等调节变量，认为逐渐增强的落差需要更丰富的资源与组织能力才能解决经营困境问题，以致管理者所感知到的冒险能力出现加速下降，这种现象导致了倒“U”形关系的存在。何晴晴等（2020）的研究发现，当期望参照点占主导地位时，随着业绩期望落差的增加，企业的长期风险承担意愿增强，短期风险承担意愿减弱。当生存参照点起主导作用时，企业的长期风险承担意愿减弱，而短期风险承担意愿增强，因此业绩期望落差与创新性行为呈先增加后减少的倒“U”形关系。吴炯和戚阳阳（2020）论证了家族企业传承前的业绩期望差距与传承后创新活动间存在显著的倒“U”形关系。还有学者进一步将企业创新行为按照双元维度进行了区分，同样发现了业绩期望落差与双元创新之间存在着倒“U”形关系。王晓燕（2021）以制造业企业为样本发现，历史期望落差与企业创新行为呈现倒“U”形关系，且相对于探索式创新，历史期望落差对企业利用式创新的敏感性更高。行业期望落差与企业创新行为之间存在“U”形关系，且相对于利用式创新，行业期望落差对企业探索式创新更加敏感。苏涛永等（2021）则以2007～2019年中国A股上市公司为样本，研究证实了不同维度的业绩期望落差对企业创新的影响存在不同的效应。在区分业绩期望情境与状态后，发现行业期望落差与探索式创新呈倒“U”形关系。

#### 2.2.2.2　前瞻性业绩期望落差对企业行为的影响

与塞特和马奇（Cyert & March，1963）意义上的业绩期望落差不同，有研究将资本市场对企业业绩的预测作为一个重要的衡量指标，即将企业现有的业绩与预测指标进行对比，从而提出了与以往含义截然不同的一种业绩期望落差，并分析这种业绩期望落差对企业行为的影响。在近期的一些研究中，将这种含义的业绩期望落差称之为前瞻性业绩期望落差。关于该主题的研究主要是围绕其与企业战略调整之间关系展开的，现有研究成果均支持了前瞻性业绩期望落差对企业战略调整的促进作用。

钟熙等（2020）的研究发现，随着前瞻性业绩期望落差的增大，企业的声誉与外部合法性可能会受到质疑，决策者不得不对现有的战略方向进行调整，以获取股东或外部投资者的重新信任。郭蓉和文巧甜（2019）则引入了前景理论的观点，研究证实了当企业的实际绩效未达到来自资本市场的业绩期望，即当出现前瞻性业绩期望落差时，管理者将表现为较强的风险偏好性，继而会推动企业实施一定程度的战略变革。因此，上述研究得出的共同结论是，前瞻性业绩期望落差对战略变革起到了正向促进作用。国外学者加韦蒂和利文索尔（Gavetti & Levinthal，2000）分析了“向前看”的前瞻性期望落差对企业战略风险承担的影响，实证检验了“向后看”的业绩期望差距与“向前看”前瞻性业绩评估差距相结合的双重业绩反馈对企业战略风险承担的作用机制，同样发现了前瞻性业绩期望落差会正向促进企业的创新行为。

### 2.2.3 业绩期望落差与风险承担

#### 2.2.3.1 后视性业绩期望落差对风险承担的影响

此前对业绩期望落差与企业创新行为之间关系的相关研究进行了综述，考虑到企业创新行为与风险承担存在着本质上的差异，前者是一种战略选择，而后者则是决策风格与结果，因而这里将对业绩期望落差与企业风险承担之间的关系着重进行整理和分析。

主流的观点认为，业绩期望落差将会明显地提升企业风险承担水平，且二者之间表现出线性关系。格里夫（Greve，2003a）和加韦蒂等（Gavetti et al.，2012）的研究认为，消极的业绩反馈则构建了损失的前景，即当企业处于“落差”状态时，为了阻止绩效的持续恶化，企业将会大幅提高其风险承受的能力。布罗米里（Bromiley，1991）、格里夫（Greve，2003b，2008）、陈和米勒（Chen & Miller，2007）、约瑟夫和加巴（Joseph & Gaba，2015）、德赛（Desai，2016）也持同样的观点，认为组织处于期望落差状态时，企业越来越发现问题的存在，持续的绩效下滑会使组织对问题搜寻的迫切性增强，继而会实施积极的搜寻行为以获得解决方案。问题搜寻模式下的企业对具有较高风险性决策的容忍度也将随之增加，风险的承受能力会提高，继而企业可能会采取一些平时不会采取的非常规措施。黛尼尔（Denrell，2008）则基于前景理论持同样的观点，认为当企业实际业绩远低于期望业绩时，企业会采取一些搜寻方式以改善业绩，提升企业的绩效。这种情况下则会增强企业对风险的容忍度。国内学者对此进行了类似研究，得出观点与国外学者基本一致。李新春等（2016）认为，当企业实际绩效低于历史期望或社会期望时，二者之间差距越大，企业将越会扩大搜寻的范围，同时提高搜寻强度，此时企业能够接受高风险高收益的一些决策行为，企业的风险承担水平得以提升。而当实际绩效高于历史期望或者社会期望时，企业对风险的态度发生了变化，此时企业的风险承担水平会降低。洪峰（2018）以我国沪深两市A股2003～2013年上市公司为样本数据，实证检验了企业响应期望差距会促进风险承担水平的提高，验证了二者存在着线性关系。宋铁波等（2019）依据企业行为理论的观点认为，当企业的实际绩效未到达期望水平时，企业将积极实施搜寻行为以改善下滑的绩效，同时企业也会表现出较高的风险承担水平。

与之相反的是，有研究发现业绩期望落差并不会促进企业风险承担，反而会表现出明显的抑制作用。陈翠霞等（2019）以美国年金保险公司为例，研究发现公司的经营绩效低于参考水平时，公司的经营绩效与风险承担水平之间存在着负相关关系。德赛（Desai，2008）和莉姆和麦卡恩（Lim & Mccann，2014）的研究也证实了绩效期望落差与风险承担之间存在着负向关系。

此外，还有研究发现，业绩期望落差与企业风险承担之间并不是简单的线性关系。王晓燕和柳雅君（2021）研究表明，随着业绩困境程度的增加，企业的风险承担呈现先升后降的态势。

随着研究的不断深入，国内学者开始讨论业绩期望落差的不同维度可能对企业风险承担存在着不同的影响，也试图由“单一落差”形式的讨论转向了对“多种期望差距组合”形式的讨论上来。吴超和施建军（2018）以2008～2015年A股上市公司面板数据为样本的研究发现，历史绩效下滑削弱了企业的风险承担水平，而行业绩效下滑增强了企业的风险承担水平。郭蓉和文巧甜（2017）则认为，企业的历史期望落差和行业期望顺差不同方向的组合形式也可能表明企业所处的行业环境不景气，在该行业发展下滑或衰退的背景下，企业的危机意识会被激发，风险容忍度将会提升。

#### 2.2.3.2 前瞻性业绩期望落差对风险承担的影响

在业绩期望落差对企业风险承担影响的研究中，学者们并没有满足于“过去”的绩效评估，而是从前景理论入手，逐渐着眼于未来。将一些未发生的，可以基于判断和预测而得出的情况纳入到企业决策的框架中，探究其对企业风险承担的作用。

国外学者加韦蒂和利文索尔（Gavetti & Levinthal，2000）认为，组织的决策是将“向后看”与“向前看”的思维模式相结合，组织的战略风险承担不仅依赖于决策者的过往经验和现实考量，还会受到对前景预测和未来趋势判断等前瞻性思维的影响。

国内学者郭蓉和文巧甜（2019）从时间的视角进行了该方面的研究，将“向后看”的业绩期望差距与“向前看”的前瞻性业绩期望差距相结合，利用前景理论探讨了前瞻性与后视性双重业绩反馈对企业战略风险承担的联合作用机制及调节效应。研究表明，从压力视角看，当企业经营绩效低于期望水平时，组织决策者的经营压力会加大，为提升企业业绩扭转现状而从事冒险行为的动机会增强，继而风险承担水平也会提高。然而，随着反映“向前看”的前瞻性业绩期望差距的扩大，消极业绩反馈在推动企业风险承担方面则出现了明显的分化情况。

### 2.2.4 业绩期望落差与风险承担关系的影响因素

现有文献在讨论业绩期望落差与企业风险承担之间关系时，还引入了反映企业战略决策的情境因素，从内部治理因素及外部治理因素等不同视角观察其可能带来的调节作用。

作为决策中的重要主体，相关研究主要从 CEO 或高管团队的角度进行了理论推导和实证检验（洪峰，2018；王晓燕和柳雅君，2021；Lim & Mccann，2014）。洪峰（2018）分析了高管自主权对业绩期望差距与企业风险承担之间关系的影响，其认为高管自主权促进了业绩期望落差情况下企业风险承担水平的提升。该研究还进一步验证了产权性质带来的异质性结果。国有企业中，高管自主权削弱了业绩期望落差下的风险承担水平，即符合权力寻租假说。而民营企业中，高管自主权强化了业绩期望落差下的风险承担水平，则符合隐性激励假说。王晓燕和柳雅君（2021）引入了管理者过度自信这一重要的战略决策因素，分析了其在业绩困境程度与企业风险承担关系中的调节效应。研究发现，管理者过度自信对不同维度的期望落差与企业风险承担之间关系的调节作用存在差异性，会削弱社会期望落差与企业风险承担的影响，强化历史期望落差对企业风险承担的影响。莉姆和麦卡恩（Lim & Mccann，2014）则是从CEO股权持有的角度分析了业绩期望差距与企业风险承担之间的关系。研究表明，由于风险承担将进一步加大CEO被解雇的风险，因此CEO的股权激励会削弱业绩期望落差与企业风险承担之间的负向关系。

有学者从董事的角度观察了业绩期望落差与企业风险承担之间关系可能受到的影响（吴超和施建军，2018；郭蓉和文巧甜，2019）。吴超和施建军（2018）的研究主要观察了董事网络位置对业绩期望落差与企业风险承担之间关系的调节作用。研究认为，董事所处的网络中心度越高，占据的网络结构洞位置越丰富，越容易强化绩效下滑与企业风险承担之间的关系。郭蓉和文巧甜（2019）研究了董事会权力对前瞻性业绩期望差距与战略风险承担之间关系的调节效应。检验结果证明，董事会权力越大，前瞻性业绩期望差距扩大对企业战略风险承担的推动作用会越弱。

还有学者从机构投资者的角度讨论了其对业绩期望落差与企业风险承担之间关系的影响（郭蓉和文巧甜，2019；Lim & Mccann，2014）。郭蓉和文巧甜（2019）讨论了机构投资者对前瞻性业绩期望差距与战略风险承担之间的调节作用。检验结果证明，随着机构投资者持股比例的提高，业绩期望差距的扩大对企业战略风险承担的推动作用明显增强。莉姆和麦卡恩（Lim & Mccann，2014）从外部董事的股权持有角度分析了业绩期望差距与企业风险承担之间的关系。研究表明，外部董事会的股权激励增强了业绩期望落差与企业风险承担之间的负向关系。

## 2.3 差异化战略的研究

### 2.3.1 差异化战略的概念

20 世纪 80 年代初期，波特（Porter，1980）提出了竞争战略的思想。认为企业采取进攻性或防守性行动，在产业中建立起进退有据的地位，可以成功地对付五种竞争力量，从而为企业赢得超常的投资收益。在竞争战略的框架下，波特进一步提出，有三种提供成功机会的基本战略选择，可能使公司成为同行中的佼佼者，即：成本领先战略（overall cost leadership strategy）、差异化战略（differentiation strategy）和目标聚焦战略（focus strategy）。

按照波特（Porter，1980）给出的定义，差异化竞争战略就是一家企业所提供的产品或服务与众不同，形成一些在全产业范围内具有独特性的要素，如设计或品牌形象、技术特点、外观形象、客户服务、经销网络等。差异化的核心思想就是在对消费者需求进行深入分析的基础上，对消费者市场进行细分，然后针对不同的细分市场分析出消费者的个性化需求，以便对每一个细分市场采取不同的营销策略。从而在每一个细分市场上树立产品独有的形象，构建起产品的差异化和个性化核心竞争优势。由于差异化战略与竞争战略里的成本领先战略有明显不同，其所起到的战略效果也有明显的不同。按照波特（Porter，1980）给出的解释，当企业采取差异化竞争战略时，可以利用客户对品牌的忠诚以及由此产生的对价格的敏感性下降，促使企业能够避开激烈的竞争。同时，这种差异化所形成的独特性有助于企业构建起进入壁垒，缓解来自供货方和客户的议价压力。此外，在面对替代品威胁时，其独特性所形成的特殊市场地位也使得其相对于其他竞争对手处于更加有利的地位。

因此，差异化战略主要是通过品牌塑造和技术创新等方式，力求在产品服务上有所创新，达到与竞争对手差异化的效果。可以认为，差异化战略本质就是要加强企业产品的市场垄断性，使其他企业的商品无法与之竞争。然而，差异化竞争战略意味着偏离成熟的商业模式，采取差异化战略的企业将不可避免地面临更加不确定性的环境。

### 2.3.2　差异化战略与风险承担

随着我国经济发展进入“新常态”，企业面临的经营不确定性加剧（王文华等，2021），差异化战略逐渐成为越来越多的企业摆脱同质化竞争的优先选择（朱文莉和丁洁，2019）。企业竞争战略一直是管理领域研究的热点问题，近年来，差异化战略的选择动机及其影响越来越受到不同学科领域学者的关注，相关研究也日益增多，但较少有学者关注差异化战略与企业风险承担之间的关系。

已有研究表明，差异化战略能有效增强企业的竞争力，通过获得稳定的垄断势力在竞争中持续领先（蔺雷和吴贵生，2007）。作为企业获得竞争优势的途径，差异化更注重核心价值的创造以保持较高的盈利水平。持久的竞争优势需要独一无二的产品服务来支撑，使企业更具有创造性眼光。因此采取差异化战略的企业更加注重产品研发和市场占有，较高研发投入以及市场占有率有利于企业快速成长，提高产品核心竞争力，避免激烈的行业竞争（Deephouse，1999），进而提升企业价值和盈利能力（Miles & Snow，2003；王百强等，2018）。因此可以认为，对那些采取差异化战略的企业而言，由于这些企业多数都投入较多的资金进行研发和创新活动，其很可能会面临较高的风险承担水平。另一个导致采取差异化战略的企业面临较高风险承担水平的逻辑是打破常规。袁蓉丽等

(2019) 研究发现，差异化战略意味着铤而走险，加大公司税收规避动机。戴泽伟和潘松剑（2019）进一步发展认为，差异化战略造成企业偏离行业惯例，企业风险承担水平更高，投资行为也更为激进。王俊领和李海燕（2020）研究显示，竞争战略差异度不但会减少投资者获取企业特质信息的量，更会降低投资者获取企业特质信息的质量。考虑创新活动周期长风险大的特质，在融资约束较强的环境下，企业内部资金吃紧将更难抵御外来冲击。而创新活动存在高额的调整成本，对财务波动性的敏感度较强，容易导致错误的投资决策（Guariglia & Liu，2014）。此外，财务资金的灵活性能方便企业调动资源，确保企业以较低成本获得资金，提升企业对投资机会的利用能力和创新的投入能力，由内而外地促进创新驱动发展战略的形成（范圣然等，2018），确保企业在竞争激烈的环境中获取持续发展优势。

## 2.4 高管团队异质性的研究

### 2.4.1 高管团队异质性的概念

#### 2.4.1.1 高管团队（TMT）

自汉姆布里科和梅森（Hambrick & Mason，1984）提出高阶梯队理论以后，有关高管团队的相关研究数量大幅度增加，成为战略管理领域的重要主题，这可以从美国管理学会（AOM）有关战略管理分会以及历次年会战略管理领域的论文数量上得到验证。按照芬克尔斯坦等（Finkelstein et al.，2009）给出的定义，高管团队就是对公司战略的制定和实施具有重要影响力的公司内群体。具体来说，高层管理团队是指公司高层经理的相关小群体，包括 CEO、总经理、副总经理以及直接向他们汇报工作的高级经理（孙海法和伍晓奕，2003）。通常来说，高管团队中的核心人物是 CEO，如果一家公司并未设置 CEO，则其核心人物可能是董事长或总经理。CEO 是全面负责组织整体运行和业绩的管理人员，其具体职责包括整合企业内外部行动，关注如并购、政府关系和投资者关系等长期性问题。高管团队究竟包括哪些成员，不同文献给出了不同的界定，有些文献将所有可能涉及职位都包括在内，如董事会、监事会及高管团队（鲁海帆，2010）。还有文献只考虑在公司中承担经营职责的管理人员，巫强（2011）给出了高管团队所包括的一系列岗位，总经理、副总经理、总裁、副总裁、CEO、董事会秘书、部门经理、总监、负责人等。

基于锦标赛理论（Lazear & Rosen，1981），高管团队可以划分为两个层次。其中职位相对较高且重要的职位被称为第一阶高管，也可以称为核心高管，如高管团队中的 CEO 或总经理等；高管团队中其他成员可以被视为第二阶高管。可以认为，无论是从组织给予的激励水平，或者是组织所赋予的权力和角色，第一阶高管和第二阶高管都存在着极为明显的差异。

#### 2.4.1.2　高管团队异质性

从 20 世纪 60 年代起，异质性作为团队的一种人口结构特征就引起了社会学家的关注。近年来，在组织行为学领域，研究者也将异质性作为一个重要的自变量，强调的是一个团队或组织中成员的差异。异质性最初被引入高管团队研究，是因为高阶梯队理论认为高管团队成员的认知基础和价值观等对组织决策乃至绩效产生重大影响（Hambrick & Mason，1984），但这些认知领域的因素在实践中很难获得数据。但随着人口特征学的引入，有关异质性的研究才取得了重大研究进展和突破。容易被人们观察得到的人口特征变量被认为是高管的心理或认知要素等个人特质的表象反映。因此年龄、种族和任期等人口统计特征变量成为高管团队异质性的主要构成部分。随后大量的研究皆把高管团队人口特征异质性作为团队输入，研究其与团队过程及团队输出之间的关系（Carpenter &

Fredrickson，2001；Peterson et al.，2003；魏立群和王智慧，2002；黄晓飞和井润田，2006）。这时，高管团队异质性是指高管团队内部成员之间的人口统计特征，以及认识与经验的差异化。

高管团队异质性的构成呈现出一定的静态特征和动态特征，其中静态特征指的是构成要素不同时期特征的稳定性，即上述的人口特征视角构成要素；而动态特征指的是构成要素不同时期特征呈现出一定的变化性，即为上述的社会心理学视角。关于高管团队异质性分类中，目前的理论主要是围绕静态性来区分，如耶恩等（Jehn et al.，1999）便提出将异质性区分为社会类别异质性、信息异质性与价值异质性三种类型。社会类别异质性指年龄、性别与种族等；信息异质性指学历、教育水平与功能背景等；价值观异质性指团队成员对团队任务、目标和使命意见的差异程度。

从高管异质性视角分析企业行为是近年来新兴而热点的研究话题，已有研究关注高管的婚姻状况（Roussanov & Savor，2011）、性别（Faccio et al.，2016）、政治倾向（Christensen et al.，2015；Hutton et al.，2014）、是否拥有飞行执照（Cain & McKeon，2016）、军人背景（Benmelech & Frydman，2015）、早年的灾难或危机经历（Bernile et al.，2017）和过往职业经历（Schoar & Zuo，2011）等对企业风险承担和其他企业行为的影响。本部分主要从高管团队特征的四个维度展开，对高管团队异质性对企业行为的影响进行了较为全面的综述。

### 2.4.2　高管团队年龄异质性的内涵及其影响

年龄是衡量高管团队成员特征的一个极为重要的指标。当一个团队日益呈现出多元化时，其年龄结构很可能也会表现出较高的异质性。高管团队成员在年龄结构上呈现出多样化时，高管团队在风险决策上究竟会表现出什么特征，这里有必要进行整理和归纳。

一般意义上认为，年龄与个人对待风险的态度具有较为明显的关系。因此，汉姆布里科和梅森（Hambrick & Mason，1984）在构建高阶梯队理论框架的基础上明确指出，年龄较长的高管团队在进行战略决策时更为保守，而年轻的高管团队更倾向开拓创新，并愿意承担风险。不过，当考虑高管团队整体的年龄多样性究竟会对企业决策和风险承担具有何种影响时，现有的文献还存在着一定的观点差异。有观点认为，高管团队年龄异质性有助于提高企业风险承担。高管团队年龄的异质性较大，意味着成员的背景存在着明显差异，有助于增加高管团队战略性问题观点的多样性（Yang & Wang，2014），进而会促使高管团队在决策时考虑更周全，确保组织在制定和实施战略变革时，能够提升变革方案的质量，确保战略变革的实施能够获得成功，这也会进一步加强组织继续采取战略变革的信心。

也有研究认为，高管团队年龄异质性对企业风险承担产生抑制作用。第一，当高管团队存在明显的年龄异质性时，这种年龄的异质性可能带来明显的组织内决策冲突。前期研究指出，年龄较小的管理者更倾向于冒险性决策，这是因为“尝试新颖的以及前所未有的战略”有助于其建立独特的合法性和声誉（Hambrick & Mason，1984），继而促进其职业发展。年龄较大的管理者则倾向于规避冒险性决策。第二，组织内的决策冲突将会影响组织制定和实施战略变革。陈伟宏等（2018）认为，在业绩期望落差的情形中，尽管年龄异质性较大的高管团队有助于避免极端风险规避与极端风险偏好状况的出现，其所提供的多样化的视角与观点也增强了高管团队对业绩期望落差的理解。因此，年龄异质性将会增加高管团队采取冒险性决策的分歧。高管团队异质性与多元化密不可分，一般认为，由于年龄相近的个体通常具有相似的经历，这导致了他们共同的态度与信仰，其内部有助于形成良好的梯队层次。特别是在东方文化的情境下，对高管团队的内部稳定是有益的，直接的结果就是在决策过程中不容易产生冲突。即高管团队成员的年龄异质性越小，则团队成员彼此人际交往越和谐，团队表现得越稳定，越有利于企业的创新（Bantel & Jackson，1989）。

### 2.4.3 高管团队性别异质性的内涵及其影响

性别是描述高管团队特征的另一个极为重要的显示性指标，且被大多数高管团队研究的相关文献所关注。汉姆布里科和梅森（Hambrick & Mason，1984）在构建高阶梯队理论框架的基础上也强调了高管团队性别对企业战略行为的影响。随着社会经济的持续发展和性别平等意识的增强，高管团队性别多元化的趋势也日益明显。越来越多的企业愿意在高管团队成员中增加女性的比例，女性在商业领域的成功事例也激励了更多的女性以成为企业高管作为个人的职业发展目标。从将高管团队成员的性别差异引入高管团队异质性的研究中可以发现，高管团队性别异质性实际上主要表现为女性在一个高管团队中所占的比例。高管团队性别异质性高，意味着该团队中女性的占比相对较高，反之则说明高管团队基本上都是男性成员。

生理心理学研究认为，男性有更强的空间认知能力，更偏好就某一具体问题进行分析并提供解决方案。而女性则有更强的语言表达和情感表达能力，且更为感性（杨天亮等，2015）。已有文献证实，女性高管与男性高管存在着显著差异，对企业战略具有不同的影响（Klenke，2003）。与男性高管相比，女性高管对外部环境的敏感程度更高，其扫描环境的过程更为仔细（Greve，2003a）。相较于男性管理者，女性管理者在企业决策时更倾向于风险规避和谨慎（Perryman et al.，2016）。

高管团队的性别异质性有助于增进企业对期望落差的理解，继而更有可能使企业意识到业绩期望落差背后所反映的资源配置、管理模式等问题（Greve，2003a）。佩里曼等（Perryman et al.，2016）研究表明，相较于高管团队性别异质性较小的企业，高管团队性别异质性明显提高后，企业所面临的总体风险会更小。李端生和王晓燕（2019）的研究发现，性别异质性的提高意味着高管团队中女性比例的增加，在一定程度上会降低高管团队的风险承受能力和决策效率，其直接的结果就是降低企业研发投入强度，进而对企业创新产生明显的负面影响。

尽管高管团队性别异质性的提高，可能会降低业绩期望落差的企业采取冒险变革行为的可能性，但由于女性较少被雇佣，高管团队即便存在着性别异质性，高管团队仍由具有追求风险倾向且可能会表现出过度自信的男性占据主导地位（Yang & Wang，2014），这些少数女性的加入对高管团队整体风险承担水平的影响很可能是微乎其微的。因此，也有研究认为，高管团队性别异质性较大时，这些由男性成员主导的高管团队为了对外展现出其并未受到性别异质性的影响，企业更有可能采取冒险变革行为来响应业绩期望落差。即随着高管团队性别异质性的增加，企业实施冒险变革以动态匹配环境变化的可能性反而会显著增加（王性玉和邢韵，2020）。

### 2.4.4　高管团队教育水平异质性的内涵及其影响

一个人的受教育程度对个人认知基础和行为模式会产生明显的影响，因而有必要将教育水平作为高管团队异质性研究的主要内容。汉姆布里科和梅森（Hambrick & Mason，1984）在构建高阶梯队理论框架的基础上，同样强调了高管团队教育水平对其决策结果和企业战略行为的影响。一般认为，高管团队成员受教育的经历客观反映了其教育水平，教育水平本身提供了一个重要的群体心理认知基础。对高管团队而言，其成员的学历不同构成了高管团队教育水平的异质性。

已有研究表明，高管团队教育水平异质性会影响战略决策过程（Hitt & Tyler，1991；Tihanyi et al.，2000；Carpenter & Fredrickson，2001）。一个主要观点认为，高管团队教育水平异质性有助于提升企业创新投入

（Certo et al.，2006；Smith et al.，1994；谢凤华等，2008）。塞尔托等（Certo et al.，2006）对高管团队异质性与企业绩效进行元分析，指出高管团队教育水平的异质性与企业绩效不存在显著的关系，但加入潜在干预变量，则会缓解这种关系，结果发现高管团队教育水平异质性对多元化具有显著的影响。也有学者深入分析了高管团队教育水平异质性对组织行为的作用机理。史密斯等（Smith et al.，1994）指出，高管团队的教育水平异质性与公司财务绩效投资回报率（ROI）和销售增长率呈正相关关系。谢凤华等（2008）发现高管团队的教育水平异质性对 R&D 绩效、生产制造绩效和创新过程绩效存在显著的正向影响。还有观点认为，高管团队教育水平未必会促进企业创新，反而具有明显的抑制作用（李小青，2012）。李小青（2012）研究现高管团队的教育水平异质性会导致更高程度的认知冲突，从而降低企业的研发支出。当然，与上述观点不同的是，还有部分学者认为，高管团队的教育水平异质性与企业绩效呈现倒“U”形关系，即教育水平异质性只有在适度的情况下才能既保证决策的质量，又保证决策的速度（胡望斌等，2014）。

针对教育水平异质性出现的影响差异性，学者们认为很可能是受到情境因素的影响。戈尔等（Goll et al.，2008）认为，高管团队的教育水平在很大程度上影响了他们在处理来自环境的信息和发起相应的战略变化的具体表现，如受教育水平更高的人更倾向于考虑外部环境，并能够更好地处理复杂性问题等。卡彭特（Carpenter，2002）认为，高管团队的教育水平异质性和企业绩效之间的正向关系受到企业国际化战略的影响，企业的国际化程度越高，高管团队的教育水平异质性对企业绩效的正向影响越明显。

### 2.4.5 高管团队职业背景异质性的内涵及其影响

汉姆布里科和梅森（Hambrick & Mason，1984）在构建高阶梯队理论时，区分了高管团队的职能背景（functional background）与职业经历（career）。按照高阶梯队理论的界定，这两个维度有较大的区别，前者指的是高管团队成员所从事的工作内容，如销售、生产、研发等；后者则是高管团队成员在企业的任职时间长度和所任职企业的数量等。就当前相关研究来看，基本上都是将职能背景当作职业背景来考虑，故本书也将采取这样的做法。按照汉姆布里科和梅森（Hambrick & Mason，1984）的观点，可以将职业背景划分为三类：第一类是产出型，这种类型职业背景主要的工作内容是强调增长和寻找新的领域机会，并负责监测和调整产品和市场，包括营销、销售和产品研发等职能；第二类是生产型，其核心是关注转换过程的效率，包括生产、工程和会计等职能；第三类是外围型，这些职能与组织的核心活动并没有直接联系，包括法律和金融等职能。卡彭特和弗雷德里克森（Carpenter & Fredrickson，2001）和戈尔等（Goll et al.，2008）则采取了其他的划分方法，他们将职业背景区分为行政管理、生产经营、工程、研究与开发、市场营销、法律和金融等。

高管团队职业背景异质性对企业创新行为的影响，存在着截然不同的观点。有观点认为，高管团队的职业背景异质性有助于促进企业的创新活动（李华晶和邢晓东，2007；Talke et al.，2010）。李华晶和邢晓东（2007）研究了高管团队职业背景异质性对公司创业战略强度的影响，结果显示二者呈正相关关系。高管团队的职业背景异质性可以使得团队拥有更为全面的智能领域知识，促使他们可以从更为全面的角度思考创新与变革的问题，提升企业创新与战略变革的质量，这必然会提升企业新产品组合的创新性和绩效。因此，高管团队的职业背景异质性对产品创新有显著的正向影响（Talke et al.，2010）。也有学者提出了截然相反的观点，即认为高管团队的职业背景异质性未必会促进企业创新活动。科尔（Kor，2006）认为，由不同部门高管组成的高管团队，在进行组织决策时往往会出于各自部门利益的考虑，对企业有限的资源进行争夺，这将使企业难以将稀缺的资金投入到高风险的研发等项目上。因此，可能的结果就是高管团队的职业背景异质性显著抑制了研发投资强度。

## 2.5 制度环境的研究

### 2.5.1 制度环境的概念

一般认为，制度环境由一系列制度构成。戴维斯和诺思（Davis & North，1970）指出，制度环境就是用来管理经济和政治活动的一系列基本的政治、社会和法律基础规则。与诺思（North）等对制度的认识相同，奇利斯等（Chiles et al. ，2007）认为一个国家的制度环境包括正式制度和非正式的规范、规则、价值观等，由这些要素构成的制度环境在任何情境下都会对企业行为产生巨大的影响。因此，越来越多的学者认识到，企业所处的外在制度环境实际上反映了一个国家或地区的制度发展状况。这个环境不仅包括金融、法律等体系以及政府层面的政治体制和政策等正式制度环境，还要将规范、规则和价值观等难以形成显性知识的非正式制度环境纳入其中（陈倩倩等，2017；任颋等，2015）。

制度环境不仅包含法律、规则、程序、习俗和传统，还包括人的行为提供“意义框架”的象征系统、认知模式和道德模板等。斯科特（Scott，1995）提出由制度所产生的规制合法性、规范合法性和认知合法性在内的三制度系统。而且斯科特和梅耶（Scott & Meyer，1994）明确指出，制度是组织为了获取合法性和外界支持而必须遵守的规则。萨奇曼（Suchman，1995）在此基础上，提炼出组织在获得合法性时普遍会采用的三种方式：适应环境、选择环境和控制环境。20 世纪 80 年代以来，学术界对转轨经济过程中的制度演进及制度环境对企业行为影响的相关研究逐步深入，制度环境与企业行为之间关系的重要性日益被学者们所揭示。由于制度环境因素难于理解和计量，在很长一段时间内都无法找到有效的代理变量。大多数相关研究都是利用政策发布前后来观察制度可能带来的影响（即进行所谓的双重差分检验），但不可避免地会受到一些遗漏变量的影响，或者无法观察到直接的作用机制。对制度环境的实证研究始于拉波特等（La Porta et al.，1997），他们的研究开创性地以法律保护作为制度因素的代理变量，揭示了法律保护对资本市场发展、所有权结构、公司治理、股利政策和公司价值的影响，从而有力地推动了制度环境经验研究的发展。

### 2.5.2 制度环境对企业行为的影响

制度环境对企业行为具有重要的影响，已经得到越来越广泛的认可。主流观点认为，良好的制度环境可以为企业提供良好的发展环境，进而推动企业快速发展。戈尔德等（Gold et al.，2001）和阿西莫格鲁等（Acemoglu et al.，2007）的研究显示，较好的制度环境可以降低契约的不完全程度、交易成本及交易风险，为经济发展提供保障，从而有助于发展分工密度和契约密集度较高的高技术产业。

目前得到的共识是，良好的制度环境能够有效提高公司治理质量及企业绩效（甄红线等，2015）。夏立军和方秩强（2005）发现，制度环境确实有助于提升企业绩效。拉波特等（La Porta et al.，2002）的实证研究证实，股票收益率和企业所处制度环境正相关，即在较好的制度环境下，股票收益率也相对较高。就企业创新而言，制度环境越完善，越能够促进知识积累和人才流动，从而大大提升企业创新水平与内在动力（耿晔强和都帅帅，2020）。米赫特（Mihet，2013）的研究则从反方向证实，较差的制度环境会增加企业交易成本，从而抑制企业创新。就企业社会责任行为而言，彭晓等（2020）发现制度环境较好的地区，企业社会责任信息披露水平越高。此外，还有学者从中国制度环境入手进行分析，发现中国式分权的效应研究显示其有利有弊，如中国式分权对经济增长（周业安和章泉，2008；詹新宇等，2020）和绿色全要素生产率（曾繁华和吴阳芬，2020）等有促进作用，但会造成偏向性投资（吴延兵，2017）和抑制创新（谢乔昕和宋良荣，2015）。王凤荣和董法民（2013）发现，中国式分权会促进地区专业化，但地方保护主义等消极竞争会使区域内形成大而全的产业体系，并不利于区域经济发展。

## 2.6 研究述评

综观业绩期望领域的相关研究文献，可以发现国内外学者们已经从创新、战略变革、风险偏好、风险承担及研发投入等多个角度实证研究了业绩期望落差对企业后续行为的影响。实证结果也较为丰富，影响结果既有倒“U”形，也有线性关系。所使用的理论基本集中在企业行为理论和前景理论。这个领域的绝大多数文献都以企业行为理论作为最基本的理论出发点，因为企业行为理论的核心即当企业的现实绩效与目标期望水平存在差距时，促使企业的决策者实施搜寻行为以改变已有问题，使绩效重回期望值以上。同时，也有部分学者引入了威胁—刚性理论。该部分学者有的是从企业性质的角度实证了国有企业在面对期望落差时更适合威胁—刚性理论；也有国外学者实证检验了小企业出现期望落差时，表现得更为僵硬化，即威胁—刚性理论的影响效应更为突出；尽管也有学者在实证中同时引入了企业行为与威胁—刚性这两个看起来对立的理论，并通过数据验证了在出现企业落差时，二者会同时发生作用，但最后证实了企业行为理论占据了主导作用。即在研究期望差距对企业行为影响这一问题上，并未发现有研究以企业处于“低期望差距”“高期望差距”及临近企业“生存点”来讨论一个当企业面临不同程度损失时的反应，即并未发现将业绩期望落差进行详细分段后会对企业风险承担产生何种影响的文献存在。本书拟探究企业在面临期望差距的不同阶段时所能承担的风险水平的内在机理，把看似冲突的理论整合到一个研究框架中来，实证检验不同理论共同作用的结果，验证业绩期望落差对企业风险承担倒“U”形关系的存在。

进一步通过对高管团队异质性文献综述后发现，其在研究业绩期望落差对企业行为中具有重要的影响，将对企业的风险承担水平产生直接的影响。同时，并未发现有学者引入高管团队异质性这一决策者特征变量对企业的风险承担进行论述的文献。但是无论是企业行为理论、前景理论，还是威胁—刚性理论，决策都是由管理者作出的，即“人”这一因素的影响力量不可小觑。因此本书将引入高管团队异质性这一变量用以调节业绩期望落差对企业风险承担的影响，将上述理论进行了拓展与深化。

# 第3章

# 理论分析与研究假设

## 3.1 理论基础

### 3.1.1 企业行为理论

企业行为理论最早由塞特和马奇（Cyert & March，1963）提出。他们认为，商业决策制定理论面临着一个关键而紧迫的问题。通常情况下，个体拥有目标，而团队却没有，因此有必要创建一个值得大家信赖和确实有效的组织目标，即将企业看作是一个拥有同一目标的联合体。按照塞特和马奇（Cyert & March，1963）的观点，当组织目标比较模糊且各部门的经营目标不一致时，管理者受到个人认识局限性和其他因素的影响而难以实现完全理性时，组织的战略决策就显得尤为重要，成为解决组织内冲突的重要途径和手段。

企业行为理论强调组织的绩效评价、搜寻和决策制定的过程，尤其关注这些过程如何最终影响组织战略决策（Cyert & March，1963；Greve，2003a，2003b）。该理论的核心是基于业绩反馈的决策模型（Greve，2003a），该决策模型认为，组织通过评估当前实际绩效与“目标期望水平（aspiration level）”之间的差距来决定后续的行为选择（连燕玲等，2014）。这个基于业绩反馈的决策模型中包括三个核心要素，即有限理性、规则和搜寻行为。第一个核心要素是有限理性和满意，即在现实中，理性人的行为会受到信息和计算能力等多方面的限制，导致其试图通过计算来获得最优方案的行为往往是成本高昂或是不可能的。他们知道的只是可能的备选方案和其价值观的一小部分，当考察的备选方案预期令人满意时，搜寻过程就会停止（Cyert & March，1963）。因此，企业行为理论认为，组织会设定目标并寻找那些满足目标的备选方案，即满意的方案，而不会试图找到可能的最优方案。第二个核心要素是规则，即决策时运用的规则、形式及惯例，并不唯一取决于它们所处环境的要求。当企业面临不确定性决策时，决策所依据的信息是不完全的、模糊的和不确定的。为使决策无须预测遥远的未来，个体会采取相应的应对机制，如自动化规则（即组织中的标准操作程序）的形式，其因为危机或问题的感知（即当前绩效水平低于期望水平）被激活，而不是计划程序或预测工作。第三个核心要素是搜寻行为。企业行为理论认为，组织的搜寻行为是由问题（通常是一个明确的问题）引起的，并且旨在寻找解决该问题的方法的搜寻行为，是在一个单一的因果关系模型基础上进行的行为（余浩等，2018）。

### 3.1.2 前景理论

1979 年，美国普林斯顿大学心理学教授卡尼曼（Kahneman）和特沃斯（Tversky）提出了“前景理论”（prospect theory），该理论是决策理论的标志性理论。前景理论将心理学研究应用在经济学中，从人的心理特质和行为特征揭示了影响选择行为的非理性心理因素，在不确定情况下的人为判断和决策方面作出了突出贡献。该理论认为个人基于参考点的不同，会有不同的风险态度，即人们所处的盈利状态或亏损状态会使得自身在相同的环境下产生不同的反应。根据实验得出的结论，经济行为个体对于亏损的敏感度要高于对盈利的敏感度，即盈利额度和亏损额度相同的情况下，盈利所带来的满足程度小于亏损所带来的沮丧程度（Kahneman & Tversky，1979）。实际风险决策过程中存在着三种截然不同的效应：第一是确定性效应（certainty effect），即在风险决策过程中存在着高估确定性结果而低估只具可能性结果的现象；第二是孤立效应（isolation effect），即人们在分析各种待选的前景过程中，往往会忽略与之前前景相同的部分；第三是反射效应（reflection effect），即人们在面临负前景时，表现出风险偏好，而在面临正前景时，表现出风险规避。

此后，经过很多学者的持续研究，前景理论得到了进一步完善和丰富。如特沃斯和卡尼曼（Tversky & Kahneman，1992）运用前景理论进行了一系列的实验，提出了累积前景理论（cumulative prospect theory，CPT）。菲尔·杜达等（Fehr - Duda et al.，2004）研究了性别和风险承担之间的关系，他们发现女性对概率变化的敏感程度比男性低，同时也更趋于低估收益的大概率。女性对于收益更为悲观，同时比男性更加厌恶风险。施密特等（Schmidt et al.，2008）对前景理论进行了进一步推进，主要表现在对相对参考点的盈利和亏损的定义，以及构建决策权重模型等内容上。

### 3.1.3 威胁—刚性理论

当组织遭遇到外界压力时，是否必然会产生企业搜寻和变革等行为呢？斯托等（Staw et al.，1981）提出了威胁—刚性理论，与企业行为理论的逻辑截然不同。该理论认为，当组织处于困境时，很可能会因为心理上的穷困所带来的紧张与不安降低了决策者鉴别并准确处理穷困的能力，导致组织内部开始形成保守的风格。之所以会发生这样的情况，是因为根据社会比较心理学的研究，一旦期望落差太大，个体会将决策的参照点转向生存点（March & Shapira，1992）。如果决策者赋予更大的权重于生存问题，就可能会导致威胁—刚性理论所预测的现象（贺小刚等，2017），即威胁—刚性理论将会在这种情况下起到明显的作用。威胁—刚性理论认为，在组织面临衰落时，高管团队会遭受一系列比较严峻的问题，如焦虑、压力和内部冲突增加等。组织在信息收集受限和资源约束等情况下，很可能就会变得机械化、正式化和集中化，此时高管团队就会更倾向于依赖过去的经验和公认的确定性进行响应（Staw et al.，1981）。

威胁—刚性理论的核心思想是，组织的衰落将会产生组织刚性，因此组织衰落的一个可能的结果就是遏制了组织创新（Mone et al.，1998）。当然，也可以认为处于衰落过程中的组织极易产生对变革的排斥感，从而进一步强化了组织惯性。即当组织面临威胁的程度很高时，管理者会减少信息处理、加强控制和资源保护操作，极度困境的威胁状态会减少组织采取变革的潜在性，从而产生组织刚性（Mckinley et al.，2014）。因此，在威胁—刚性理论作用的过程中，组织刚性与排斥变革形成了彼此影响且相互促进的下降式螺旋过程。之所以会产生上述情况，一方面，组织衰落增加了组织刚性和“机械式变化”，削弱了衰落组织执行战略重构的能力，这种“机械式变化”源自管理层对控制危机或威胁的渴望（Barker & Mone，1998）。另一方面，在组织衰落的过程中，企业实施战略变革的成本也会不断增加。极度困境状态也提高了决策者的各种压力，包括经营管理以及心理上的，这些压力又会对决策者的能力产生反向影响。最终导致管理者认为战略变革已超出其能够承受的能力范围，并且感知到变革已经无法对组织的起死回生起到很大的作用，因此冒险变革的动机被弱化（Mckinley et al.，2014）。

### 3.1.4　高阶梯队理论

1984 年，汉姆布里科和梅森（Hambrick & Mason）提出了“高阶梯队理论”。在很多文献中，高阶理论又被称为高层梯队理论（Upper Echelons Theory，UET）。高阶梯队理论的核心思想就是探讨高管团队的相关特征与企业绩效间的关系。在1984年所发表的文献里，汉姆布里科和梅森（Hambrick & Mason）提出了高管团队的人口统计学特征对企业绩效的预测性影响，同时引入了战略选择/行为这一中间变量，以分析高管团队成员的人口统计学特征对企业绩效产生影响的内在机理，并在此基础上提出了高阶梯队理论的模型。

高阶梯队理论认为，由于内外环境的复杂性，管理者不可能对其所有方面进行全面认识，因此管理者的既有认知结构和价值观决定了其对相关信息的解释力。即管理者特质影响着他们的战略选择，并进而影响企业行为。由于高管团队的心理结构难以度量，而基于心理学研究可以发现，高管团队可以直接观察的人口背景特征与管理者认知能力和价值观密切相关。因此，通过观察人口特征变量就可以客观地研究高层管理团队与企业绩效之间的关系。长期以来，有关高管团队人口统计特征的研究，主要集中在年龄、任期、教育和职能背景等一般性特征上（孙海法和伍晓奕，2003）。学者们对10年间的背景变量进行了更加深入的探索，如对专业背景和海外背景等特殊变量进行了研究，以更加精确地捕捉高管团队在某一方面的认知特征，从而提升对组织结果的预测力度（张三保和李晔，2018）。

在汉姆布里科和梅森（Hambrick & Mason，1984）研究的基础上，卡彭特等（Carpenter et al.，2004）通过对20年间高阶梯队理论相关研究文献的梳理，对高阶梯队理论的逻辑框架进行了较大幅度的改造，并对高管团队特征进行了更为深入的描述。他们认为企业高管团队的特征主要由外部环境和组织特征的前因因素确定，通过企业高管团队成员的特征这一中间变量来影响企业战略绩效，进而提出了高阶梯队理论的第二代模型。该模型认为，可以利用9个重要的概念来描述高管团队的认知特征，分别是技能、认知、行为倾向、信息可得性、资源可得性、人力资

本、社会资本、公司或高层团队内的相对地位和有确定继承权的人（Carpenter et al.，2004）。高管团队的特征与企业战略绩效之间的关系，要受到组织内部某些重要因素的影响，这些因素包括：权力、自由裁量权、激励、整合和团队过程等。

## 3.2　模型构建

本书梳理了有关业绩期望落差、风险承担、差异化战略、高管团队异质性和制度环境的相关文献，明晰了现有研究的不足与可突破之处。基于企业行为理论、前景理论、威胁—刚性以及高阶梯队理论，以中国A股上市为研究对象，深入探讨了业绩期望落差对企业风险承担的影响，分析了在二者关系之间起重要作用的中介变量和调节变量，并构建了业绩期望落差对企业风险承担影响机制的理论模型（见图3－1）。

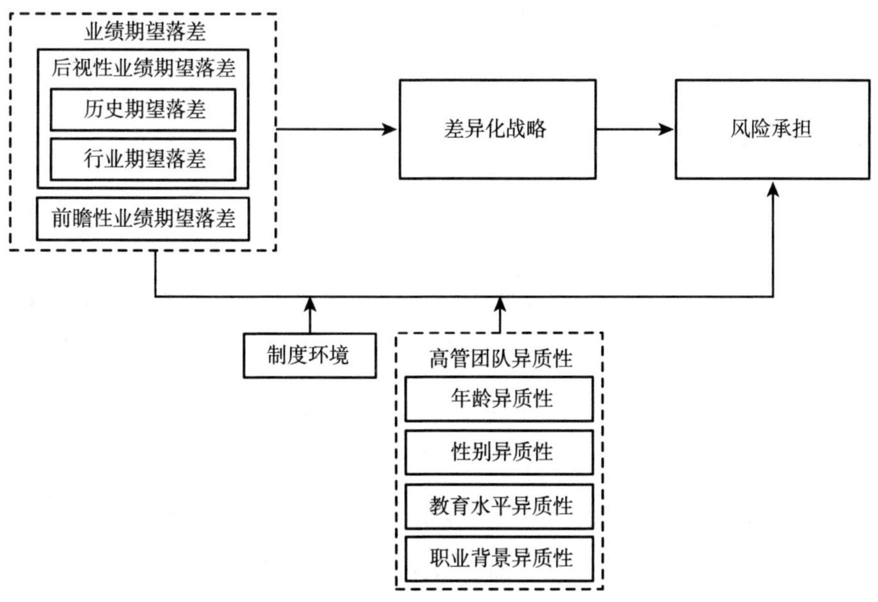


**图3－1　理论模型框架**

其中，后视性业绩期望落差和前瞻性业绩期望落差为本书的解释变量，后视性业绩期望落差包括历史期望落差和行业期望落差两个维度；差异化战略为中介变量；风险承担为被解释变量；制度环境和高管团队异质性为调节变量，调节业绩期望落差与风险承担之间的关系。其中高管团队异质性包括年龄异质性、性别异质性、教育水平异质性和职业背景异质性四个维度。

## 3.3 理论分析与研究假设

### 3.3.1 业绩期望落差与风险承担

基于有限理性的假定，企业高管团队多数情况下很可能会依据参照点进行决策，因此，与参照点相对应的业绩差距就成为影响高管团队决策和企业战略选择的重要条件。由于本书将业绩差距聚焦于落差，因而这里主要对业绩期望落差进行研究，并分别从后视性业绩期望落差和前瞻性业绩期望落差两个方面展开具体分析。

#### 3.3.1.1 后视性业绩期望落差与风险承担

企业行为理论认为，当企业实际业绩与期望水平存在差距时，组织倾向于采取变革措施（Cyert & March，1963）。基于业绩反馈视角可以认为，当企业表现出明显的业绩期望落差时，即可以判断企业绩效面临着持续下滑的局面。为了能够确保当前位置不发生更为严重的威胁，或者说至少向股东和董事会表明，管理层正在采取积极的扭转措施，企业必然会倾向于采取改变的举动，即不得不提高决策时的风险水平（Greve，2003a；Gavetti et al.，2012）。之所以如此，一家企业的实际经营状况存在着信息不对称，作为信息优势的一方，企业高管团队可以通过盈余管理等手段对企业业绩进行一定程度的修饰，也可以利用某些手段来为自己的糟糕业绩进行辩护。不过，尽管包括投资者等在内的企业外部利益相关者可能会观察到企业业绩不佳的信号，但缺乏对企业内部经营状况更为深入地了解，因而难以提出更为强烈的质疑。但作为内部人的企业高管团队，他们根据企业以往的业绩情况，以及较为明显的业绩期望落差，可以判断出组织已经出现了较为严重的经营状况，一旦这种情况持续下去，势必会最终爆发出来，难以再进行掩盖。故可以推断，当组织处于业绩期望落差状态时，企业就会意识到组织运行已经出现了较为明显的问题。持续的业绩下滑会促使组织增强对问题搜寻的迫切性，继而会实施积极的搜寻行为以获得解决方案，帮助企业业绩重新走上良性发展的轨道（Bromiley，1991；Greve，2003b；Chen & Miller，2007；Greve，2008；Joseph & Gaba，2015；Desai，2016；李新春等，2016；宋铁波等，2019）。

与企业行为理论截然相反的是，威胁—刚性理论认为在面临衰落时，高管团队会面临来自企业内外部的压力，会变得紧张与焦虑，企业内部的矛盾也凸显出来。组织在信息收集、资源约束等限制下，变得机械与僵化，高管团队没有更好地解决问题的方法，只能沿用过去的经验去应对。此外，任何一家企业的战略行为与活动都不是偶尔为之的，往往会表现为在较长时期内的稳定性和一致性，这也符合战略的基本范畴和核心内涵。因而，企业战略行为会表现出明显的承诺升级特征，即持续增强而不是减弱或放弃。根据承诺升级理论的观点，可以认为当企业表现出持续的业绩期望落差，或者是面临明显衰落时，当前企业的经营状况很可能是其此前战略选择和行为的结果。那么，决策者是否会对其此前的战略选择和行为进行反思呢？这里存在着决策者的选择困境，一方面，如果决策者选择放弃正在执行的战略选择和行为，那就意味着对当前战略行为的否定，也间接承认当初所制定的战略选择是错误的。战略选择往往都是经过精心的分析与研究，也可能是通过力排众议才确定的，这必然会削弱现有高管团队在组织内的权威，并影响他们在职业经理人市场上的人力资本价值。另一方面，如果决策者选择坚持现有的战略行为，也会加大其职业生涯的风险，毕竟现有的战略行为已经被证明是存在问题的，至少导致了组织当前的衰落局面。继续坚持，很可能会在组织内面临来自于各方面的质疑，遭遇到各种难以预料的困难和障碍。那么，决策者究竟会如何选择呢？一个主流的观点认为，这里会表现出承诺升级效应，即决策者倾向于对失败行动不断提升承诺（Ross & Staw，1986）。这里的理由在于，继续坚持已有的战略行为对高管团队而言是相对较优的选择。由于存在着持续承诺升级效应，因此组织衰落在很大程度上会遏制组织创新（Mone et al.，1998）。根据这一假说和基本逻辑，衰落增加了组织刚性和“机械式变化”，削弱了衰落组织执行战略重构的能力，这种“机械式变化”源自管理层对控制危机或威胁的渴望（Barker & Mone，1998）。从上述逻辑可以推断，威胁—刚性视角和承诺升级效应两种视角支持衰落产生组织刚性（Mone et al.，1998）。

由于企业行为理论和威胁—刚性理论同时存在于业绩期望落差对组织变革的影响，那么，这里就需要弄清楚的是，后视性业绩期望落差究竟对企业风险承担产生何种影响，以及这里的作用机制究竟是什么。如塞特和马奇（Cyert & March，1963）所指出的，当企业出现明显的业绩期望落差时，其是否能够推动组织变革，一个重要的考虑因素是组织的冗余资源。当企业业绩相对较差时，或者存在较为明显的期望落差时，企业会集中精力来提高其实际绩效水平（张远飞等，2013）。但是，由于受到财务状况不佳的约束，企业很可能会表现为“心有余而力不足”，难以开展大规模的变革活动。不过，根据企业行为理论的逻辑，当实际绩效水平低于期望绩效水平的情况下，企业为了挽救不利的局面，管理层势必要进行变革，这包括对现有冗余资源进行削减和重组，或者利用冗余资源来支持企业的变革行动等。这些战略行动都会减少现有的非沉淀性资源冗余，从而促进企业通过变革来提升业绩。由于处在困境时，企业难以对已有业务进行根本性变革，即无法改变“内核”，则与内核密切相关的沉淀冗余反而会呈现出增加的趋势（李晓翔和刘春林，2011）。根据上述逻辑，可以推导出期望落差与冗余资源关系如下：当企业出现期望落差时，非沉淀性冗余资源显著减少，沉淀性冗余资源显著增加。

与之不同的观点是代理观，强调企业实际绩效水平低于期望绩效水平时，要考虑管理层权力在管理层决策过程中所起到的重要作用。以往研究认为，组织冗余是超出既定水平的产量所需最低投入的那部分资源存积（Nohria & Gulati，1996；Zona，2012），或者是闲置在企业中增加成本和降低运营效率的资源，组织有必要减少或消除一定的冗余（Cheng & Kesner，1997）。当企业绩效较差或低于期望时，为了确保个人地位稳固，避免可能因财务风险而导致企业破产，企业需要准备更多的现金以应对可能发生的债务清偿危机，这会导致非沉淀性冗余资源明显增加。如果债务清偿对企业并不构成威胁，其为了避免个人薪酬水平出现较大幅度下降，当存在股权激励时，高管可能会采取某些手段来确保收益不会发生较大变化，如利用公司现金来回购股票等达到提升股价的目的。如发生上述情况，反而会出现非沉淀性冗余资源减少。业绩期望落差与沉淀性冗余资源的关系表现为，作为上市公司往往会面临来自资本市场的高压力，投资者希望企业能够保持高成长性，一旦出现发展停滞，企业市场价值可能会发生大幅度下跌。高管也面临来自股东和董事会试图换人的巨大压力，而不得不战战兢兢。为了迅速扭转困境，高管可能会寻求通过减少雇员人数的手段来达到短期内提升企业绩效的目的，或通过业务调整以削减部分资产等方式，这样就会减少而不是增加沉淀性冗余资源。根据上述逻辑，可以认为：当企业实际绩效水平低于期望绩效水平，即出现期望落差时，非沉淀性冗余资源显著增加，也可能表现为显著减少，这取决于高管倾向于债务清偿还是股权套现。与此同时，企业的沉淀性冗余资源会表现为显著减少。

无论是上述代理观，抑或是变革观，都表明组织冗余资源是影响业绩期望落差与组织变革的重要因素。由此可作出如下推断，即企业出现明显的业绩期望落差或陷入衰落的趋势后，其必然会利用组织冗余资源来维系目前的困境。不过，一旦组织衰落持续较长时间，组织冗余资源也面临着被消耗殆尽的情况，一旦达到了这个时点，充分掌握内部信息的高管团队作为决策者，其决策模式很可能会发生明显的变化。因此，本书倾向于认为，在达到组织冗余资源被消耗殆尽的时点前，高管团队倾向于采取变革，即企业行为理论发挥作用，毕竟企业从外部进行融资的能力面临严重困难的情况下，企业还有可以利用的资源，且通过变革有机会在确保个人的人力资本价值不受损害的情况下来挽救颓势。一旦达到了组织冗余资源消耗殆尽的时点，由于企业自身可以挽救衰落的资源彻底不存在了，这时高管团队即使还有继续经营下去的想法，但已经没有资源可以利用，且外部融资的可能性彻底消失，其很可能不得不坐以待毙，即威胁—刚性理论发挥作用。

考虑到后视性业绩期望落差还可以进一步划分为与自身比较所形成的业绩期望落差，以及与行业竞争对手比较所形成的业绩期望落差，两者之间的作用机制相差不多。因此，结合以上分析提出如下假设：

**H1a**：后视性业绩期望落差与企业风险承担呈倒“U”形关系。

**H1b**：历史期望落差与企业风险承担呈倒“U”形关系。

**H1c**：行业期望落差与企业风险承担呈倒“U”形关系。

#### 3.3.1.2 前瞻性业绩期望落差与风险承担

在对业绩期望落差对企业风险承担影响这个问题的研究中，学者们开始并不仅满足于“过去”的绩效评估，而是逐渐着眼于未来，将一些未发生的、可以基于判断和预测而得出的情况纳入企业决策的框架中，探究其对企业风险承担的作用。加韦蒂和利文索尔（Gavetti & Levinthal，2000）认为，组织的决策是将“向后看”与“向前看”的思维模式相结合，组织的战略风险承担不仅依赖于决策者的过往经验和现实考量，还会受到对前景预测和未来趋势判断等前瞻性思维的影响。郭蓉和文巧甜（2019）从时间的视角进行了该方面的研究，其将“向后看”的业绩期望差距与“向前看”分析师评估差距与业绩反馈相结合，探讨了前瞻性与后视性双重业绩反馈对企业战略风险承担的联合作用机制。

卡尼曼和特沃斯基（1979）通过一系列的实验观测，发现人的决策选择取决于结果与前景（即预期、设想）的差距，而非结果本身。人在决策时会在心里预设一个参考点，然后衡量每个结果是高于还是低于这个参考点。对于高于参考点的收益型结果，人们往往表现出风险厌恶，偏好确定的小收益；对于低于参考点的损失型结果，人们又表现出风险喜好，寄希望于好运来避免损失。由于本书并未考虑预期收益高于参考点的情形，故这里将主要讨论当高管团队面临低于参考点的损失型结果时，其究竟表现出何种决策偏好以及随之而来的风险承担。

这里讨论的起点是前瞻性业绩期望落差，参照点则采用了当前我国资本市场普遍存在的分析师对公司的业绩预测。从压力视角看，当企业经营绩效低于后视性业绩期望水平时，组织决策者的经营压力会加大，为提升企业业绩扭转现状而从事冒险行为的动机会增强，继而风险承担水平也会提高，即消极业绩反馈将提升企业的战略风险承担水平。然而，随着反映“向前看”的分析师评估差距的扩大，即考虑前瞻性业绩期望落差后，消极业绩反馈在推动企业风险承担方面会出现分化的情况（郭蓉和文巧甜，2019）。

这里需要明确两个问题：第一，当讨论前瞻性业绩期望落差时，威胁—刚性理论是否同样会产生影响，并需要加以考虑；第二，讨论前瞻性业绩期望落差对企业风险承担影响时，利用前景理论的逻辑进行分析后会得出何种结论。首先讨论第一个问题，根据以上分析可知，前瞻性业绩期望落差是企业高管团队进行决策时，针对企业今后某个时点的业绩进行预测，并与资本市场上分析师给出的业绩预测进行比较，从中确定出业绩差异。在这个过程中，分析师所给出的业绩预测指标成为决策的参考点，或者说就是业绩期望值。从这里可以看出，前瞻性业绩期望落差并不是实际发生的，而是基于预测所形成的感知落差。因此，这里所形成的业绩期望落差很可能只是高管团队作为决策者的认知，并不会为投资者等其他利益相关者所关注或重视。还可以认为，资本市场的分析师对企业实际情况并不非常了解，或许给出了一个颇为乐观但并不切合实际的预测值。从这个角度来说，高管团队并不会感受到来自资本市场上的巨大压力，或者说并未感受到组织的衰落。故可以推断，当前瞻性业绩期望落差发挥作用时，威胁—刚性效应并不会同时发生。下面讨论这个问题，即利用前景理论分析前瞻性业绩期望落差的影响与作用机理。当企业预测到其今后的业绩将会低于分析师预测的业绩时，即可以认为高管团队决策时将要面对低于参考点的损失型结果。根据前景理论可以推断，这时作为决策者的高管团队很可能会表现出风险喜好的特征，寄希望于通过好运来避免损失。因而，可以得出结论的是，当前瞻性业绩期望落差越大时，高管团队决策时风险承担的水平会更加明显，即前瞻性业绩期望落差会促进企业风险承担。

因此，结合以上分析提出如下假设：

**H1d**：前瞻性业绩期望落差与企业风险承担正相关。

### 3.3.2 差异化战略的中介效应

正如前文所阐述的，企业可以通过采取差异化战略，在产品、服务、渠道以及品牌等方面构建与竞争者不一样的竞争优势，从而获取某一领域某种程度的垄断，形成自己独特的核心竞争力，这也是差异化战略的最终目标。与差异化战略紧密相关的就是核心竞争力理论（Prahalad & Hamel，1990）。该理论强调企业所独有且难以被竞争对手所模仿的能力，可以包括研发创新能力、生产制造能力、产品营销及服务方面的能力等，这些能力将会令企业在较长时间内保持相对于竞争对手的优势地位。

基于高阶梯队理论的逻辑框架（Hambrick & Mason，1984；Carpenter et al.，2004），高管团队的整体特征会形成其决策时的心理认知与价值观，最终反映在企业的盈利能力和盈利波动性等绩效指标上。在这个作用过程中，战略行为起到了非常重要的中介作用，这些战略行为包括产品创新、不相关多元化、相关多元化、并购、资本密集、工厂和设备更新、管理复杂度和反应时间等。由此可以推断，作为企业竞争战略的一个重要构成部分，差异化战略同样是企业难以回避的战略选择，且在众多企业的战略选项中普遍存在。结合我国近年来面临来自国外"实体名单"等打压措施，更令我国商业界和学术界充分认识到，对中国企业来说，要想占据全球产业链的高端，不仅要依赖于全球产业链的分工，还要充分发挥自主发展和自力更生的精神。仅仅通过模仿和追随等战略，利用成本低的优势，将难以在国际市场中获得持续的竞争优势，而差异化战略是当前中国企业的必然选择。

如上文讨论后视性业绩期望落差对风险承担的影响，即企业行为理论和威胁—刚性理论同时发挥作用，这里认为，上述两个理论也同样适用于解释后视性业绩期望落差对差异化战略的影响。即当后视性业绩期望落差还未达到某个拐点之前，高管团队还对企业能够走出衰退局面充满了信心，企业自身也拥有较多的冗余资源可以被利用，此外企业从外部融资的渠道也还通畅。在这种情况下，高管团队具有改变的内在动机以及进行改变的资源保障，这都促使他们希望强化原有的差异化战略，试图通过推出更好的技术、产品和服务来帮助企业扭转困境。同理，在上文讨论的前瞻性业绩期望落差对风险承担的影响中，前景理论发挥了作用。这里也认为，上述理论也同样适用于解释前瞻性业绩期望落差对差异化战略的影响。即当企业预测到其今后的业绩将会低于分析师预测的业绩时，这时高管团队往往也会表现出风险偏好的特质，希望实施差异化战略能带来好运，可以扭转企业目前的局面。

因此，结合以上分析提出如下假设：

**H2a**：后视性业绩期望落差与差异化战略呈倒“U”形关系。

**H2b**：历史期望落差与差异化战略呈倒“U”形关系。

**H2c**：行业期望落差与差异化战略呈倒“U”形关系。

**H2d**：前瞻性业绩期望落差与差异化战略正相关。

这里需要指出的是，当一家企业采取差异化战略时，也意味着其在战略行为上选择了与其他企业有所不同，或者说并没有采取风险相对较小的模仿或追随战略。由于核心能力的构建、动态发展和维持是一个长期的过程，需要企业不断提炼、归纳、总结并创新其在各方面的能力，因而需要敢于进行组织创新，以便更好地打破能力惯性，推动企业持续地通过学习活动对现有的能力进行更新（Teece et al.，1997；Teece，2007）。在这个过程中，往往意味着企业要对外部环境变化作出准确预测，并提前采取行动，这就意味着巨大的战略风险。此外，为了能够维持企业在产品或服务上的独特优势，企业需要持续地在研发活动上进行高投入。这些研发活动具有高风险和高收益的属性，一旦研发的技术路线选择错误或存在其他不可预测的原因，很可能会出现巨额研发投入打水漂的情况，将会令企业遭受巨大的损失。根据上述逻辑可以推断，当企业采取差异化战略后，其不可避免地在决策时要倾向于选择高风险高收益的方案，也必然会提升企业的风险承担水平。

因此，结合以上分析提出如下假设：

**H3**：差异化战略与企业风险承担正相关。

结合以上的分析可以发现，后视性业绩期望落差对差异化战略具有显著的影响，而差异化战略对企业风险承担同样具有显著的影响，本章此前的内容也讨论了后视性业绩期望落差对企业风险承担可能存在的影响。因而，这里可以推断，在后视性业绩期望落差与企业风险承担的作用过程中，差异化战略很可能起到中介作用。当然，同样的逻辑也可以延伸到前瞻性业绩期望落差，即在前瞻性业绩期望落差与企业风险承担的作用过程中，差异化战略也很可能起到中介作用。

因此，结合以上分析提出如下假设：

**H4a**：差异化战略在后视性业绩期望落差与企业风险承担间起中介作用。

**H4b**：差异化战略在历史期望落差与企业风险承担间起中介作用。

**H4c**：差异化战略在行业期望落差与企业风险承担间起中介作用。

**H4d**：差异化战略在前瞻性业绩期望落差与企业风险承担间起中介作用。

## 3.3.3　高管团队异质性的调节效应

自汉姆布里科和梅森（Hambrick & Mason，1984）创造性地提出了高阶梯队理论后，越来越多的学者从高管团队特征的角度研究企业战略行为和绩效的前因变量。此后，高阶梯队理论也得到了进一步的丰富和发展（Carpenter et al.，2004），学术界对高管团队特征究竟如何影响企业战略行为与绩效的认识也更加深刻。在上述作用逻辑中，存在着一个特别重要的影响因素，即高管团队异质性。根据卡彭特等（Carpenter et al.，2004）的研究发现，在高阶梯队理论中存在着三种极为重要的情境变量，分别是环境情境、组织情境和领导力情境。其中，在组织情境中，卡彭特等（Carpenter et al.，2004）强调了高管团队异质性的重要性，以及该因素对高管团队特征与企业战略选择之间关系的调节作用。这里将利用高阶梯队理论，分别从高管团队年龄、性别、教育水平和职业背景四个维度出发，就高管团队异质性的调节作用进行分别讨论。

### 3.3.3.1　高管团队年龄异质性的调节效应

如前文所述，一般认为，由于年龄相近的个体通常具有相似的经历，这导致了他们共同的态度与信仰，因此，年龄的异质性有助于增加高管团队针对战略性问题观点的多样性（Yang & Wang，2014），进而会促使高管团队在决策时考虑更周全，避免出现极化效应，会加强组织采取战略变革的信心。不过，也有研究强调这种年龄异质性可能带来的决策冲突。王性玉和邢韵（2020）的研究认为，如果高管团队成员的年龄差异过大，成员间的意见分歧会随之增加，从而大幅度增加内部沟通成本。年龄差异较大的高管团队容易形成团队内不同派系，提高不同派系间的沟通成本，子群体成员会更关心内部群体利益而忽略组织整体利益和目标，这必然会影响能够为企业带来长期利益的战略变革行为。因此，年龄异质性还将增加高管团队采取冒险性决策的分歧（陈伟宏等，2018）。

尽管已有的研究存在着不同的观点，本书认为对那些处于业绩期望落差情况下的企业而言，他们往往会面临较大的压力，股东、董事会以及其他的利益相关者都会向企业的管理层表达不满情绪，其地位也可能岌岌可危。在这种情况下，究竟采取什么样的决策是管理层需要面对的一项非常困难的任务。当高管团队性别异质性程度较高时，对那些年龄相对较大的成员来说，他们大多已经处于个人职业生涯的中后期，受到已有认知惯性、经验及自身年龄的影响，他们会更加倾向于采取相对保守的决策。而对于那些年龄相对较小的成员来说，努力实施战略变革并挽救企业将有助于提升其自身的人力资本和职业声誉。即使这种战略变革并未取得预期的效果，但也会向外界表明其敢于担当的决心与责任心。因此，对处于业绩期望落差的企业来说，高管团队年龄异质性很可能会在其进行战略变革决策时，导致组织决策过程出现较为激烈的冲突。这里的核心逻辑就转变为，当处于业绩期望落差状态或组织困境时，高管团队进行战略决策时很可能会面临难以实现意见统一的局面，这就依赖于企业的董事会或大股东介入。基于已有的高管团队更迭的相关理论可以推断，企业继续沿袭以往的战略肯定无法改变命运，采取战略变革是必然的选择。如果大股东或董事会选择支持年龄较大且资历更深的高管团队成员，要推行战略变革的难度非常大，只有将希望寄托在那些年龄相对较小且敢于创新的成员身上。由此可以推断，当高管团队内部围绕战略变革出现较大争议时，特别是当争议表现得越激烈，大股东或董事会将更加认识到进行战略变革的必要性，这会进一步增强企业进行战略变革的可能性与变革程度。由此可以推断，高管团队年龄异质性的增强会进一步强化业绩期望落差与企业风险承担之间的关系。

因此，结合以上分析提出如下假设：

**H5a**：高管团队年龄异质性对后视性业绩期望落差与企业风险承担之间的关系起到正向调节作用。

**H5b**：高管团队年龄异质性对历史期望落差与企业风险承担之间的关系起到正向调节作用。

**H5c**：高管团队年龄异质性对行业期望落差与企业风险承担之间的关系起到正向调节作用。

**H5d**：高管团队年龄异质性对前瞻性业绩期望落差与企业风险承担之间的关系起到正向调节作用。

#### 3.3.3.2　高管团队性别异质性的调节效应

将高管团队成员的性别差异引入高管团队异质性的研究可以发现，高管团队性别异质性实际上主要表现为女性在一个高管团队中所占的比例。高管团队性别异质性高，意味着在该团队中女性的占比相对较高，反之则说明基本上都是男性成员。相较于男性管理者，女性管理者在进行决策时更谨慎且更倾向于风险规避。佩里曼等（Perryman et al.，2016）的研究表明，相较于高管团队性别异质性较小的企业，高管团队性别异质性较大企业的总体风险更小。故有研究发现，性别异质性的提高意味着高管团队中女性比例的增加，在一定程度上会降低高管团队的风险承受能力和决策效率，其直接的结果就是降低企业研发投入强度，进而对企业创新产生负面影响（李端生和王晓燕，2019）。与此相反的观点则认为，尽管一个团队中女性成员的增加会提高高管团队的年龄异质性，但现实情况是女性高管相较于男性高管仍存在相对较少被雇佣的情况。因此，即使高管团队性别异质性提高了，高管团队仍由男性主导，仍然会采取冒险变革行为来响应业绩期望落差。即随着高管团队年龄异质性的提升，高管团队通过实施一些冒险变革行为以应对环境变化带来的挑战的可能性反而提升了（王性玉和邢韵，2020）。

与高管团队年龄异质性的影响效果相类似，高管团队性别异质性的影响机制也同样存在着截然不同的观点。结合以上的分析，本书认为，对处于业绩期望落差的企业而言，其必然会面临着较大的内外部压力，一旦企业经营失败，很可能对高管团队成员都会带来较大的人力资本损失。这时，对于很多高管团队成员来说，如何确保自身人力资本不遭受较大的损失，很可能是每位成员所考虑的重要决策。对于女性管理者而言，她们自身的决策风险就相对保守一些，在其自身的职业发展过程中，要面临更大的竞争压力，一旦组织出现了重大失败，很可能对其职业声誉产生更明显的负面影响，并对职业生涯发展和寻找其他工作机会带来更大的困难。因此女性管理者在其职业生涯的晋升过程中，要努力消除其他人对其自身性别的刻板印象。当进行战略决策时，她们并不会刻意突出自身的女性角色，甚至可能会故意表达出与其自身角色在某种程度上的不同。这样的好处是，即使组织无法扭转困境并最终失败，这些女性高管团队成员也会因其良好的变革意识和有责任担当的形象，大大提升其在其他企业里寻找到较好岗位的概率。一旦这些女性高管团队成员形成了群体效应，必然在企业进行重大决策时发挥作用。由此可以推断，高管团队性别异质性的提高会进一步强化业绩期望落差与企业风险承担之间的关系。

因此，结合以上分析提出如下假设：

**H6a**：高管团队性别异质性对后视性业绩期望落差与企业风险承担之间的关系起到正向调节作用。

**H6b**：高管团队性别异质性对历史期望落差与企业风险承担之间的关

系起到正向调节作用。

**H6c**：高管团队性别异质性对行业期望落差与企业风险承担之间的关系起到正向调节作用。

**H6d**：高管团队性别异质性对前瞻性业绩期望落差与企业风险承担之间的关系起到正向调节作用。

#### 3.3.3.3　高管团队教育水平异质性的调节效应

高管团队的教育水平是高阶梯队理论中描述高管团队特征的一个重要变量。汉姆布里科和梅森（Hambrick & Mason，1984）认为，高管团队的教育水平对高管团队的决策风格和特征有着较为明显的影响。一般认为，随着受教育程度的提高，认知能力也相应增强，对复杂和不明朗事件的承受能力也随之增强，这有利于企业采取复杂性相对较高且风险性相对较大的国际化行为（Wally & Becerra，2001）。当高管团队教育水平异质性程度较高时，意味着高管团队内部不同成员之间的教育水平差异较大，这究竟会对业绩期望落差与企业风险承担之间产生什么影响，以下内容将进行分析。

当一个企业高管团队的教育水平异质性程度较高时，往往意味着他们对管理问题的认识角度和程度，以及对来自组织内外部知识的接受程度等均有明显的差异。这可能会导致组织在进行重大决策时，遭遇严重的意见不一致的情况，势必会影响到重要决策的进程与效率。如上文所述，受教育水平较高的人通常更加偏好于更为复杂的战略行为，不过，在遭遇困境时，他们的抗压能力却未必明显高于那些受教育水平相对低的高管成员。毕竟他们的职业发展路径不同，后者进入高管团队的道路会更为艰辛，也要承受更多的困难与艰苦。因此，当企业处于业绩期望落差状态或经营困境时，高管团队教育水平的异质性越大，高管团队在进行重大决策时可能出现的冲突就越严重。特别是对于那些战略变革等全局性的高风险决策，其方案是否能够成功具有很高的不确定性，需要决策层承受巨大的风险。由于高管团队很难就战略变革达成一致，这会大大影响其开展战略变革的内在动机，或者说错过组织走出经营困境的关键时机。由此可以推断，高管团队教育水平异质性的提高，将会负向影响业绩期望落差与企业风险承担之间的关系。

因此，结合以上分析提出如下假设：

**H7a**：高管团队教育水平异质性对后视性业绩期望落差和企业风险承担之间关系起到负向调节作用。

**H7b**：高管团队教育水平异质性对历史期望落差与企业风险承担之间的关系起到负向调节作用。

**H7c**：高管团队教育水平异质性对行业期望落差与企业风险承担之间的关系起到负向调节作用。

**H7d**：高管团队教育水平异质性对前瞻性业绩期望落差与企业风险承担之间的关系起到负向调节作用。

#### 3.3.3.4 高管团队职业背景异质性的调节效应

高管团队职业背景同样是高阶梯队理论中描述高管团队特征的一个重要维度和因素（Hambrick & Mason，1984）。按照高阶梯队理论的观点，高管团队成员的职业背景显示了其所具备的专业技能和知识领域。按照此前所介绍的高阶梯队理论内容，职业背景大致可以划分为三种截然不同的类型，每种类型都会表现出较为明显的性格特征和认知模式。因而，当其在制定组织重大决策时，也会作出截然不同的选择。

基于中国文化可以认为，绝大多数国内上市公司的高管团队成员都是从内部晋升的，因而其在雇主企业的服务年限相对较长。高管团队的职业背景异质性较高意味着，一家企业鼓励高管团队成员来自不同部门和不同职能领域，这不仅意味着高管团队成员知识结构的多元化程度，也在很大程度上说明企业对组织内不同部门的利益进行有效的平衡。因此，当高管团队的职业背景异质性程度较高时，究竟会对业绩期望落差与企业风险承担之间的关系产生何种影响，大致有如下解释：第一，当高管团队的职业背景异质性程度较高时，一旦组织进行重大决策，高管团队成员往往都会从其各自利益出发，特别是处于组织困境时，这种利益倾向性的表现会更加明显和突出（Bantel & Jackson，1989；郭葆春和刘艳，2015；胡望斌等，2014）。第二，由于高管团队成员的来源具有更好的普遍性，一旦方案得到通过，也必然意味着得到了企业内部不同部门的认可，这有助于确保方案能够顺利得以贯彻和落实。对于战略变革来说，能够获得组织内部更多利益团队的认可和支持就显得尤为重要。以上分析表明，高管团队职业背景异质性对战略变革实际上表现出所谓的双重作用。因此，当企业处于业绩期望落差状态时，企业必须要采取扭转措施才能走出困境。此时虽面临着来自组织内外部的巨大压力，但还存在着某些挽救的可能性。与此同时，企业很可能要面临着诸多约束条件，如难以从外部进行融资，组织内部的冗余资源可能已经消耗殆尽，企业员工对组织的信心已经大幅度下降等。在这个时期，职业背景异质性较高的高管团队成员仍然为自己所代表的利益团队发声，考虑固有小团体的利益，并不能真正地从企业现实困境出发，这必然使组织的战略变革迟迟难以推进，进一步阻碍了组织扭转困境决策的实施。由此可以推断，高管团队职业背景异质性的提高，将会负向影响业绩期望落差与企业风险承担之间的关系。

因此，结合以上分析提出如下假设：

**H8a**：高管团队职业背景异质性对后视性业绩期望落差与企业风险承担之间的关系起到负向调节作用。

**H8b**：高管团队职业背景异质性对历史期望落差与企业风险承担之间的关系起到负向调节作用。

**H8c**：高管团队职业背景异质性对行业期望落差与企业风险承担之间的关系起到负向调节作用。

**H8d**：高管团队职业背景异质性对前瞻性业绩期望落差与企业风险承

担之间的关系起到负向调节作用。

### 3.3.4 制度环境的调节效应

正如前文所述，由于中国经济发展具有明显的转轨特征，这使得制度环境对企业行为及绩效都具有极为明显的影响（江诗松等，2011；曾萍等，2015）。由于本书所关注的企业风险承担实际上表现为一种对高收益高风险项目的投资决策，而企业创新日益呈现出开放式特征，需要更多的企业参与到生态圈内协同创新的过程中（徐岚等，2007）。创新活动的高风险性也迫使企业需要更多地借助风险投资的支持，而风险投资活动则会明显地嵌入在外部市场制度当中（苏晓华和王科，2013）。因此，处于业绩期望落差的企业在进行风险承担决策时，其内在决策的逻辑在很大程度上要受到制度环境的约束和影响。

具体而言，市场化程度较高的环境往往意味着更为成熟的市场运行机制和更为严格的市场监管，在这样的市场环境中，信息披露渠道也更加完备，市场运行也更加透明（毕茜等，2015）。因此，这有助于降低企业之间的交易费用，从而大大提高企业之间进行合作的可能性和内在动机，持续拓展和扩大企业的合作网络（曾萍等，2017）。竞争完全的产品市场和要素市场带来了更清晰的价格信号和市场指标，较为稳定、完善的法律制度与良好发展的中介服务机构也为企业获取透明信息及进行理性战略决策提供了更充分的保障。罗党论和唐清泉（2007）发现，制度环境对上市公司的负面行为具有明显的抑制作用，即显著影响控股股东的掏空行为。随着市场化进程的深入，资本市场资源配置效率进一步提高，会计信息披露质量显著提高，投资者利益也能够得到更好的保护（方军雄，2006）。此外，在市场化程度较高的环境中，各种类型金融机构的发展也较为完善，金融市场运行较为良好，这有助于帮助企业克服融资难的问题（余芬等，2021）。因此，在制度环境较为完善的情况下，处于业绩期望落差的企业决定进行风险承担决策时，其很容易找到合作伙伴和融资渠道，也能够采取多种手段来推动战略变革，从而帮助企业走出困境。可以认为，企业业绩期望落差与风险承担之间的作用将会进一步增强。反之，当市场化程度较低时，该地区的投资环境信息披露机制不成熟，在难以通过透明市场获取投资对象的有效信息的情况下，企业风险决策将更加依赖自身知识的积累。此外，在推动战略变革时，企业很可能要面临严重的融资困难和资源约束。因此，在市场化环境相对较差时，业绩期望落差与企业风险承担之间的关系也就表现得更弱。

因此，结合以上分析提出如下假设：

**H9a**：制度环境在后视性业绩期望落差与企业风险承担之间的关系起到正向调节作用。

**H9b**：制度环境在企业历史期望落差与企业风险承担之间的关系起到正向调节作用。

**H9c**：制度环境在企业行业期望落差与企业风险承担之间的关系起到正向调节作用。

**H9d**：制度环境在前瞻性业绩期望落差与企业风险承担之间的关系起到正向调节作用。

### 3.3.5　研究假设汇总

本书提出的假设如表3－1所示。

**表3－1　研究假设汇总**

| 假设编号 | 假设内容 |
| --- | --- |
| H1a | 后视性业绩期望落差与企业风险承担呈倒“U”形关系 |
| H1b | 历史期望落差与企业风险承担呈倒“U”形关系 |
| H1c | 行业期望落差与企业风险承担呈倒“U”形关系 |
| H1d | 前瞻性业绩期望落差与企业风险承担正相关 |
| H2a | 后视性业绩期望落差与差异化战略呈倒“U”形关系 |

续表

| 假设编号 | 假设内容 |
| --- | --- |
| H2b | 历史期望落差与差异化战略呈倒“U”形关系 |
| H2c | 行业期望落差与差异化战略呈倒“U”形关系 |
| H2d | 前瞻性业绩期望落差与差异化战略正相关 |
| H3 | 差异化战略与企业风险承担正相关 |
| H4a | 差异化战略在后视性业绩期望落差与企业风险承担间起中介作用 |
| H4b | 差异化战略在历史期望落差与企业风险承担间起中介作用 |
| H4c | 差异化战略在行业期望落差与企业风险承担间起中介作用 |
| H4d | 差异化战略在前瞻性业绩期望落差与企业风险承担间起中介作用 |
| H5a | 高管团队年龄异质性对后视性业绩期望落差与企业风险承担之间的关系起到正向调节作用 |
| H5b | 高管团队年龄异质性对历史期望落差与企业风险承担之间的关系起到正向调节作用 |
| H5c | 高管团队年龄异质性对行业期望落差与企业风险承担之间的关系起到正向调节作用 |
| H5d | 高管团队年龄异质性对前瞻性业绩期望落差与企业风险承担之间的关系起到正向调节作用 |
| H6a | 高管团队性别异质性对后视性业绩期望落差与企业风险承担之间的关系起到正向调节作用 |
| H6b | 高管团队性别异质性对历史期望落差与企业风险承担之间的关系起到正向调节作用 |
| H6c | 高管团队性别异质性对行业期望落差与企业风险承担之间的关系起到正向调节作用 |
| H6d | 高管团队性别异质性对前瞻性业绩期望落差与企业风险承担之间的关系起到正向调节作用 |
| H7a | 高管团队教育水平异质性对后视性业绩期望落差和企业风险承担之间关系起到负向调节作用 |
| H7b | 高管团队教育水平异质性对历史期望落差与企业风险承担之间的关系起到负向调节作用 |
| H7c | 高管团队教育水平异质性对行业期望落差与企业风险承担之间的关系起到负向调节作用 |
| H7d | 高管团队教育水平异质性对前瞻性业绩期望落差与企业风险承担之间的关系起到负向调节作用 |
| H8a | 高管团队职业背景异质性对后视性业绩期望落差与企业风险承担之间的关系起到负向调节作用 |
| H8b | 高管团队职业背景异质性对历史期望落差与企业风险承担之间的关系起到负向调节作用 |

续表

| 假设编号 | 假设内容 |
| --- | --- |
| H8c | 高管团队职业背景异质性对行业期望落差与企业风险承担之间的关系起到负向调节作用 |
| H8d | 高管团队职业背景异质性对前瞻性业绩期望落差与企业风险承担之间的关系起到负向调节作用 |
| H9a | 制度环境在后视性业绩期望落差与企业风险承担之间的关系起到正向调节作用 |
| H9b | 制度环境在企业历史期望落差与企业风险承担之间的关系起到正向调节作用 |
| H9c | 制度环境在企业行业期望落差与企业风险承担之间的关系起到正向调节作用 |
| H9d | 制度环境在前瞻性业绩期望落差与企业风险承担之间的关系起到正向调节作用 |

## 3.4 本章小结

本章是理论分析和研究假设。详细阐述了企业行为理论、前景理论、威胁—刚性理论和高阶梯队理论等相关理论，并运用上述理论针对业绩期望落差与企业风险承担之间的关系，差异化战略的中介效应，以及高管团队异质性和制度环境的调节效应给出了研究模型并提出了研究假设。

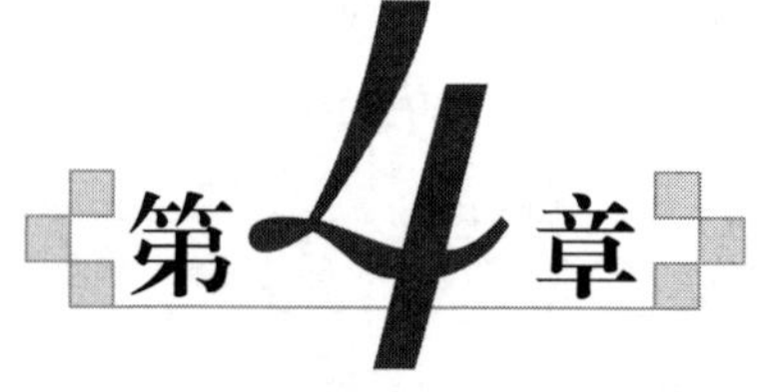

# 研究设计

## 4.1 样本选择与数据来源

以沪深两市 A 股主板上市的公司作为研究对象。样本选取范围是 2003～2019 年间的上市公司。之所以选择这个时间段的上市公司，主要是由于自 2003 年开始，我国上市公司对外公布的财务信息和高管信息更加全面和详细，这有利于本书所选择的两个关键变量的计算。样本的具体筛选过程如下：（1）剔除了金融类上市公司；（2）剔除了 ST、SST、*ST 类上市公司；（3）剔除了业绩信息缺失及其他一些关键变量缺失的样本公司。通过执行上述筛选程序，最终获得了 17 年间共计 23215 个公司－年份样本观测值。为避免离群值的影响，保证估计结果的可靠性与稳健性，对所有的连续变量均进行了首尾（1%，99%）的缩尾处理。研究数据主要来源于权威数据库—CSMAR 数据库及上市公司年报，并手工对部分字段信息进行补充完善。

## 4.2 变量测度

### 4.2.1 风险承担

Risk 表示企业的风险承担，i 代表企业，t 代表时段。根据以往的文献，风险承担常用的衡量指标包括盈余波动性（Boubakri et al.，2013；余明桂等，2013a）、股票回报波动性（张敏等，2015）、资产负债率等。由于我国股票市场波动性较大，且更高的风险承担意味着企业未来现金流入的不确定性增加，现有研究对于中国企业的风险承担广泛采用盈余波动性来衡量。因此本书借鉴何瑛等（2019）的做法，使用企业在观测期时段内的 ROA 波动程度来度量企业的风险承担。ROA 波动程度越大，说明企业风险承担水平越高，其中 ROA 以息税前利润除以年末总资产来衡量，参考约翰等（John et al.，2008）、余明桂等（2013a）的研究，将公司 ROA 减去年度行业均值得到 Adj_ROA［见式（4.1）］，以缓解行业及周期的影响。而后以（t－2，t）为一个观测时段，分别滚动计算经行业调整后的 ROA（Adj_ROA）的标准差和极差分别得到 Risk1 和 Risk2［见式（4.2）、式（4.3）］计算公式如下：

$$Adj_{ROA} = \frac{EBIT}{ASSET} - \frac{1}{X}\sum_{k=1}^{X}\frac{EBIT}{ASSET} \tag{4.1}$$

$$Risk1 = \sqrt{\frac{1}{T-1}\sum_{t=1}^{T}(Adj\_Roa - \frac{1}{T}\sum_{t=1}^{T}Adj\_Roa)^2} \tag{4.2}$$

$$Risk2 = Max(Adj\_ROA_{i,t}) - Min(Adj_{ROA_{i,t}}) \tag{4.3}$$

### 4.2.2 业绩期望落差

本书对业绩期望落差进行了细分，分为后视性业绩期望落差和前瞻性业绩期望落差。后视性业绩期望落差又可分为基于企业过往的历史绩效的历史期望落差和基于行业内业绩表现的行业期望落差。而用分析师对资本市场的预测，即以分析师期望落差来测度前瞻性业绩期望落差。因此本书的解释变量为后视性业绩期望落差（包括历史期望落差和行业期望落差）和前瞻性业绩期望落差。下面将分别对各自的测量方式进行说明。

#### 4.2.2.1 后视性业绩期望落差

业绩期望差距指的是企业的实际绩效和企业绩效期望值的差距。现有文献在衡量绩效水平时，ROE、ROA 及 ROS 等反映企业盈利能力的财务指标经常被使用。有的学者采用总资产回报率（ROA）来衡量业绩水平（Greve，2003b；Chen，2008），也有的学者用销售利润率（ROS）作为实际绩效的代理指标（宋铁波等，2017）。扈文秀和穆庆榜（2011）、胥朝阳等（2013）则以股权收益率（ROE）作为企业绩效的衡量指标。为了反映企业长期的经营绩效，剔除短期偶发的企业行为的影响，本书采用扣除非经常性损益后的净资产收益率（ROE）对绩效进行测量，ROE 体现了企业自有资本的获利能力。在稳健性检验部分，则采用了总资产收益率（ROA）测度的历史期望落差作为替换变量。

（1）历史期望落差。

历史期望水平：企业当期历史期望水平由企业过去的绩效数据计算得出，计算公式见式（4.4），其中 $A_{i,t}$代表企业 i 第 t 期的历史绩效期望，是企业 i 在 t－1 期的历史绩效期望值 $A_{i,t-1}$与企业 i 在 t－1 期的实际绩效 $P_{i,t-1}$（权重为）的加权求和。

$$A_{i,t} = \alpha A_{i,t-1} + (1-\alpha) P_{i,t-1} \tag{4.4}$$

数据最早一期的绩效期望采用式（4.5）计算 $A_{i,t-1}$：

$$A_{i,t-1} = \alpha P_{i,t-2} + (1-\alpha) P_{i,t-3} \tag{4.5}$$

由于不同的权重设定会影响 $A_{i,t}$的结果，因此，本书将 $a_1$ 从 0.1 开始，以 0.1 为单位增加权重赋值，并对比不同的 $A_{i,t}$结果，研究结果并无

显著差异，不影响研究结论。鉴于此，本书借鉴陈（Chen，2008）的处理方法，仅予以汇报 $a_1=0.4$ 时的结果。

历史期望落差：根据企业行为理论的研究，期望差距为实际经营业绩与目标期望水平的差距。本书借鉴主流做法，以实际绩效与自身历史期望水平的差异来衡量期望差距（Greve，1998，2003b；Chen，2008；Chrisman et al.，2012）。如果企业的实际绩效与历史期望水平的差值为负，即历史期望差距为负，则认为企业处于历史期望落差状态。并对期望落差的数据进行了如下处理：期望落差的数据取实际的差异值，并对该差异值取绝对值处理，高于期望水平的顺差值则用0表示。

（2）行业期望落差。

行业期望水平的测量方式有两种：一是除目标企业外行业内其他企业第 t 年绩效的均值；二是行业中所有企业第 t 年绩效值的中位数。本书在主效应部分采用了第一种测量方式，而用第二种测量方式进行了稳健性检验。

**测量方式一：**

行业期望水平：行业期望水平 $IA_{i,t}$ 是指除目标公司外的行业平均业绩。参照约瑟夫和加巴（Joseph & Gaba，2015）的算法，计算公式见式（4.6），其中 $IA_{i,t}$ 代表企业 i 在第 t 期的行业期望水平，$P_{j,t}$ 是指同行业中除目标公司以外的其他公司 j 在 t 期的实际业绩，N 指目标公司 i 在 t 期同行业内竞争对手的公司数量。

$$IA_{i,t} = \sum_{j \neq i} \frac{P_{j,t}}{N} \tag{4.6}$$

行业期望落差：企业 i 在第 t 期的行业期望差距是实际绩效 $P_{i,t}$ 与行业期望水平 $IA_{i,t}$ 之差，计算公式见式（4.7）。与历史期望水平计算方法类似，如企业的实际绩效与行业期望水平的差值为负，即 $(P_{i,t} - IA_{i,t}) < 0$，则认为企业处于行业期望落差状态。如企业的实际绩效与行业期望水平的差值为正，即 $(P_{i,t} - IA_{i,t}) > 0$，则认为企业处于行业期望顺差状态。与上文对历史期望落差的处理方法类似，行业期望落差的数据取实际的差异值，并对该差异值取绝对值，高于期望水平的顺差值则用 0 表示。其中 $a_1$ 代表权重，介于［0，1］之间的数值，同样借鉴陈（Chen，2008）的方法，仅汇报了 $a_1=0.4$ 时的检验结果。

$$P_{i,t}-IA_{i,t} \tag{4.7}$$

由于历史期望落差和行业期望落差是负数，在回归时取绝对值，又因本书实证结果为倒“U”形关系，即平方项，所以在对回归结果进行解释时无须进行反向解释。

**测量方式二：**

行业期望水平：行业期望水平 $IA_{i,t}$ 是行业中所有企业第 t 年绩效值的中位数。

计算公式见式（4.8），其中 $IA_{i,t}$ 代表企业 i 在第 t 期的行业期望水平，是企业 i 在 t－1 期的行业绩效期望值 $IA_{i,t-1}$ 与企业 i 在 t－1 期的行业绩效中位值 $IP_{i,t-1}$（权重为 α）的加权求和。

$$IA_{i,t}=\alpha IA_{i,t-1}+(1-\alpha)IP_{i,t-1} \tag{4.8}$$

早一期的行业绩效期望根据公式（4.9）计算 $IA_{i,t-1}$：

$$IA_{i,t-1}=\alpha IP_{i,t-2}+(1-\alpha)IP_{i,t-3} \tag{4.9}$$

行业期望落差：与历史期望水平计算方法类似，如企业的实际绩效与行业期望水平的差值为负，则认为企业处于行业期望落差状态。如企业的实际绩效与行业期望水平的差值为正，则认为企业处于行业期望顺差状态。与上文对历史期望落差的处理方法类似，行业期望落差的数据取实际的差异值，并对该差异值取绝对值，高于期望水平的顺差值则用 0 表示。其中 $a_1$ 代表权重，介于［0，1］之间的数值，同样借鉴陈（Chen，2008）的方法，仅汇报了 $a_1=0.4$ 时的检验结果。

（3）后视性业绩期望落差。

后视性业绩期望落差：对历史期望落差与行业期望落差进行主成分分析，提取贡献率大于 80% 的主成分，并根据成分对应的方差贡献率得出主成分的权数，加权综合后获得的后视性业绩期望落差综合指标。

#### 4.2.2.2　前瞻性业绩期望落差

当前对前瞻性业绩期望落差的测量，主要是利用分析师的业绩预测来测量。本书参照李和常（Lee & Chang，2014）以及张和吉梅诺（Zhang & Gimeno，2016）的做法，以所有分析师年度预测企业每股收益的平均值来衡量分析师对企业的业绩期望，记为 Feps。企业实际每股收益记为 Meps。若 Feps - Meps <0，则认为企业 i 在该期处于期望落差，反之，则为处于期望顺差状态。

具体计算方法如下：

$$\text{前瞻性业绩期望落差} = \begin{cases} 0 & (Feps - Meps \geqslant 0) \\ Feps - Meps & (Feps - Meps < 0) \end{cases}$$

$$\text{前瞻性业绩期望顺差} = \begin{cases} Feps - Meps & (Feps - Meps \geqslant 0) \\ 0 & (Feps - Meps < 0) \end{cases}$$

### 4.2.3　差异化战略

现有研究部分采用量表来对差异化战略进行测量，但是大部分研究还是运用财务指标对差异化战略进行测量。李健等（2012）曾指出，采用公开的财务指标测度企业竞争战略具有问卷法不可替代的优势，能够更好地反映出过去曾经实施的或者当前正在实施的企业战略。即使用财务指标对差异化战略进行测量，既客观、科学、合理，又能直观反映企业的现实状况。

在采用财务指标进行测量时，又有采用单一指标和多维指标两种测量方式。颉茂华等（2016）用单一维度指标，即（主营业务收入 - 主营业务成本 + 研发支出）/主营业务收入对差异化战略进行了测量。大部分学者则使用多维的财务指标来衡量差异化战略。大卫等（David et al.，2002）采用毛利率、期间费用率和研发费用率来衡量差异化战略程度，刘睿智和胥朝阳（2008）也参考了该做法；郑兵云等（2011）也参考了大卫等（David et al.，2002）的做法，并根据我国实际情况，对上述指标进行了调整与增加，提出了毛利率、营业费用收入率、研发费用率和市价账面价比四个指标对差异化战略进行测量。柴才等（2017）则利用了研发强度、毛利率和期间费用率来对差异化战略进行测量。雷辉等（2015）则借鉴已有研究，并结合我国的现实状况，提出用研发费用率、营业毛利率、期间费用率和市价账面价比四个指标测量差异化战略。

综合以上学者们的观点以及本书研究企业的实际情况，同时考虑了衡量的客观性及数据的可获得性，本书借鉴了陈等（Chen et al.，2018）、张宏和罗兰英（2021）的处理办法，运用多维的财务指标，即以销售费用与管理费用的和与总销售额的比值及研发费用与总销售额的比值来对差异化战略进行衡量。对二者取均值处理，均值越大，表示企业战略的差异化程度越高，反之，差异化程度就越低。

### 4.2.4 高管团队异质性

高管团队的性别、教育水平及职业背景均为类别变量，对于该类型变量异质性的测度，目前有一个比较广泛接受的衡量方法，即采用 Herfindal - Hirschman 系数（赫芬达尔系数）进行测量。具体公式为：$H = 1 - \sum_{i=1}^{n} P_i^2$，其中 H 为赫芬达尔系数，$p_i$ 表示高管团队中第 i 类成员所占比重，n 为类别数量，取值范围在 0 ~ 1，H 值越接近于 1，其类别变量异质性越大；H 值越接近于 0，其类别变量异质性越小。H 值大小与类别变量异质性为正相关关系，H 值越大，其类别变量分布离散程度越高；H 值越小，其类别变量分布离散程度越低，异质性越小（Hambrick et al.，1996）。而高管团队的年龄则为连续变量，采用变异系数（也就是用标准差与均值的比值）来反映差异程度。

（1）年龄异质性。

根据目前现有研究，大部分学者认为变异系数在年龄异质性的测量方面更加符合这种具有连续性的测量目标的特性，运用变异系数进行测量更能准确地反映变量本身的特性（Aaker & Ascarenhas，1984）。与目前通用的测量方法保持一致，本书对年龄异质性就采用变异系数来测量。变异系数越大，表示连续变量的异质性越大，即标准差系数的值正相关于变量的异质性程度。

（2）性别异质性。

随着中国企业界女性领导的崛起，性别的多样与异质性逐渐成为研究高管团队的一个重要角度。对于性别这个类别变量，本书与现有文献做法保持一致，首先对企业高管人员的性别赋值，男性取值为1，女性取值为0，再采用赫芬达尔（Herfindahl）系数测量其差异程度。测量结果的值越大，说明高管团队中性别的异质性程度越高。

（3）教育水平异质性。

受教育水平往往会影响团队成员的决策导向和决策方式，故而被视为重要的变量。高管团队教育水平异质性是指高管团队学历分布的不均匀程度。教育水平异质性越大，高管团队中最高学历与最低学历相差越大（Bantel & Jackson，1989）。本书将教育水平分为五个层次：1 = 中专及中专以下，2 = 大专，3 = 本科，4 = 硕士研究生，5 = 博士研究生，6 = 其他（以其他形式公布的学历，如荣誉博士、函授等）。采用赫芬达尔（Herfindahl）系数测量其差异程度。

（4）职业背景异质性。

职业背景异质性反映了企业高管团队成员任该企业高管之前所从事职业的多样化程度，本书采用赫芬达尔指数来计算高管团队职业背景的异质性。已有的研究中，提汉伊等（Tihanyi et al.，2000）将高管团队成员的职业分为7类：行政管理、工程、财会、市场和公共关系、研发、生产制造和法律；汉姆布里科等（Hambrick et al.，1996）的分类更为细致，共有16类，分别是：CEO、首席运营官（COO）、金融、计划、人事、公共关系、董事会/总经理秘书、辅助活动的运营服务、市场/销售/

顾客服务、信息系统、国际化、基本活动的运营服务、行政管理、其他的公司职能部门、会计和其他。本书主要参考提汉伊等（Tihanyi et al.，2000）的分类，同时结合我国企业的实际情况，将高管团队成员的职业分为：生产制造、研发、金融财会、市场营销、法律、行政管理（包括党务、共青团、工会等）和政府职员等 7 类。之所以将政府职员单独作为一类，是因为：一是我国上市公司的很多高层管理人员是由政府官员转变过来的；二是源自政府的企业高层管理人员，其思维逻辑被烙上了政府的印迹，思考问题的出发点将不同于企业的管理人员。

高管团队成员的职业一般都有一定的连贯性。考虑到团队成员在任期内会在不同职能部门工作，如出现了少数团队成员经历了不同的分类职业的情况，本书计算时参照汉姆布里科等（Hambrick et al.，1996）的计算方法，将每个团队成员从事时间最长的职业代表其职业背景。

### 4.2.5 制度环境

随着对企业行为外部影响因素研究的逐步深入，制度环境受到了越来越多学者的关注。但是，由于制度环境相对宏观，无法找到对应的代理变量对其进行测度，因此描述起来相对困难。对于中国各地区的制度环境差异一直缺乏一个科学有效且真实可靠的计量方法，这在一定程度上制约了经济、金融及管理等研究学者的进一步研究。

樊纲等（2003）的研究开创性地弥补了这一领域的测量空白。该团队以“主因素分析法”作为基本的计量方法对中国各地区市场化进程相对指数进行了测量。该测量方法可将制度环境分解为五个大方面，共 23 个分项子指标，各分项子指标在指数中的权重，使用客观的“主因素分析法”进行提取测度，摆脱了一些主观不可控因素的干扰与影响。自樊纲等 2001 年发布中国各地区的市场化进程相对指数以来，该团队一直致力于该指数的完善与更新，并定期更新各年度的指数。因此，本书即采用樊纲等编制的《市场化指数报告》中各地区市场化发展水平综合评分来衡量制度环境。具体包括“政府与市场的关系”“产品市场的发育”“要素市场的发育”“市场中介组织和法律制度环境”等制度环境的关键因素。这几个指标可以对区域的市场化进程进行相对准确地反映，也是目前学术界用来衡量制度环境的最常用指标。

### 4.2.6　其他变量

#### 4.2.6.1　公司治理变量

（1）股权集中度（Top）：本书利用第一大股东持股比例来衡量。具体赋值方式：t 公司在 i 年份的第一大股东持股比例。

（2）两职兼任（Dual）：本书利用董事长与总经理（或总裁）是否为同一人来衡量。具体赋值方式：如 t 公司在 i 年份的董事长和总经理为同一人，则 t 公司 i 年份的 Dual 取值为 1，否则取值为 0。

（3）所有权性质（Sta）：本书利用企业的所有权性质来测量。具体赋值方式：如 t 公司在 i 年份为国有企业，则 t 公司 i 年份的 Sta 取值为 1，否则取值为 0。

（4）独立董事比例（Inde）：本书利用公司独立董事在董事会中所占比例来衡量。具体计算方法：t 公司在 i 年份的独立董事数量除以该公司当年的董事会规模。

#### 4.2.6.2　企业特征变量

（1）企业规模（Size）：本书利用企业总资产来衡量。具体计算方法：t 公司在 i 年份的企业规模为该公司在 i 年份末的期末总资产的对数。

（2）企业寿命（Life）：本书利用企业上市年份与当年年份之差来衡量。具体计算方法：t 公司在 i 年份的企业寿命为该公司当年的上市年份数加 1 后取对数。

（3）资产负债率（Lev）：本书利用企业年末总负债与总资产的比值来衡量。具体计算方法：t 公司在 i 年份的资产负债率为该公司当年的企业年末总负债除以总资产。

（4）销售增长率（Grow）：本书利用企业年末营业收入相比上一年的增长率来衡量。具体计算方法：t 公司在 i 年份的销售增长率为该公司在 i 年份的年末营业收入相比该公司 i－1 年的年末营业收入的增长比例。

本书主要变量说明如表 4－1 所示。

**表 4－1　　变量定义表**

| 变量类型 | 变量名称 | 变量符号 | 变量定义和描述 |
| --- | --- | --- | --- |
| 解释变量 | 后视性期望落差 | Aft_N | 对历史期望落差与行业期望落差进行主成分分析后得出的综合指标 |
| | 历史期望落差 | His_N1 | 以 ROE 计算的历史期望落差 |
| | 历史期望落差 | His_N2 | 以 ROA 计算的历史期望落差 |
| | 行业期望落差 | Ind_N1 | 以 ROE 计算的行业均值期望落差 |
| | 行业期望落差 | Ind_N2 | 以 ROE 计算的行业中位数期望落差 |
| | 前瞻性期望落差 | Pef_N1 | 以分析师年度预测企业每股收益的平均值－实际每股收益计算的落差 |
| | 前瞻性期望落差 | Pef_N2 | 以(分析师预测每股收益－实际每股收益)/分析师预测的每股收益计算的落差 |
| 被解释变量 | 风险承担 | Risk1 | 得出经行业均值调整后的波动率,再用标准差计算经年度调整后的波动率 |
| | 风险承担 | Risk2 | 得出经行业均值调整后的波动率,再用极值计算经年度调整后的波动率 |
| 中介变量 | 差异化战略 | Cyh | 研发费用/营业收入与(销售费用＋管理费用)/营业收入的均值 |
| 调节变量 | 制度环境 | Market | 以樊纲等编制的《市场化指数报告》中各地区市场化发展水平综合评分来衡量 |
| | 年龄异质性 | Hage | 高管团队成员年龄标准差系数 |
| | 性别异质性 | Hgend | 高管团队成员性别 Herfindahl 系数 |
| | 教育水平异质性 | Hedu | 高管团队成员受教育水平 Herfindahl 系数 |
| | 职业背景异质性 | Hpro | 高管团队成员职业背景 Herfindahl 系数 |

续表

| 变量类型 | 变量名称 | 变量符号 | 变量定义和描述 |
| --- | --- | --- | --- |
| 控制变量 | 历史期望顺差 | His_P1 | 以 ROE 计算的历史期望顺差 |
| | 历史期望顺差 | His_P2 | 以 ROA 计算的历史期望顺差 |
| | 行业期望顺差 | Ind_P1 | 以 ROE 计算的行业均值期望顺差 |
| | 行业期望顺差 | Ind_P2 | 以 ROE 计算的行业中位数期望顺差 |
| | 前瞻性期望顺差 | Pef_P1 | 以分析师年度预测企业每股收益的平均值 - 实际每股收益计算的顺差 |
| | 前瞻性期望顺差 | Pef_P2 | 以(分析师预测每股收益 - 实际每股收益)/分析师预测的每股收益计算的顺差 |
| | 企业规模 | Size | 以企业期末总资产的对数来衡量 |
| | 企业寿命 | Life | 以企业上市年份数加 1 后的对数来衡量 |
| | 资产负债率 | Lev | 企业年末总负债/总资产 |
| | 销售增长率 | Grow | 年末营业收入相比上一年的增长率 |
| | 股权集中度 | Top | 以第一大股东持股比例来衡量 |
| | 两职兼任 | Dual | 董事长与总经理如为同一人,则取值为 1,否则取值为 0 |
| | 所有权性质 | Sta | 若该企业为国有企业,则取值为 1,否则取值为 0 |
| | 独立董事比例 | Inde | 独立董事在董事会中所占比例; |

# 4.3　模型设计

## 4.3.1　基准效应模型

模型 1：$Risk_{i,t} = \alpha_0 + \alpha_1 Aft\_N_{i,t}/His\_N_{i,t}/Ind\_N_{i,t}/Pef\_N_{i,t} + \alpha_2 Aft\_N_{i,t}{}^2/His\_N_{i,t}{}^2/Ind\_N_{i,t}{}^2 + \alpha_3 Control_{i,t} + \varepsilon$　　(4.10)

模型 1 是本书的基准效应模型，主要检验所提出的假设 H1a、H1b、H1c 和 H1d。该模型包括了后视性业绩期望落差 $Aft\_N_{i,t}$、历史期望落差 $His\_N_{i,t}$、行业期望落差 $Ind\_N_{i,t}$、前瞻性业绩期望落差 $Pef\_N_{i,t}$ 和控制变量。

如果多元回归的结果表明，$Aft\_N_{i,t}$、$His\_N_{i,t}$、$Ind_N_{i,t}$和 $Pef_N_{i,t}$与因变量 $Risk_{i,t}$显著相关，表明提出的假设 H1a、H1b、H1c 和 H1d 得到了支持。

### 4.3.2 中介效应模型

模型 2：$Cyh_{i,t}=\alpha_0+\alpha_1 Aft\_N_{i,t}/His\_N_{i,t}/Ind\_N_{i,t}/Pef\_N_{i,t}+\alpha_2 Aft\_N_{i,t}^2/His\_N_{i,t}^2/Ind\_N_{i,t}^2+\alpha_3 Control_{i,t}+\varepsilon$ （4.11）

模型 3：$Risk_{i,t}=\alpha_0+\alpha_1 Aft\_N_{i,t}/His\_N_{i,t}/Ind\_N_{i,t}/Pef\_N_{i,t}+\alpha_2 Aft\_N_{i,t}^2/His\_N_{i,t}^2/Ind\_N_{i,t}^2+\alpha_3 Cyh_{i,t}+\alpha_4 Control_{i,t}+\varepsilon$ （4.12）

模型 4：$Risk_{i,t}=\alpha_0+\alpha_1 Cyh_{i,t}+\alpha_2 Control_{i,t}+\varepsilon$ （4.13）

模型 2、模型 3 和模型 4 是本书的中介效应模型，主要检验所提出的假设 H2a、H2b、H2c、H2d、H3、H4a、H4b、H4c 和 H4c。其中，模型 2 包括了后视性业绩期望落差$Aft_N_{i,t}$、历史期望落差 $His\_N_{i,t}$、行业期望落差 $Ind\_N_{i,t}$、前瞻性业绩期望落差 $Pef_N_{i,t}$和控制变量。当模型 2 的自变量与中介变量显著相关时，表明提出的假设 H2a、H2b、H2c 和 H2d 得到了支持。

模型 3 包括中介变量 $Cyh_{i,t}$ 和控制变量，主要检验的是差异化战略与企业风险承担之间的关系。当模型 3 的中介变量与因变量显著相关时，表明提出的假设 H3 得到了支持。

中介效应检验采用了巴伦和肯尼（Baron & Kenny，1986）和温忠麟等（2014）提出的“三步法”，具体过程就不再赘述。其中，模型 2 检验自变量与中介变量之间的关系，同时利用模型 1 的回归结果，将模型 4 的回归结果与模型 1 的回归结果分别进行比较。只有当：（1）模型 2 的回归结果中，自变量与中介变量之间显著相关；（2）模型 3 的回归结果中，中介变量与因变量显著相关；（3）模型 4 的回归结果中，自变量与因变量的回归系数变小或相关性不显著。当满足上述三个条件后，可以判断存在着部分中介效应或完全中介效应。表明提出的假设 H4a、H4b、H4c 和 H4d 得到了支持。

### 4.3.3　调节效应模型

模型 5：$Risk_{i,t} = \alpha_0 + \alpha_1 Aft\_N_{i,t}/His\_N_{i,t}/Ind\_N_{i,t}/Pef\_N_{i,t} + \alpha_2 Hage_{i,t}/Hgend_{i,t}/Hedu_{i,t}/Hpro_{i,t} + \alpha_3 Aft\_N_{i,t}/His\_N_{i,t}/Ind\_N_{i,t}/Pef\_N_{i,t} \times Hage_{i,t}/Hgend_{i,t}/Hedu_{i,t}/Hpro_{i,t} + \alpha_4 Aft\_N_{i,t}{}^2/His\_N_{i,t}{}^2/Ind\_N_{i,t}{}^2 + \alpha_5 Aft\_N_{i,t}{}^2/His\_N_{i,t}{}^2/Ind\_N_{i,t}{}^2 \times Hage_{i,t}/Hgend_{i,t}/Hedu_{i,t}/Hpro_{i,t} + \alpha_6 Control_{i,t} + \varepsilon$　(4.14)

模型 5 是第一个调节效应检验模型，主要检验所提出的假设 H5a、H5b、H5c、H5d、H6a、H6b、H6c、H6d、H7a、H7b、H7c、H7d、H8a、H8b、H8c、H8d 等是否成立。其中，当自变量与调节变量的交乘项与因变量显著相关时，即可以认为存在明显的调节效应，表明上述假设得到了支持。

模型 6：$Risk_{i,t} = \alpha_0 + \alpha_1 Aft\_N_{i,t}/His\_N_{i,t}/Ind\_N_{i,t}/Pef\_N_{i,t} + \alpha_2 Market_{i,t} + \alpha_3 Aft\_N_{i,t}/His\_N_{i,t}/Ind\_N_{i,t}/Pef\_N_{i,t} \times Market_{i,t} + \alpha_4 Aft\_N_{i,t}{}^2/His\_N_{i,t}{}^2/Ind\_N_{i,t}{}^2 + \alpha_5 Aft\_N_{i,t}{}^2/His\_N_{i,t}{}^2/Ind\_N_{i,t}{}^2 \times Market_{i,t} + \alpha_6 Control_{i,t} + \varepsilon$　(4.15)

模型 6 是第二个调节效应检验模型，主要检验所提出的假设 H9a、H9b、H9c、H9d 等是否成立。其中，当自变量与调节变量的交乘项与因变量显著相关时，即可以认为存在着明显的调节效应，表明提出的假设 H9a、H9b、H9c 和 H9d 得到了支持。

## 4.4　本章小结

本章是研究设计，详细介绍了样本选择和数据来源，详细阐述了研究所包括的研究变量，其中包括解释变量、被解释变量、中介变量和调节变量，还详细介绍了所有变量的测量方式和文献依据。最终，给出了具体的计量模型，确保每个假设都能够利用严谨的计量模型进行检验。

# 数据分析与假设检验

## 5.1 描述性统计与相关性分析

在进行假设验证之前，有必要对数据的基本特征进行描述性统计和相关分析。描述性统计分析一般包括均值、标准差、中位数、最大值与最小值等。本书对解释变量、被解释变量和主要的控制变量进行了描述性统计分析，给出了具体结果（见表5－1）。从表5－1可以看出，企业风险承担的最大值为0.1884，最小值为0.0017，均值是0.0276；以ROE计算的历史期望落差，最大值是0，最小值是－49.8974，均值是－0.0623；以ROE均值法计算的行业期望落差，最大值是0，最小值是－50.1927，均值是－0.1022；利用差值法计算的前瞻性业绩期望落差，最大值是0，最小值是－9.4584，均值是－0.3781；其他变量的描述性统计结果就不再叙述。

表5－1　描述性统计

| 变量 | N | mean | sd | min | p50 | max |
|---|---|---|---|---|---|---|
| Risk1 | 23154 | 0.0276 | 0.0292 | 0.0017 | 0.0182 | 0.1884 |
| Aft_N | 23154 | －0.0736 | 1.1106 | －0.4795 | －0.3615 | 8.7652 |

续表

| 变量 | N | mean | sd | min | p50 | max |
|---|---|---|---|---|---|---|
| His_N1 | 23154 | -0.0623 | 0.7030 | -49.8974 | -0.0018 | 0 |
| Ind_N1 | 23154 | -0.1022 | 0.7818 | -50.1927 | 0 | 0 |
| Pef_N1 | 17324 | -0.3781 | 0.5013 | -9.4584 | -0.2300 | 0 |
| Cyh | 13920 | 0.1055 | 0.0758 | 0.0117 | 0.0855 | 0.4110 |
| Market | 23154 | 8.0472 | 1.9362 | -1.4200 | 8.1500 | 11.7100 |
| Hage | 23151 | 0.1255 | 0.0507 | 0 | 0.1207 | 0.3736 |
| Hgend | 23151 | 0.2025 | 0.1834 | 0 | 0.2188 | 0.5000 |
| HEdu | 18395 | 0.4231 | 0.2174 | 0 | 0.4898 | 0.7778 |
| Hpro | 20272 | 0.6549 | 0.1182 | 0 | 0.6825 | 1 |
| His_P1 | 23154 | 0.0266 | 0.0615 | 0 | 0 | 0.4146 |
| Ind_P1 | 23154 | 0.0569 | 0.1017 | 0 | 0.0140 | 0.6886 |
| Pef_P1 | 17324 | 0.0510 | 0.2290 | 0 | 0 | 10.2342 |
| Size | 23154 | 22.2129 | 1.2540 | 19.4589 | 22.0547 | 25.9116 |
| Life | 23154 | 2.3540 | 0.5427 | 1.0986 | 2.3979 | 3.2581 |
| Top | 23154 | 35.4534 | 15.0428 | 9.0000 | 33.3600 | 75.7200 |
| Lev | 23154 | 0.4631 | 0.1979 | 0.0530 | 0.4678 | 0.8858 |
| Dual | 23154 | 0.2028 | 0.4021 | 0 | 0 | 1.0000 |
| Grow | 23154 | 0.1835 | 0.4232 | -0.5944 | 0.1124 | 2.6803 |
| Sta | 23154 | 0.509 | 0.4999 | 0 | 1.0000 | 1.0000 |
| Inde | 23154 | 0.3693 | 0.0537 | 0 | 0.3333 | 0.5714 |

相关性分析反映的是变量间的相关性，用相关系数来表示（见表5-2）。相关系数的绝对值越接近于1，则说明相关性越大。表5-2反映了主要变量之间的相关性情况。由表5-2可以看出，风险承担与本书所关注的其他变量都存在着较为显著的相关性，其中风险承担与后视性业绩期望落差之间的相关系数为0.482，且在0.01水平上显著；与前瞻性业绩期望落差之间的相关系数为0.322，且在0.01水平上显著。此外，还可以看到企业规模、股权集中度、资产负债率、销售增长率和企业所有权性质等变量都与风险承担存在着显著的负相关关系，这也符合较为常规的认识。综合来看，相关系数未出现异常值，总体状况较好，为下面的回

归检验和假设验证提供了基础。

表 5 - 2　　相关性分析

| 变量 | Risk1 | Aft_N | His_N1 | Ind_N1 | Pef_N1 | Cyh | Market |
|---|---|---|---|---|---|---|---|
| Risk1 | 1 | | | | | | |
| Aft_N | 0.482 *** | 1 | | | | | |
| His_N1 | 0.487 *** | 0.931 *** | 1 | | | | |
| Ind_N1 | 0.243 *** | 0.556 *** | 0.542 *** | 1 | | | |
| Pef_N1 | 0.322 *** | 0.465 *** | 0.583 *** | 0.273 *** | 1 | | |
| Cyh | 0.141 *** | 0.063 *** | 0.082 *** | 0.0130 | 0.136 *** | 1 | |
| Market | 0.00300 | 0.00100 | -0.018 *** | -0.024 *** | 0.026 *** | 0.031 *** | 1 |
| Hage | 0.053 *** | 0.011 * | 0.014 ** | -0.0100 | 0.025 *** | 0.066 *** | 0.071 *** |
| Hgend | 0.00400 | -0.014 ** | -0.0100 | -0.024 *** | 0.0110 | 0.127 *** | 0.087 *** |
| Hedu | -0.0100 | -0.014 * | -0.0110 | -0.026 *** | 0.056 *** | 0.063 *** | 0.091 *** |
| Hpro | -0.013 * | 0.0110 | 0.00300 | -0.00400 | 0.061 *** | 0.048 *** | 0.140 *** |
| His_P1 | 0.422 *** | -0.041 *** | -0.148 *** | -0.066 *** | -0.177 *** | -0.057 *** | -0.039 *** |
| Ind_P1 | 0.075 *** | -0.055 *** | -0.117 *** | -0.158 *** | -0.154 *** | -0.038 *** | 0.025 *** |
| Pef_P1 | 0.127 *** | -0.00900 | -0.072 *** | -0.041 *** | -0.168 *** | -0.047 *** | -0.031 *** |
| Size | -0.186 *** | -0.056 *** | -0.045 *** | -0.027 *** | -0.040 *** | -0.346 *** | 0.061 *** |
| Life | 0.027 *** | 0.024 *** | 0.030 *** | 0.020 *** | -0.183 *** | -0.167 *** | -0.071 *** |
| Top | -0.085 *** | -0.052 *** | -0.055 *** | -0.034 *** | -0.051 *** | -0.165 *** | -0.049 *** |
| Lev | -0.028 *** | 0.193 *** | 0.181 *** | 0.131 *** | 0.013 * | -0.398 *** | -0.106 *** |
| Dual | 0.030 *** | 0.00900 | 0.00700 | 0.00100 | 0.069 *** | 0.137 *** | 0.123 *** |
| Grow | -0.012 * | -0.098 *** | -0.165 *** | -0.084 *** | -0.171 *** | -0.063 *** | -0.012 * |
| Sta | -0.078 *** | -0.018 *** | -0.026 *** | 0.015 ** | -0.144 *** | -0.235 *** | -0.200 *** |
| Inde | 0.00800 | 0.016 ** | 0.023 *** | 0.0100 | 0.038 *** | 0.061 *** | 0.044 *** |
| Hage | 1 | | | | | | |
| Hage | 0.127 *** | 1 | | | | | |
| Hedu | 0.085 *** | 0.016 ** | 1 | | | | |
| Hpro | 0.032 *** | 0.027 *** | 0.123 *** | 1 | | | |
| His_P1 | 0 | -0.024 *** | -0.040 *** | -0.023 *** | 1 | | |
| Ind_P1 | 0.00100 | -0.00100 | -0.020 *** | 0.00500 | 0.244 *** | 1 | |
| Pef_P1 | -0.014 * | -0.018 ** | -0.030 *** | -0.0130 | 0.332 *** | 0.271 *** | 1 |
| Size | -0.185 *** | -0.082 *** | -0.030 *** | 0.050 *** | -0.053 *** | 0.047 *** | 0.112 *** |

续表

| 变量 | Risk1 | Aft_N | His_N1 | Ind_N1 | Pef_N1 | Cyh | Market |
|---|---|---|---|---|---|---|---|
| Life | -0.136*** | -0.018*** | -0.219*** | -0.116*** | 0.076*** | 0.00500 | 0.074*** |
| Top | -0.078*** | -0.077*** | -0.087*** | -0.049*** | -0.00600 | 0.053*** | 0.059*** |
| Lev | -0.077*** | -0.089*** | -0.074*** | -0.080*** | 0.133*** | 0.020*** | 0.0100 |
| Dual | 0.111*** | 0.085*** | 0.077*** | 0.050*** | -0.00400 | -0.014** | -0.016** |
| Grow | 0.019*** | 0.00400 | 0.021*** | -0.00400 | 0.201*** | 0.120*** | 0.142*** |
| Sta | -0.243*** | -0.161*** | -0.180*** | -0.124*** | 0.015** | -0.00100 | 0.057*** |
| Inde | -0.00100 | 0.048*** | 0.013* | 0.012* | -0.011* | -0.036*** | 0.00800 |
| 变量 | Size | Life | Top | Lev | Dual | Grow | Sta |
| Size | 1 | | | | | | |
| Life | 0.295*** | 1 | | | | | |
| Top | 0.216*** | -0.035*** | 1 | | | | |
| Lev | 0.413*** | 0.245*** | 0.083*** | 1 | | | |
| Dual | -0.107*** | -0.160*** | -0.084*** | -0.104*** | 1 | | |
| Grow | 0.055*** | -0.070*** | 0.028*** | 0.046*** | 0.014** | 1 | |
| Sta | 0.214*** | 0.340*** | 0.260*** | 0.243*** | -0.266*** | -0.054*** | 1 |
| Inde | 0.060*** | -0.00500 | 0.00700 | -0.019*** | 0.114*** | -0.00200 | -0.094*** |
| | Inde | | | | | | |
| Inde | 1 | | | | | | |

注：括号里为t值；* $p<0.1$，** $p<0.05$，*** $p<0.01$。

# 5.2 业绩期望落差与风险承担

## 5.2.1 后视性业绩期望落差与风险承担的关系

### 5.2.1.1 后视性业绩期望落差综合指标与风险承担的关系

根据上文的分析，历史期望落差和行业期望落差两类业绩期望落差的含义存在着较为明显的区别。因此，有必要考虑在分析业绩期望落差时，是否会将二者同时考虑在内，形成一个综合性的指标。因此，本书引入后视性业绩期望落差的构念，即利用主成分分析法，将历史期望落差与行业期望落差提取成一个综合指标，与企业的风险承担进行回归分析（见表5－3）。表5－3汇报了后视性业绩期望落差与企业风险承担之间的关系，即检验了提出的假设H1a。

回归结果（2）汇报了后视性业绩期望落差与企业风险承担之间的关系。从结果可以看到，后视性业绩期望落差Aft_ N的二次项回归系数为－0.0007，且在0.01水平上显著；一次项回归系数为0.0167，且在0.01水平上显著。即后视性业绩期望落差与企业风险承担之间存在着非线性相关关系，且由于一次项系数为正，可以推断二者之间存在着显著的倒"U"形关系，则本书的假设H1a得到了支持。

从表5－3的回归结果还可以看出，将后视性业绩期望落差的二次项和一次项放入回归模型后，回归模型的拟合度从0.3087增加到0.4362，即解释力提高了0.1275，有明显的增强。此外还发现，资产负债率的相关系数由0.0240变化为－0.0090，依然在0.01水平上显著；销售增长率和独立董事比例等两个指标，均由不显著变化为显著，即当引入后视性业绩期望落差后，企业增长率和独立董事比例具有更为显著的影响。

**表5－3　　后视性业绩期望落差与风险承担的回归结果**

| 变量 | (1) | (2) |
|---|---|---|
| | Risk1 | Risk1 |
| Aft_N | | 0.0167***<br>(20.2422) |
| Aft_N×Aft_N | | －0.0007***<br>(－6.2348) |
| Size | －0.0106***<br>(－13.4296) | －0.0067***<br>(－10.1073) |
| Life | 0.0156***<br>(7.5009) | 0.0141***<br>(7.7324) |
| Top | －0.0001<br>(－1.5906) | －0.0000<br>(－0.1906) |

续表

| 变量 | (1) | (2) |
|---|---|---|
| | Risk1 | Risk1 |
| Lev | 0.0240*** (6.9322) | -0.0090*** (-3.0487) |
| Dual | -0.0002 (-0.1555) | 0.0003 (0.4021) |
| Grow | 0.0002 (0.3620) | 0.0027*** (5.0094) |
| Sta | -0.0019 (-1.0396) | -0.0010 (-0.6322) |
| Inde | -0.0086 (-1.3009) | -0.0103* (-1.8368) |
| _cons | 0.2220*** (12.6109) | 0.1442*** (9.6117) |
| N | 23154 | 23154 |
| $R^2$ | 0.3829 | 0.4968 |
| adj. $R^2$ | 0.3087 | 0.4362 |

注：括号里为 t 值；* $p<0.1$，** $p<0.05$，*** $p<0.01$。

#### 5.2.1.2　历史期望落差和行业期望落差与风险承担的关系

表5-4汇报了历史期望落差和行业期望落差与企业风险承担之间的关系，即检验了提出的假设 H1b 和 H1c。

**表5-4　　历史期望落差、行业期望落差与风险承担的回归结果**

| 变量 | (1) | (2) | (3) |
|---|---|---|---|
| | Risk1 | Risk1 | Risk1 |
| His_N1 | | 0.2296*** (38.7752) | |
| His_N1 × His_N1 | | -0.1178*** (-15.7897) | |
| His_P1 | | 0.2423*** (46.6722) | |

续表

| 变量 | (1) | (2) | (3) |
|---|---|---|---|
| | Risk1 | Risk1 | Risk1 |
| Ind_N1 | | | 0.0942***<br>(20.0645) |
| Ind_N1 × Ind_N1 | | | -0.0429***<br>(-15.1868) |
| Ind_P1 | | | 0.0339***<br>(11.7202) |
| Size | -0.0106***<br>(-13.4296) | -0.0030***<br>(-6.2366) | -0.0086***<br>(-12.0635) |
| Life | 0.0156***<br>(7.5009) | 0.0071***<br>(5.2676) | 0.0144***<br>(7.4596) |
| Top | -0.0001<br>(-1.5906) | -0.0000<br>(-0.1875) | -0.0000<br>(-0.7102) |
| Lev | 0.0240***<br>(6.9322) | -0.0256***<br>(-12.7527) | 0.0075**<br>(2.3835) |
| Dual | -0.0002<br>(-0.1555) | 0.0003<br>(0.5021) | -0.0001<br>(-0.1036) |
| Grow | 0.0002<br>(0.3620) | 0.0003<br>(0.7172) | 0.0017***<br>(3.1705) |
| Sta | -0.0019<br>(-1.0396) | -0.0004<br>(-0.2968) | -0.0019<br>(-1.1302) |
| Inde | -0.0086<br>(-1.3009) | -0.0069<br>(-1.5962) | -0.0117**<br>(-1.9781) |
| _cons | 0.2220***<br>(12.6109) | 0.0786***<br>(7.2430) | 0.1818***<br>(11.3616) |
| N | 23154 | 23154 | 23154 |
| $R^2$ | 0.3829 | 0.6720 | 0.4442 |
| adj. $R^2$ | 0.3087 | 0.6325 | 0.3772 |

注：括号里为t值；* $p<0.1$，** $p<0.05$，*** $p<0.01$。

回归结果（2）汇报了历史期望落差与企业风险承担之间的关系。从结果可以看到，历史期望落差 His_ N1 的二次项回归系数为 -0.1178，且在0.01 水平上显著；一次项回归系数为0.2296，且在0.01 水平上显著。即历史期望落差与企业风险承担之间存在着非线性相关关系，且由于一次项回归系数为正，可以推断二者之间呈现出显著的倒“U”形关系，则本书的假设 H1b 得到了支持。回归结果（3）汇报了行业期望落差与企业风险承担之间的关系。从结果可以看到，行业期望落差 Ind_N1 的二次项回归系数为 -0.0429，且在 0.01 水平上显著；一次项的回归系数为 0.0942，且在 0.01 水平上显著。即行业期望落差与企业风险承担之间存在着显著的非线性关系，且由于一次项系数为正，可以推断二者之间存在着显著的倒“U”形关系，则本书的假设 H1c 得到了支持。

因此得出结论，本书的假设 H1b 和 H1c 均得到了支持。

从表 5-4 的回归结果还可以看出，无论是引入历史期望落差，还是行业期望落差，企业规模和企业寿命都有显著的影响，而销售增长率、独立董事比例等的显著性程度则有较为明显的变化。当引入行业期望落差后，独立董事比例对企业风险承担具有显著的负向影响，而此前这种效应并不存在；同时，销售增长率对企业风险承担也具有了显著的正向影响。而在考虑历史期望落差时，独立董事比例和销售增长率对企业风险承担均无显著影响。此外，观察表 5-4 的模型（2）和模型（3）的拟合度可以发现，当引入历史期望落差后，拟合度由 0.3087 提高到 0.6325，增加值为 0.3238；引入行业期望落差后，拟合度则是由 0.3087 提高到 0.3772，增加值仅为 0.0685。可以判断，历史期望落差在回归模型里的解释力要大大高于行业期望落差，即企业更倾向于与自身过往的业绩进行比较，而不是与行业内其他同行的业绩进行比较，并以此来决策其自身风险承担的变化程度。

### 5.2.2 前瞻性业绩期望落差与风险承担的关系

表 5-5 汇报了前瞻性业绩期望落差与企业风险承担之间的关系，即检验了提出的假设 H1d。

表 5-5　　前瞻性业绩期望落差与风险承担的回归结果

| 变量 | (1) | (2) |
| --- | --- | --- |
| | Risk1 | Risk1 |
| Pef_N1 | | 0.0191 ***<br>(18.2528) |
| Pef_P1 | | -0.0220 ***<br>(-4.0231) |
| Size | -0.0106 ***<br>(-13.4296) | -0.0108 ***<br>(-11.7427) |
| Life | 0.0156 ***<br>(7.5009) | 0.0242 ***<br>(11.7062) |
| Top | -0.0001<br>(-1.5906) | -0.0001 **<br>(-2.2384) |
| Lev | 0.0240 ***<br>(6.9322) | 0.0151 ***<br>(4.2244) |
| Dual | -0.0002<br>(-0.1555) | -0.0001<br>(-0.0940) |
| Grow | 0.0002<br>(0.3620) | 0.0018 ***<br>(2.7507) |
| Sta | -0.0019<br>(-1.0396) | 0.0005<br>(0.2070) |
| Inde | -0.0086<br>(-1.3009) | -0.0199 **<br>(-2.1139) |
| _cons | 0.2220 ***<br>(12.6109) | 0.2083 ***<br>(9.5261) |
| N | 23154 | 17274 |
| $R^2$ | 0.3829 | 0.5189 |
| adj. $R^2$ | 0.3087 | 0.4421 |

注：括号里为 t 值；* $p<0.1$，** $p<0.05$，*** $p<0.01$。

回归结果（2）汇报了前瞻性业绩期望落差与企业风险承担之间的关系。从结果可以看到，前瞻性业绩期望落差 Pef_N1 的回归系数为

0.0191，且在0.01水平上显著。即前瞻性业绩期望落差与企业风险承担之间呈现出显著的线性关系，且关系为正，则本书的假设H1d得到了支持。

从表5-5的回归结果还可以看出，当引入前瞻性业绩期望落差后，企业规模、企业寿命和资产负债率仍然对企业风险承担具有显著的影响；而股权集中度、销售增长率和独立董事比例对企业风险承担的影响则从不显著变化为显著。还需要关注的是，引入前瞻性业绩期望落差后，该模型的拟合度由0.3087增加到0.4421，提高了0.1334。

## 5.3 差异化战略的中介作用

### 5.3.1 后视性业绩期望落差与差异化战略的关系

表5-6汇报了后视性业绩期望落差、历史期望落差和行业期望落差与差异化战略之间的关系，即分别检验了提出的假设H2a、H2b和H2c。

表5-6 后视性业绩期望落差与差异化战略的回归结果

| 变量 | (1) | (2) | (3) | (4) |
|---|---|---|---|---|
| | Cyh | Cyh | Cyh | Cyh |
| Aft_N | | 0.0120***<br>(7.9427) | | |
| Aft_N×Aft_N | | -0.0008***<br>(-3.7491) | | |
| His_N1 | | | 0.1305***<br>(11.7185) | |
| His_N1×His_N1 | | | -0.0917***<br>(-5.9975) | |

续表

| 变量 | (1) | (2) | (3) | (4) |
|---|---|---|---|---|
| | Cyh | Cyh | Cyh | Cyh |
| His_P1 | | | 0.0335***<br>(3.8057) | |
| Ind_N1 | | | | 0.0788***<br>(10.9590) |
| Ind_N1 × Ind_N1 | | | | -0.0410***<br>(-9.0785) |
| Ind_P1 | | | | -0.0069<br>(-1.4232) |
| Size | -0.0069***<br>(-3.0470) | -0.0044**<br>(-1.9627) | -0.0055**<br>(-2.4864) | -0.0055**<br>(-2.4545) |
| Life | -0.0109***<br>(-2.7648) | -0.0116***<br>(-3.0076) | -0.0124***<br>(-3.2303) | -0.0123***<br>(-3.2150) |
| Top | -0.0002<br>(-1.4541) | -0.0001<br>(-0.9701) | -0.0001<br>(-0.7897) | -0.0001<br>(-1.0757) |
| Lev | -0.0186**<br>(-2.4521) | -0.0400***<br>(-5.4397) | -0.0380***<br>(-5.2232) | -0.0322***<br>(-4.2775) |
| Dual | 0.0013<br>(0.8306) | 0.0016<br>(1.0080) | 0.0017<br>(1.0893) | 0.0015<br>(0.9552) |
| Grow | -0.0175***<br>(-13.9920) | -0.0161***<br>(-13.7167) | -0.0140***<br>(-11.8969) | -0.0151***<br>(-12.8366) |
| Sta | -0.0003<br>(-0.0611) | 0.0001<br>(0.0314) | -0.0007<br>(-0.1458) | -0.0002<br>(-0.0431) |
| Inde | -0.0049<br>(-0.3730) | -0.0043<br>(-0.3359) | -0.0046<br>(-0.3665) | -0.0059<br>(-0.4594) |
| _cons | 0.3030***<br>(6.0257) | 0.2499***<br>(4.9921) | 0.2762***<br>(5.5601) | 0.2764***<br>(5.5433) |
| N | 13869 | 13869 | 13869 | 13869 |
| $R^2$ | 0.8647 | 0.8693 | 0.8711 | 0.8692 |
| adj. $R^2$ | 0.8391 | 0.8445 | 0.8466 | 0.8444 |

注：括号里为 t 值；* $p<0.1$，** $p<0.05$，*** $p<0.01$。

回归结果（2）汇报了后视性业绩期望落差与差异化战略之间的关系。从结果可以看到，后视性业绩期望落差 Aft_N 的二次项的回归系数为 -0.0008，在0.01 水平上显著；一次项回归系数为0.0120，且在0.01 水平上显著。即后视性业绩期望落差与差异化战略之间存在着非线性相关关系，且由于一次项回归系数为正，可以推断二者之间呈现出显著的倒“U”形关系，则本书的假设 H2a 得到了支持。回归结果（3）汇报了历史期望落差与差异化战略之间的关系。从结果可以看到，历史期望落差 His_N1 的二次项的回归系数为 -0.0917，且在0.01 水平上显著；一次项的回归系数为0.1305，且在0.01 水平上显著。即历史期望落差与差异化战略之间存在着非线性相关关系，且由于一次项回归系数为正，可以推断二者之间呈现出显著的倒“U”形关系，则本书的假设 H2b 得到了支持。回归结果（4）汇报了行业期望落差与差异化战略之间的关系。从结果可以看到，行业期望落差 Ind_N1 的二次项的回归系数为 -0.0410，且在0.01 水平上显著；一次项的回归系数为0.0788，且在0.01 水平上显著。即行业期望落差与差异化战略之间存在着非线性相关关系，且由于一次项回归系数为正，可以推断二者之间呈现出显著的倒“U”形关系，则本书的假设 H2c 得到了支持。

因此得出结论，本书的假设 H2a、H2b 和 H2c 均得到了支持。

从表5-6的结果还可以看出，模型（1）~（4）的拟合度都非常好，分别是0.8391、0.8445、0.8466 和0.8444，这也说明上述解释变量和控制变量对差异化战略的解释力较强。

### 5.3.2　前瞻性业绩期望落差与差异化战略的关系

表5-7 汇报了前瞻性业绩期望落差与差异化战略之间的关系，即检验了提出的假设 H2d。回归结果（2）汇报了前瞻性业绩期望落差与差异化战略之间的关系。从结果可以看到，前瞻性业绩期望落差 Pef_ N1 的回

归系数为0.0120，且在0.01水平上显著。即前瞻性业绩期望落差与差异化战略之间呈现出显著的线性关系，且关系为正，则本书的假设H2d得到了支持。

表5-7　　前瞻性业绩期望落差与差异化战略的回归结果

| 变量 | (1) | (2) |
|---|---|---|
| | Cyh | Cyh |
| Pef_N1 | | 0.0120 ***<br>(8.8094) |
| Pef_P1 | | -0.0034 **<br>(-2.4115) |
| Size | -0.0069 ***<br>(-3.0470) | -0.0055 ***<br>(-2.7457) |
| Life | -0.0109 ***<br>(-2.7648) | -0.0071 *<br>(-1.8703) |
| Top | -0.0002<br>(-1.4541) | -0.0002 *<br>(-1.8109) |
| Lev | -0.0186 **<br>(-2.4521) | -0.0257 ***<br>(-3.5432) |
| Dual | 0.0013<br>(0.8306) | 0.0011<br>(0.6962) |
| Grow | -0.0175 ***<br>(-13.9920) | -0.0143 ***<br>(-11.6650) |
| Sta | -0.0003<br>(-0.0611) | -0.0026<br>(-0.5138) |
| Inde | -0.0049<br>(-0.3730) | -0.0031<br>(-0.2384) |
| _cons | 0.3030 ***<br>(6.0257) | 0.2619 ***<br>(5.8686) |
| N | 13869 | 11923 |
| $R^2$ | 0.8647 | 0.8867 |
| adj. $R^2$ | 0.8391 | 0.8628 |

注：括号里为t值；* $p<0.1$，** $p<0.05$，*** $p<0.01$。

对比表5-7中的模型（1）和模型（2）可以发现，当引入前瞻性业绩期望落差后，企业规模、企业寿命、资产负债率、销售增长率始终对差异化战略具有显著影响，且方向不变；而股权集中度由不显著变为显著。此外，引入前瞻性业绩期望落差后，模型的拟合度由0.8391提高到0.8628，增加了0.0237。

### 5.3.3　差异化战略与风险承担的关系

表5-8汇报了差异化战略与企业风险承担之间的关系，即检验了提出的假设H3。

**表5-8　差异化战略与风险承担的回归结果**

| 变量 | (1) | (2) |
|---|---|---|
| | Risk1 | Risk1 |
| Cyh | | 0.1316***<br>(10.1727) |
| Size | -0.0129***<br>(-10.6420) | -0.0120***<br>(-10.0214) |
| Life | 0.0196***<br>(6.9116) | 0.0210***<br>(7.4837) |
| Top | -0.0002**<br>(-2.5496) | -0.0002**<br>(-2.3712) |
| Lev | 0.0387***<br>(7.6359) | 0.0411***<br>(8.4640) |
| Dual | -0.0014<br>(-1.0841) | -0.0016<br>(-1.2456) |
| Grow | -0.0015*<br>(-1.8653) | 0.0008<br>(0.9158) |
| Sta | 0.0017<br>(0.5678) | 0.0018<br>(0.5963) |

续表

| 变量 | (1) | (2) |
|---|---|---|
| | Risk1 | Risk1 |
| Inde | -0.0088<br>(-1.0317) | -0.0082<br>(-0.9975) |
| _cons | 0.2634***<br>(9.5554) | 0.2235***<br>(8.1292) |
| N | 13869 | 13869 |
| $R^2$ | 0.4704 | 0.4856 |
| adj. $R^2$ | 0.3700 | 0.3881 |

注：括号里为 t 值；* $p<0.1$，** $p<0.05$，*** $p<0.01$。

回归结果（2）汇报了差异化战略与企业风险承担之间的关系。从结果可以看到，差异化战略的回归系数为 0.1316，且在 0.01 水平上显著。即差异化战略与企业风险承担之间呈现出显著的线性关系，且关系为正，则本书的假设 H3 得到了支持。

对比表 5-8 的模型（1）和模型（2）可以看出，当引入差异化战略后，企业规模、企业寿命、股权集中度和资产负债率对企业风险承担的影响依然显著，且方向不变；销售增长率的由原来的显著负向影响变为无显著影响。模型（2）的拟合度为 0.3881，较模型（1）的拟合度仅仅增加了 0.0181。

### 5.3.4 后视性业绩期望落差、差异化战略与风险承担

表 5-9 利用了巴伦和肯尼（Baron & Kenny，1986）和温忠麟等（2014）的三步分析方法进行中介效应检验。试图分析后视性业绩期望落差（以及历史期望落差和行业期望落差）、差异化战略与企业风险承担三者之间的关系，判断差异化战略是否在后视性业绩期望落差与风险承担

之间起到了中介作用，即分别检验了提出的假设 H4a、H4b 和 H4c。从具体回归结果来看：

第一，后视性业绩期望落差、差异化战略与风险承担。模型（3）、模型（4）和模型（5）汇报了中介效应检验的回归结果。回归结果（3）显示，后视性业绩期望落差 Aft_N 的二次项回归系数为 -0.0007，且在 0.01 水平上显著；一次项回归系数为 0.0175，且在 0.01 水平上显著。即后视性业绩期望落差与企业风险承担之间存在显著的倒“U”形关系。回归结果（4）显示，后视性业绩期望落差的二次项回归系数为 -0.0008，且在 0.01 水平上显著；一次项回归系数为 0.0120，且在 0.01 水平上显著。即后视性业绩期望落差与差异化战略之间存在着显著的倒“U”形关系。回归结果（5）显示，将差异化战略 Cyh 代入后视性业绩期望落差与企业风险承担的回归方程后，后视性业绩期望落差的二次项回归系数为 -0.0006，且在 0.01 水平上显著；一次项回归系数为 0.0167，且在 0.01 水平上显著；同时差异化战略的回归系数为 0.0692，且在 0.01 水平上显著。将回归结果（5）与回归结果（3）进行比较后发现，引入差异化战略后后视性业绩期望落差的二次项回归系数和一次项回归系数依然显著，且绝对值均变小。由此可以推断，差异化战略在后视性业绩期望落差与企业风险承担之间起到了部分中介效应，则本书的假设 H4a 得到了支持。

第二，历史期望落差、差异化战略与风险承担。模型（6）、模型（7）和模型（8）汇报了中介效应检验的回归结果。回归结果（6）显示，历史期望落差 His_N1 的二次项回归系数为 -0.1190，且在 0.01 水平上显著；一次项回归系数为 0.2437，且在 0.01 水平上显著。即历史期望落差与企业风险承担之间存在显著的倒“U”形关系。回归结果（7）显示，历史期望落差的二次项回归系数为 -0.0917，且在 0.01 水平上显著；一次项回归系数为 0.1305，且在 0.01 水平上显著。即历史期望落差与差异化战略之间存在着显著的倒“U”形关系。回归结果（8）显示，将差异化战略 Cyh 代入历史期望落差与企业风险承担的回归方程后，历史期望落差的二次项回归系数为 -0.1156，且在 0.01 水平上显著；一次项回归系数为 0.2389，且在 0.01 水平上显著；同时差异化战略的回归系数为 0.0373，且在 0.01 水平上显著。将回归结果（8）与回归结果（6）进行比较后发现，引入差异化战略后历史期望落差的二次项回归系数和一次项回归系数依然显著，且绝对值均变小。由此可以推断，差异化战略在历史期望落差与企业风险承担之间起到了部分中介效应，则本书的假设 H4b 得到了支持。

第三，行业期望落差、差异化战略与企业风险承担。模型（9）、模型（10）和模型（11）汇报了中介效应检验的结果。回归结果（9）显示，行业期望落差 Ind_N1 的二次项回归系数为 -0.0547，且在 0.10 水平上显著；一次项回归系数为 0.1124，且在 0.01 水平上显著。即行业期望落差与企业风险承担之间存在显著的倒“U”形关系。回归结果（10）显示，行业期望落差的二次项回归系数为 -0.0410，且在 0.01 水平上显著；一次项回归系数为 0.0788，且在 0.01 水平上显著。即行业期望落差与差异化战略之间存在着显著的倒“U”形关系。回归结果（11）显示，将差异化战略 Cyh 代入行业期望落差与企业风险承担的回归方程后，行业期望落差的二次项回归系数为 -0.0509，且在 0.01 水平上显著；一次项的回归系数为 0.1052，且在 0.01 水平上显著；同时差异化战略的回归系数为 0.0911，且在 0.01 水平上显著。将回归结果（11）与回归结果（9）进行比较后可以发现，引入差异化战略后行业期望落差的二次项回归系数和一次项回归系数依然显著，且绝对值均变小。由此可以推断，差异化战略在行业期望落差与企业风险承担之间起了部分中介效应，则本书的假设 H4c 得到了支持。

因此得出结论，本书的假设 H4a、H4b 和 H4c 均得到了支持。

**表 5-9 后视性业绩期望落差、差异化战略与风险承担的中介效应回归结果**

| 变量 | (1) | (2) | (3) | (4) | (5) | (6) | (7) | (8) | (9) | (10) | (11) |
|---|---|---|---|---|---|---|---|---|---|---|---|
| | Risk1 | Cyh | Risk1 | Cyh | Risk1 | Risk1 | Cyh | Risk1 | Risk1 | Cyh | Risk1 |
| Cyh | | | | | 0.0692***<br>(6.3473) | | | 0.0373***<br>(4.6207) | | | 0.0911***<br>(7.3515) |
| Aft_N | | | 0.0175***<br>(16.0970) | 0.0120***<br>(7.9427) | 0.0167***<br>(15.6302) | | | | | | |
| Aft_N × Aft_N | | | -0.0007***<br>(-4.5908) | -0.0008***<br>(-3.7491) | -0.0006***<br>(-4.3082) | | | | | | |
| His_N1 | | | | | | 0.2437***<br>(34.4929) | 0.1305***<br>(11.7185) | 0.2389***<br>(33.8180) | | | |
| His_N1 × His_N1 | | | | | | -0.1190***<br>(-13.2115) | -0.0917***<br>(-5.9975) | -0.1156***<br>(-13.0217) | | | |
| His_P1 | | | | | | 0.2719***<br>(39.6294) | 0.0335***<br>(3.8057) | 0.2706***<br>(39.3832) | | | |
| Ind_N1 | | | | | | | | | 0.1124***<br>(17.3601) | 0.0788***<br>(10.9590) | 0.1052***<br>(16.2607) |
| Ind_N1 × Ind_N1 | | | | | | | | | -0.0547***<br>(-14.4305) | -0.0410***<br>(-9.0785) | -0.0509***<br>(-13.5761) |
| Ind_P1 | | | | | | | | | 0.0398***<br>(9.7348) | -0.0069<br>(-1.4232) | 0.0404***<br>(10.0372) |
| Size | -0.0129***<br>(-10.6420) | -0.0069***<br>(-3.0470) | -0.0079***<br>(-7.4460) | -0.0044**<br>(-1.9627) | -0.0076***<br>(-7.1999) | -0.0036***<br>(-4.7494) | -0.0055**<br>(-2.4864) | -0.0034***<br>(-4.4625) | -0.0105***<br>(-9.5522) | -0.0055**<br>(-2.4545) | -0.0100***<br>(-9.1572) |

续表

| 变量 | (1) | (2) | (3) | (4) | (5) | (6) | (7) | (8) | (9) | (10) | (11) |
|---|---|---|---|---|---|---|---|---|---|---|---|
| | Risk1 | Cyh | Risk1 | Cyh | Risk1 | Risk1 | Cyh | Risk1 | Risk1 | Cyh | Risk1 |
| Life | 0.0196*** | -0.0109*** | 0.0189*** | -0.0116*** | 0.0197*** | 0.0104*** | -0.0124*** | 0.0108*** | 0.0174*** | -0.0123*** | 0.0186*** |
| | (6.9116) | (-2.7648) | (7.6631) | (-3.0076) | (7.9684) | (5.8215) | (-3.2303) | (6.0324) | (6.6398) | (-3.2150) | (7.0766) |
| Top | -0.0002** | -0.0002 | -0.0001 | -0.0001 | -0.0001 | -0.0000 | -0.0001 | -0.0000 | -0.0001 | -0.0001 | -0.0001 |
| | (-2.5496) | (-1.4541) | (-1.0121) | (-0.9701) | (-0.9120) | (-0.2321) | (-0.7897) | (-0.1554) | (-1.6265) | (-1.0757) | (-1.5083) |
| Lev | 0.0387*** | -0.0186** | -0.0047 | -0.0400*** | -0.0019 | -0.0205*** | -0.0380*** | -0.0191*** | 0.0173*** | -0.0322*** | 0.0203*** |
| | (7.6359) | (-2.4521) | (-1.0887) | (-5.4397) | (-0.4516) | (-6.9515) | (-5.2232) | (-6.5869) | (3.7916) | (-4.2775) | (4.5806) |
| Dual | -0.0014 | 0.0013 | -0.0008 | 0.0016 | -0.0009 | -0.0006 | 0.0017 | -0.0006 | -0.0011 | 0.0015 | -0.0013 |
| | (-1.0841) | (0.8306) | (-0.7111) | (1.0080) | (-0.8193) | (-0.7297) | (1.0893) | (-0.8178) | (-0.9510) | (0.9552) | (-1.0781) |
| Grow | -0.0015* | -0.0175*** | 0.0015** | -0.0161*** | 0.0026*** | -0.0005 | -0.0140*** | 0.0001 | 0.0008 | -0.0151*** | 0.0022*** |
| | (-1.8653) | (-13.9920) | (1.9611) | (-13.7167) | (3.3657) | (-0.8611) | (-11.8969) | (0.1256) | (1.0123) | (-12.8366) | (2.7680) |
| Sta | 0.0017 | -0.0003 | 0.0029 | 0.0001 | 0.0029 | 0.0005 | -0.0007 | 0.0005 | 0.0022 | -0.0002 | 0.0022 |
| | (0.5678) | (-0.0611) | (1.0943) | (0.0314) | (1.1022) | (0.2687) | (-0.1458) | (0.2869) | (0.7899) | (-0.0431) | (0.8118) |
| Inde | -0.0088 | -0.0049 | -0.0080 | -0.0043 | -0.0077 | -0.0058 | -0.0046 | -0.0057 | -0.0113 | -0.0059 | -0.0107 |
| | (-1.0317) | (-0.3730) | (-1.0588) | (-0.3359) | (-1.0363) | (-1.1239) | (-0.3665) | (-1.0979) | (-1.4369) | (-0.4594) | (-1.3999) |
| _cons | 0.2634*** | 0.3030*** | 0.1577*** | 0.2499*** | 0.1404*** | 0.0811*** | 0.2762*** | 0.0708*** | 0.2158*** | 0.2764*** | 0.1906*** |
| | (9.5554) | (6.0257) | (6.4956) | (4.9921) | (5.7869) | (4.6510) | (5.5601) | (4.0296) | (8.5729) | (5.5433) | (7.5696) |
| N | 13869 | 13869 | 13869 | 13869 | 13869 | 13869 | 13869 | 13869 | 13869 | 13869 | 13869 |
| $R^2$ | 0.4704 | 0.8647 | 0.5845 | 0.8693 | 0.5886 | 0.7506 | 0.8711 | 0.7518 | 0.5368 | 0.8692 | 0.5438 |
| adj. $R^2$ | 0.3700 | 0.8391 | 0.5057 | 0.8445 | 0.5105 | 0.7033 | 0.8466 | 0.7047 | 0.4489 | 0.8444 | 0.4572 |

注：括号里为 t 值；* $p<0.1$，** $p<0.05$，*** $p<0.01$。

### 5.3.5 前瞻性业绩期望落差、差异化战略与风险承担

与上文做法一样，本部分同样利用三步分析方法进行了中介效应检验。试图分析前瞻性业绩期望落差、差异化战略与风险承担三者之间的关系，判断差异化战略是否在前瞻性业绩期望落差与风险承担之间起到了中介作用，即检验了提出的假设 H4d。

模型（3）、模型（4）和模型（5）汇报了中介效应的回归结果。回归结果（3）显示，前瞻性业绩期望落差 Pef_N1 的回归系数为 0.0205，且在 0.01 水平上显著，表明前瞻性业绩期望落差对企业风险承担具有显著的正向影响。回归结果（4）显示，前瞻性业绩期望落差的回归系数为 0.0120，且在 0.01 水平上显著，表明前瞻性业绩期望落差对差异化战略具有显著的正向影响。回归结果（5）显示，将差异化战略 Cyh 代入前瞻性业绩期望落差与企业风险承担的回归方程后，前瞻性业绩期望落差的回归系数为 0.0196，且在 0.01 水平上显著；同时差异化战略的回归系数为 0.0709，且在 0.01 水平上显著。将回归结果（5）与回归结果（3）进行比较后发现，引入差异化战略后前瞻性业绩期望落差的回归系数依然显著，且绝对值变小。由此可以推断，差异化战略在前瞻性业绩期望落差与企业风险承担之间起到了部分中介效应。则本书的假设 H4d 得到了支持。

对比表 5-10 的模型（1）、模型（3）和模型（5）可以发现，模型的拟合度也从 0.3700、0.4827 逐步提高到 0.4876，表明代入变量后模型的解释力逐渐增强，即新代入变量是符合逻辑的。

表 5-10　前瞻性业绩期望落差、差异化战略与风险承担的中介效应回归结果

| 变量 | (1) | (2) | (3) | (4) | (5) |
|---|---|---|---|---|---|
| | Risk1 | Cyh | Risk1 | Cyh | Risk1 |
| Cyh | | | | | 0.0709***<br>(5.7214) |

续表

| 变量 | (1) | (2) | (3) | (4) | (5) |
|---|---|---|---|---|---|
| | Risk1 | Cyh | Risk1 | Cyh | Risk1 |
| Pef_N1 | | | 0.0205***<br>(19.0693) | 0.0120***<br>(8.8094) | 0.0196***<br>(18.3478) |
| Pef_P1 | | | -0.0233***<br>(-4.7085) | -0.0034**<br>(-2.4115) | -0.0230***<br>(-4.6747) |
| Size | -0.0129***<br>(-10.6420) | -0.0069***<br>(-3.0470) | -0.0128***<br>(-10.3874) | -0.0055***<br>(-2.7457) | -0.0124***<br>(-10.1731) |
| Life | 0.0196***<br>(6.9116) | -0.0109***<br>(-2.7648) | 0.0292***<br>(10.9686) | -0.0071*<br>(-1.8703) | 0.0297***<br>(11.1787) |
| Top | -0.0002**<br>(-2.5496) | -0.0002<br>(-1.4541) | -0.0002***<br>(-2.8912) | -0.0002*<br>(-1.8109) | -0.0002***<br>(-2.7554) |
| Lev | 0.0387***<br>(7.6359) | -0.0186**<br>(-2.4521) | 0.0248***<br>(5.2276) | -0.0257***<br>(-3.5432) | 0.0267***<br>(5.7319) |
| Dual | -0.0014<br>(-1.0841) | 0.0013<br>(0.8306) | -0.0012<br>(-0.9660) | 0.0011<br>(0.6962) | -0.0013<br>(-1.0381) |
| Grow | -0.0015*<br>(-1.8653) | -0.0175***<br>(-13.9920) | 0.0015*<br>(1.8290) | -0.0143***<br>(-11.6650) | 0.0025***<br>(3.0251) |
| Sta | 0.0017<br>(0.5678) | -0.0003<br>(-0.0611) | 0.0050*<br>(1.6834) | -0.0026<br>(-0.5138) | 0.0052*<br>(1.7762) |
| Inde | -0.0088<br>(-1.0317) | -0.0049<br>(-0.3730) | -0.0117<br>(-1.4080) | -0.0031<br>(-0.2384) | -0.0114<br>(-1.3998) |
| _cons | 0.2634***<br>(9.5554) | 0.3030***<br>(6.0257) | 0.2355***<br>(8.4732) | 0.2619***<br>(5.8686) | 0.2170***<br>(7.8543) |
| N | 13869 | 13869 | 11923 | 11923 | 11923 |
| $R^2$ | 0.4704 | 0.8647 | 0.5731 | 0.8867 | 0.5772 |
| adj. $R^2$ | 0.3700 | 0.8391 | 0.4827 | 0.8628 | 0.4876 |

注：括号里为t值；* p<0.1，** p<0.05，*** p<0.01。

## 5.4 高管团队异质性的调节作用

### 5.4.1 高管团队年龄异质性的调节作用

表5-11汇报了高管团队年龄异质性对后视性业绩期望落差、历史期

望落差、行业期望落差和前瞻性业绩期望落差与企业风险承担之间关系的调节作用，即分别检验了提出的假设 H5a、H5b、H5c 和 H5d。

表 5 - 11　　　　高管团队年龄异质性调节作用的回归结果

| 变量 | (1) | (2) | (3) | (4) |
|---|---|---|---|---|
| | Risk1 | Risk1 | Risk1 | Risk1 |
| Aft_N | 0.0063<br>(0.8790) | | | |
| Aft_N × Aft_N | 0.0003<br>(1.5191) | | | |
| Hage | -0.0061<br>(-0.7195) | 0.0020<br>(0.2624) | 0.0048<br>(0.6207) | 0.0018<br>(0.1706) |
| Aft_N × Hage | 0.2214***<br>(3.9860) | | | |
| Aft_N × Aft_N × Hage | -0.0131***<br>(-4.1900) | | | |
| His_N1 | | 0.0071<br>(0.8454) | | |
| His_N1 × His_N1 | | 0.0003<br>(1.4938) | | |
| His_N1 × Hage | | 0.2217***<br>(3.6568) | | |
| His_N1 × His_N1 × Hage | | -0.0130***<br>(-4.1039) | | |
| His_P1 | | 0.0185**<br>(2.1401) | | |
| Ind_N1 | | | 0.0014<br>(0.4542) | |
| Ind_N1 × Ind_N1 | | | 0.0002*<br>(1.7510) | |
| Ind_N1 × Hage | | | 0.1076***<br>(3.8169) | |
| Ind_N1 × Ind_N1 × Hage | | | -0.0054***<br>(-4.2833) | |

续表

| 变量 | (1) | (2) | (3) | (4) |
|---|---|---|---|---|
| | Risk1 | Risk1 | Risk1 | Risk1 |
| Ind_P1 | | | 0.0078 ***<br>(4.7642) | |
| Pef_N1 | | | | 0.0151 ***<br>(4.9685) |
| Pef_N1 × Hage | | | | 0.0570 **<br>(2.5279) |
| Pef_P1 | | | | -0.0235 ***<br>(-4.1419) |
| Size | -0.0098 ***<br>(-11.5904) | -0.0087 ***<br>(-9.7257) | -0.0109 ***<br>(-12.6009) | -0.0129 ***<br>(-11.5781) |
| Life | 0.0171 ***<br>(7.9428) | 0.0163 ***<br>(7.7890) | 0.0174 ***<br>(7.7856) | 0.0271 ***<br>(11.5954) |
| Top | -0.0000<br>(-0.9259) | -0.0000<br>(-0.7523) | -0.0001<br>(-1.0748) | -0.0001 ***<br>(-2.5834) |
| Lev | 0.0130 ***<br>(3.4917) | 0.0074 *<br>(1.7943) | 0.0223 ***<br>(5.8707) | 0.0230 ***<br>(4.7449) |
| Dual | -0.0004<br>(-0.3669) | -0.0005<br>(-0.4099) | -0.0006<br>(-0.5282) | -0.0004<br>(-0.3187) |
| Grow | 0.0000<br>(0.7628) | 0.0000<br>(0.5717) | 0.0000<br>(0.6191) | 0.0005 **<br>(2.5286) |
| Sta | -0.0025<br>(-1.2568) | -0.0018<br>(-0.9235) | -0.0027<br>(-1.3531) | -0.0014<br>(-0.4692) |
| Inde | -0.0106 *<br>(-1.6744) | -0.0108 *<br>(-1.7869) | -0.0089<br>(-1.3794) | -0.0183 *<br>(-1.9117) |
| _cons | 0.2037 ***<br>(11.0778) | 0.1823 ***<br>(9.6050) | 0.2244 ***<br>(11.9077) | 0.2447 ***<br>(9.8319) |
| N | 23151 | 23151 | 23151 | 17272 |
| $R^2$ | 0.4397 | 0.4680 | 0.4156 | 0.5245 |
| adj. $R^2$ | 0.3721 | 0.4038 | 0.3451 | 0.4486 |

注：括号里为 t 值；* $p<0.1$，** $p<0.05$，*** $p<0.01$。

回归结果（1）汇报了高管团队年龄异质性对后视性业绩期望落差与

企业风险承担之间关系的调节作用。从结果可以看到，后视性业绩期望落差 Aft_N 的二次项与高管团队年龄异质性 Hage 的交乘项系数为 -0.0131，且在 0.01 水平上显著，则说明调节效应存在，且调节作用的方向为正，即高管团队年龄异质性会强化后视性业绩期望落差与企业风险承担之间的关系，则本书的假设 H5a 得到了支持。回归结果（2）汇报了高管团队年龄异质性对历史期望落差与企业风险承担之间关系的调节作用。从结果可以看到，历史期望落差 His_N1 的二次项与高管团队年龄异质性 Hage 的交乘项系数为 -0.0130，且在 0.01 水平上显著，则说明调节效应存在，且调节作用的方向为正，即高管团队年龄异质性会强化历史期望落差与企业风险承担之间的关系，则本书的假设 H5b 得到了支持。回归结果（3）汇报了高管团队年龄异质性对行业期望落差与企业风险承担之间关系的调节作用。从结果可以看到，行业期望落差 Ind_N1 的二次项与高管团队年龄异质性 Hage 的交乘项系数为 -0.0054，且在 0.01 水平上显著，则说明调节效应存在，且调节作用的方向为正，即高管团队年龄异质性会强化行业期望落差与企业风险承担之间的关系，则本文的假设 H5c 得到了支持。回归结果（4）汇报了高管团队年龄异质性对前瞻性业绩期望落差与企业风险承担之间关系的调节作用。从结果可以看到，前瞻性业绩期望落差 Pef_N1 与高管团队年龄异质性 Hage 的交乘项系数为 0.0570，且在 0.05 水平上显著，则说明调节效应存在，且调节作用的方向为正，即高管团队年龄异质性会强化前瞻性业绩期望落差与企业风险承担之间的关系，则本书的假设 H5d 得到了支持。

因此得出结论，本书的假设 H5a、H5b、H5c 和 H5d 均得到了支持。

### 5.4.2　高管团队性别异质性的调节作用

表5 - 12 汇报了高管团队性别异质性对后视性业绩期望落差、历史期望落差、行业期望落差和前瞻性业绩期望落差与企业风险承担之间关系

的调节作用，即分别检验了提出的假设 H6a、H6b、H6c 和 H6d。

表 5－12　　　高管团队性别异质性调节作用的回归结果

| 变量 | (1) | (2) | (3) | (4) |
|---|---|---|---|---|
| | Risk1 | Risk1 | Risk1 | Risk1 |
| Aft_N | 0.0176***<br>(7.8500) | | | |
| Aft_N × Aft_N | -0.0004***<br>(-6.8162) | | | |
| Hgend | -0.0004<br>(-0.1623) | -0.0017<br>(-1.1866) | -0.0024<br>(-1.2196) | 0.0011<br>(0.4643) |
| Aft_N × Hgend | -0.0011<br>(-0.1126) | | | |
| Aft_N × Aft_N × Hgend | 0.0002<br>(0.7351) | | | |
| His_N1 | | 0.2211***<br>(29.2839) | | |
| His_N1 × His_N1 | | -0.1186***<br>(-9.2597) | | |
| His_N1_ × Hgend | | 0.0364<br>(1.4278) | | |
| His_N1 × His_N1 × Hgend | | -0.0304<br>(-0.6465) | | |
| His_P1 | | 0.2371***<br>(50.3202) | | |
| Ind_N1 | | | 0.0812***<br>(14.7708) | |
| Ind_N1 × Ind_N1 | | | -0.0371***<br>(-11.2763) | |
| Ind_N1 × Hgend | | | 0.0565***<br>(2.7296) | |
| Ind_N1 × Ind_N1 × Hgend | | | -0.0318**<br>(-2.4504) | |

续表

| 变量 | (1) | (2) | (3) | (4) |
|---|---|---|---|---|
| | Risk1 | Risk1 | Risk1 | Risk1 |
| Ind_P1 | | | 0.0368 ***<br>(12.5497) | |
| Pef_N1 | | | | 0.0165 ***<br>(14.1944) |
| Pef_N1 × Hgend | | | | 0.0063 *<br>(1.7900) |
| Pef_P1 | | | | -0.0208 ***<br>(-3.9810) |
| Size | -0.0089 ***<br>(-12.4673) | -0.0029 ***<br>(-6.4781) | -0.0081 ***<br>(-12.0026) | -0.0101 ***<br>(-11.4350) |
| Life | 0.0154 ***<br>(8.1145) | 0.0066 ***<br>(5.2162) | 0.0137 ***<br>(7.4710) | 0.0231 ***<br>(11.7554) |
| Top | -0.0000<br>(-1.0142) | -0.0000<br>(-0.1426) | -0.0000<br>(-0.6522) | -0.0001 **<br>(-2.1747) |
| Lev | 0.0117 ***<br>(3.7687) | -0.0247 ***<br>(-12.7990) | 0.0057 *<br>(1.9385) | 0.0129 ***<br>(3.8648) |
| Dual | -0.0000<br>(-0.0299) | 0.0003<br>(0.5673) | -0.0000<br>(-0.0442) | 0.0001<br>(0.0590) |
| Grow | 0.0010 *<br>(1.8824) | 0.0004<br>(1.0671) | 0.0018 ***<br>(3.4008) | 0.0019 ***<br>(3.0224) |
| Sta | -0.0017<br>(-0.9928) | -0.0004<br>(-0.3104) | -0.0018<br>(-1.1013) | 0.0006<br>(0.2635) |
| Inde | -0.0087<br>(-1.4233) | -0.0062<br>(-1.4668) | -0.0104 *<br>(-1.7828) | -0.0180 **<br>(-2.3000) |
| _cons | 0.1863 ***<br>(11.6342) | 0.0780 ***<br>(7.5433) | 0.1725 ***<br>(11.3011) | 0.1936 ***<br>(9.3176) |
| N | 23151 | 23151 | 23151 | 17272 |
| $R^2$ | 0.4129 | 0.6706 | 0.4454 | 0.5179 |
| adj. $R^2$ | 0.3421 | 0.6309 | 0.3785 | 0.4409 |

注：括号里为 t 值；* $p<0.1$，** $p<0.05$，*** $p<0.01$。

回归结果(1)汇报了高管团队性别异质性对后视性业绩期望落差与企业风险承担之间关系的调节作用。从结果可以看到,后视性业绩期望落差 Aft_N 的二次项与高管团队性别异质性 Hgend 的交乘项系数为 0.0002，不显著，则说明调节效应不存在，即高管团队年龄异质性并未调节后视性业绩期望落差与企业风险承担之间的关系，则本书的假设 H6a 未得到支持。回归结果（2）汇报了高管团队性别异质性对历史期望落差与企业风险承担之间关系的调节作用。从结果可以看到，历史期望落差 His_N1 的二次项与高管团队性别异质性 Hgend 的交乘项系数为 -0.0304，不显著，则说明调节效应不存在，即高管团队年龄异质性并未调节历史期望落差与企业风险承担之间的关系，则本书的假设 H6b 并未得到支持。回归结果（3）汇报了高管团队性别异质性对行业期望落差与企业风险承担之间关系的调节作用。从结果可以看到，行业期望落差 Ind_N1 的二次项与高管团队年龄异质性 Hgend 的交乘项系数为 -0.0318，且在 0.05 水平上显著，则说明调节效应存在，且调节作用的方向为正，即高管团队性别异质性会强化行业期望落差与企业风险承担之间的关系，则本书的假设 H6c 得到了支持。回归结果（4）汇报了高管团队性别异质性对前瞻性业绩期望落差与企业风险承担之间关系的调节作用。从结果可以看到，前瞻性业绩期望落差 Pef_N1 与高管团队年龄异质性 Hgend 的交乘项系数为 0.0063，且在 0.1 水平上显著，则说明调节效应存在，且调节作用的方向为正，即高管团队年龄异质性会强化前瞻性业绩期望落差与企业风险承担之间的关系，则本书的假设 H6d 得到了支持。

因此得出结论，本书的假设 H6a 和 H6b 未得到支持，而假设 H6c 和 H6d 得到了支持。

### 5.4.3 高管团队教育水平异质性的调节作用

表 5-13 汇报了高管团队教育水平异质性对后视性业绩期望落差、历

史期望落差、行业期望落差和前瞻性业绩期望落差与企业风险承担之间关系的调节作用，即分别检验了提出的假设 H7a、H7b、H7c 和 H7d。

**表 5-13　　高管团队教育水平异质性调节作用的回归结果**

| 变量 | (1) | (2) | (3) | (4) |
|---|---|---|---|---|
| | Risk1 | Risk1 | Risk1 | Risk1 |
| Aft_N | 0.0659***<br>(6.9283) | | | |
| Aft_N × Aft_N | -0.0034***<br>(-6.0015) | | | |
| Hedu | 0.0029<br>(1.1818) | 0.0018<br>(0.9112) | -0.0029<br>(-1.4108) | -0.0009<br>(-0.3852) |
| Aft_N × Hedu | -0.0581***<br>(-3.3004) | | | |
| Aft_N × Aft_N × Hedu | 0.0042***<br>(4.4404) | | | |
| His_N1 | | 0.0748***<br>(7.5329) | | |
| His_N1 × His_N1 | | -0.0036***<br>(-6.6120) | | |
| His_N1 × Hedu | | -0.0678***<br>(-3.6927) | | |
| His_N1 × His_N1 × Hedu | | 0.0045***<br>(4.8368) | | |
| His_P1 | | 0.0333***<br>(4.0983) | | |
| Ind_N1 | | | 0.0123***<br>(4.2276) | |
| Ind_N1 × Ind_N1 | | | -0.0007**<br>(-2.4752) | |
| Ind_N1 × Hedu | | | 0.0036<br>(0.6183) | |
| Ind_N1 × Ind_N1 × Hedu | | | 0.0005<br>(1.0825) | |

续表

| 变量 | (1) | (2) | (3) | (4) |
|---|---|---|---|---|
| | Risk1 | Risk1 | Risk1 | Risk1 |
| Ind_P1 | | | 0.0094 ***<br>(3.7287) | |
| Pef_N1 | | | | 0.0227 ***<br>(8.9269) |
| Pef_N1 × Hedu | | | | -0.0004<br>(-0.0852) |
| Pef_P1 | | | | -0.0232 ***<br>(-3.9288) |
| Size | -0.0100 ***<br>(-9.2385) | -0.0083 ***<br>(-8.5612) | -0.0116 ***<br>(-10.3929) | -0.0138 ***<br>(-10.6637) |
| Life | 0.0208 ***<br>(8.3384) | 0.0189 ***<br>(7.9348) | 0.0201 ***<br>(7.7142) | 0.0284 ***<br>(11.3932) |
| Top | -0.0001 *<br>(-1.8492) | -0.0001 *<br>(-1.8115) | -0.0001 **<br>(-2.1472) | -0.0002 ***<br>(-2.7583) |
| Lev | 0.0133 ***<br>(2.8714) | 0.0043<br>(0.9551) | 0.0274 ***<br>(5.5340) | 0.0278 ***<br>(4.9537) |
| Dual | -0.0001<br>(-0.0741) | -0.0003<br>(-0.2112) | -0.0004<br>(-0.3099) | -0.0001<br>(-0.0892) |
| Grow | 0.0000<br>(0.5732) | 0.0000<br>(0.0921) | 0.0000<br>(0.4424) | 0.0005 **<br>(2.1780) |
| Sta | 0.0006<br>(0.2136) | 0.0002<br>(0.0685) | 0.0004<br>(0.1366) | -0.0008<br>(-0.2385) |
| Inde | -0.0159 **<br>(-2.1635) | -0.0147 **<br>(-2.1359) | -0.0130 *<br>(-1.7376) | -0.0206 **<br>(-2.1345) |
| _cons | 0.2007 ***<br>(8.2114) | 0.1707 ***<br>(7.7887) | 0.2351 ***<br>(9.3922) | 0.2630 ***<br>(9.1345) |
| N | 18375 | 18375 | 18375 | 15312 |
| $R^2$ | 0.4828 | 0.5269 | 0.4548 | 0.5372 |
| adj. $R^2$ | 0.4045 | 0.4553 | 0.3723 | 0.4566 |

注：括号里为 t 值；* $p<0.1$，** $p<0.05$，*** $p<0.01$。

回归结果（1）汇报了高管团队教育水平异质性对后视性业绩期望落

差与企业风险承担之间关系的调节作用。从结果可以看到，后视性业绩期望落差 Aft_N 的二次项与高管团队教育水平异质性 Hedu 的交乘项系数为0.0042，且在0.01 水平上显著，则说明调节效应存在，且调节作用的方向为负，即高管团队教育水平异质性会减弱后视性业绩期望落差与企业风险承担之间的关系，则本书的假设 H7a 得到了支持。回归结果（2）汇报了高管团队教育水平异质性对历史期望落差与企业风险承担之间关系的调节作用。从结果可以看到，历史期望落差 His_N1 的二次项与高管团队教育水平异质性 Hedu 的交乘项系数为0.0045，且在0.01 水平上显著，则说明调节效应存在，且调节作用的方向为负，即高管团队教育水平异质性会减弱历史期望落差与企业风险承担之间的关系，则本书的假设 H7b 得到了支持。回归结果（3）汇报了高管团队教育水平异质性对行业期望落差与企业风险承担之间关系的调节作用。从结果可以看到，行业期望落差 Ind_N1 的二次项与高管团队教育水平异质性 Hedu 的交乘项系数为0.0005，不显著，则说明调节效应不存在，即高管团队教育水平异质性并未调节行业期望落差与企业风险承担之间的关系，则本书的假设 H7c 并未得到支持。回归结果（4）汇报了高管团队教育水平异质性对前瞻性业绩期望落差与企业风险承担之间的调节作用。从结果可以看到，前瞻性业绩期望落差 Pef_N1 与高管团队教育水平异质性 Hedu 的交乘项系数为 -0.0004，不显著，则说明调节效应不存在，即高管团队教育水平异质性并未调节前瞻性业绩期望落差与企业风险承担之间的关系，则本书的假设 H7d 并未得到支持。

因此得出结论，本书的假设 H7a 和 H7b 得到了支持，假设 H7c 和 H7d 则并未得到支持。

### 5.4.4 高管团队职业背景异质性的调节作用

表5-14 汇报了高管团队职业背景异质性对后视性业绩期望落差、历

史期望落差、行业期望落差和前瞻性业绩期望落差与企业风险承担之间关系的调节作用，即分别检验了提出的假设 H8a、H8b、H8c 和 H8d。

表 5 – 14　　高管团队职业背景异质性调节作用的回归结果

| 变量 | (1) | (2) | (3) | (4) |
|---|---|---|---|---|
| | Risk1 | Risk1 | Risk1 | Risk1 |
| Aft_N | 0.0460**<br>(2.2617) | | | |
| Aft_N × Aft_N | −0.0023**<br>(−2.3442) | | | |
| Hpro | −0.0074<br>(−1.5910) | −0.0080**<br>(−1.9871) | −0.0105**<br>(−2.5219) | −0.0129***<br>(−2.7991) |
| Aft_N × Hpro | −0.0288<br>(−0.9481) | | | |
| Aft_N × Aft_N × Hpro | 0.0024*<br>(1.7977) | | | |
| His_N1 | | 0.0397**<br>(1.9884) | | |
| His_N1 × His_N1 | | −0.0026**<br>(−2.1417) | | |
| His_N1 × Hpro | | −0.0156<br>(−0.5372) | | |
| His_N1 × His_N1 × Hpro | | 0.0027*<br>(1.6959) | | |
| His_P1 | | 0.0170**<br>(2.1316) | | |
| Ind_N1 | | | 0.0054<br>(0.9858) | |
| Ind_N1 × Ind_N1 | | | −0.0005<br>(−1.6383) | |
| Ind_N1 × Hpro | | | 0.0096<br>(1.2063) | |
| Ind_N1 × Ind_N1 × Hpro | | | 0.0004<br>(0.8564) | |

续表

| 变量 | (1) | (2) | (3) | (4) |
|---|---|---|---|---|
| | Risk1 | Risk1 | Risk1 | Risk1 |
| Ind_P1 | | | 0. 0100 ***<br>(3. 9824) | |
| Ind_P1 | | | | 0. 0161 ***<br>(2. 6196) |
| Pef_N1 × Hpro | | | | 0. 0082<br>(0. 9012) |
| Pef_P1 | | | | −0. 0251 ***<br>( −4. 6225) |
| Size | −0. 0108 ***<br>( −10. 6239) | −0. 0097 ***<br>( −9. 8326) | −0. 0120 ***<br>( −11. 4113) | −0. 0131 ***<br>( −12. 2571) |
| Life | 0. 0212 ***<br>(8. 6736) | 0. 0202 ***<br>(8. 4537) | 0. 0212 ***<br>(8. 5029) | 0. 0224 ***<br>(12. 0770) |
| Top | −0. 0001<br>( −1. 3127) | −0. 0001<br>( −1. 1896) | −0. 0001<br>( −1. 4735) | −0. 0001 **<br>( −2. 5494) |
| Lev | 0. 0173 ***<br>(3. 9469) | 0. 0116 ***<br>(2. 6230) | 0. 0260 ***<br>(5. 7307) | 0. 0296 ***<br>(6. 4396) |
| Dual | −0. 0007<br>( −0. 5918) | −0. 0007<br>( −0. 5943) | −0. 0009<br>( −0. 7361) | −0. 0005<br>( −0. 3756) |
| Grow | 0. 0000<br>(0. 6149) | 0. 0000<br>(0. 4056) | 0. 0000<br>(0. 4270) | 0. 0000 ***<br>(100. 5983) |
| Sta | −0. 0019<br>( −0. 6775) | −0. 0008<br>( −0. 3096) | −0. 0019<br>( −0. 6923) | −0. 0000<br>( −0. 0071) |
| Inde | −0. 0124 *<br>( −1. 8005) | −0. 0125 *<br>( −1. 8776) | −0. 0098<br>( −1. 3969) | −0. 0147 *<br>( −1. 6883) |
| _cons | 0. 2210 ***<br>(9. 6385) | 0. 2014 ***<br>(9. 1231) | 0. 2460 ***<br>(10. 4196) | 0. 2651 ***<br>(10. 9971) |
| N | 20300 | 20300 | 20269 | 18423 |
| $R^2$ | 0. 4579 | 0. 4831 | 0. 4422 | 0. 5165 |
| adj. $R^2$ | 0. 3822 | 0. 4109 | 0. 3641 | 0. 4372 |

注：括号里为 t 值；  * p < 0. 1，  ** p < 0. 05，  *** p < 0. 01。

回归结果（1）汇报了高管团队职业背景异质性对后视性业绩期望落

差与企业风险承担之间关系的调节作用。从结果可以看到，后视性业绩期望落差 Aft_N 的二次项与高管团队职业背景异质性 Hpro 的交乘项系数为 0.0024，且在 0.1 水平上显著，则说明调节效应存在，且调节作用的方向为负，即高管团队职业背景异质性会减弱后视性业绩期望落差与企业风险承担之间的关系，则本书的假设 H8a 得到了支持。回归结果（2）汇报了高管团队职业背景异质性对历史期望落差与企业风险承担之间关系的调节作用。从结果可以看到，历史期望落差 His_N1 的二次项与高管团队职业背景异质性 Hpro 的交乘项系数为 0.0027，且在 0.1 水平上显著，则说明调节效应存在，且调节作用的方向为负，即高管团队职业背景异质性会减弱历史期望落差与企业风险承担之间的关系，则本书的假设 H8b 得到了支持。回归结果（3）汇报了高管团队职业背景异质性对行业期望落差与企业风险承担之间关系的调节作用。从结果可以看到，行业期望落差 Ind_N1 的二次项与高管团队职业背景异质性 Hpro 的交乘项系数为 0.0004，不显著，则说明调节效应不存在，即高管团队职业背景异质性并未调节行业期望落差与企业风险承担之间的关系，则本书的假设 H8c 并未得到支持。回归结果（4）汇报了高管团队职业背景异质性对前瞻性业绩期望落差与企业风险承担之间关系的调节作用。从结果可以看到，前瞻性业绩期望落差 Pef_N1 与高管团队职业背景异质性 Hpro 的交乘项系数为 0.0082，不显著，则说明调节效应不存在，即高管团队职业背景异质性并未调节前瞻性业绩期望落差与企业风险承担之间的关系，则本书的假设 H8d 并未得到支持。

因此得出结论，本书的假设 H8a 和假设 H8b 得到了支持，而假设 H8c 和假设 H8d 则并未得到支持。

## 5.5 制度环境的调节作用

表 5－15 汇报了制度环境对后视性业绩期望落差、历史期望落差、行

业期望落差和前瞻性业绩期望落差与企业风险承担之间关系的调节作用，即分别检验了提出的假设 H9a、H9b、H9c 和 H9d。

表 5 – 15 制度环境调节作用的回归结果

| 变量 | (1) | (2) | (3) | (4) |
|---|---|---|---|---|
| | Risk1 | Risk1 | Risk1 | Risk1 |
| Aft_N | 0. 0078 ** (2. 5390) | | | |
| Aft_N × Aft_N | –0. 0006 ( –1. 3871) | | | |
| Market | –0. 0005 ( –0. 8786) | –0. 0001 ( –0. 3486) | –0. 0006 ( –0. 9368) | –0. 0005 ( –0. 7730) |
| Aft_N × Market | 0. 0011 *** (3. 0187) | | | |
| Aft_N × Aft_N × Market | –0. 0000 ( –0. 3466) | | | |
| His_N1 | | 0. 2131 *** (11. 9470) | | |
| His_N1 × His_N1 | | –0. 1643 *** ( –6. 4442) | | |
| His_N1 × Market | | 0. 0021 (0. 9605) | | |
| His_N1 × His_N1 × Market | | 0. 0057 * (1. 8629) | | |
| His_P1 | | 0. 2416 *** (46. 2105) | | |
| Ind_N1 | | | 0. 0012 (0. 0772) | |
| Ind_N1 × Ind_N1 | | | –0. 0020 ( –0. 1818) | |
| Ind_N1 × Market | | | 0. 0118 *** (5. 7312) | |
| Ind_N1 × Ind_N1 × Market | | | –0. 0052 *** ( –3. 6571) | |

续表

| 变量 | (1) | (2) | (3) | (4) |
|---|---|---|---|---|
| | Risk1 | Risk1 | Risk1 | Risk1 |
| Ind_P1 | | | 0.0339***<br>(11.6389) | |
| Pef_N1 | | | | −0.0019<br>(−0.6856) |
| Pef_N1 × Market | | | | 0.0026***<br>(7.4316) |
| Pef_P1 | | | | −0.0212***<br>(−3.7203) |
| Size | −0.0067***<br>(−10.1438) | −0.0030***<br>(−6.2947) | −0.0085***<br>(−11.9126) | −0.0104***<br>(−11.4443) |
| Life | 0.0138***<br>(7.6493) | 0.0070***<br>(5.2680) | 0.0144***<br>(7.5021) | 0.0236***<br>(11.6071) |
| Top | −0.0000<br>(−0.3227) | −0.0000<br>(−0.3309) | −0.0000<br>(−0.8425) | −0.0001**<br>(−2.2676) |
| Lev | −0.0086***<br>(−2.9163) | −0.0253***<br>(−12.6055) | 0.0075**<br>(2.4178) | 0.0143***<br>(4.0409) |
| Dual | 0.0003<br>(0.3855) | 0.0003<br>(0.4868) | −0.0001<br>(−0.1593) | −0.0001<br>(−0.0948) |
| Grow | 0.0026***<br>(4.9448) | 0.0003<br>(0.7001) | 0.0017***<br>(3.0228) | 0.0018***<br>(2.6175) |
| Sta | −0.0010<br>(−0.6275) | −0.0003<br>(−0.2798) | −0.0019<br>(−1.1006) | 0.0005<br>(0.2317) |
| Inde | −0.0101*<br>(−1.7979) | −0.0067<br>(−1.5477) | −0.0112*<br>(−1.8883) | −0.0192**<br>(−2.1569) |
| _cons | 0.1489***<br>(9.4555) | 0.0805***<br>(6.9078) | 0.1842***<br>(10.9012) | 0.2035***<br>(9.2588) |
| N | 23154 | 23154 | 23154 | 17274 |
| $R^2$ | 0.5010 | 0.6745 | 0.4485 | 0.5248 |
| adj. $R^2$ | 0.4408 | 0.6352 | 0.3820 | 0.4489 |

注:括号里为 t 值; * $p<0.1$, ** $p<0.05$, *** $p<0.01$。

回归结果(1)汇报了制度环境对后视性业绩期望落差与企业风险承担之间关系的调节作用。从结果可以看到,后视性业绩期望落差 Aft_N 的二次项与制度环境 Market 的交乘项系数为 -0.0000，不显著，则说明调节效应不存在，即制度环境并未调节后视性业绩期望落差与企业风险承担之间的关系，则本书的假设 H9a 并未得到支持。回归结果（2）汇报了制度环境对历史期望落差与企业风险承担之间关系的调节作用。从结果可以看到，历史期望落差 His_N 的二次项与制度环境 Market 的交乘项系数为 0.0057，且在 0.1 水平上显著，则说明调节效应存在，且调节作用的方向为负，即制度环境会减弱历史期望落差与企业风险承担之间的关系，这与本书所提出的假设 H9b 并不一致，则本书的假设 H9b 并未得到支持。回归结果（3）汇报了制度环境对行业期望落差与企业风险承担之间关系的调节作用。从结果可以看到，行业期望落差 Ind - N1 的二次项与制度环境 Market 的交乘项系数为 -0.0052，且在 0.01 水平上显著，则说明调节效应存在，且调节作用的方向为正，即制度环境会强化行业期望落差与企业风险承担之间的关系，则本书的假设 H9c 得到了支持。回归结果（4）汇报了制度环境对前瞻性业绩期望落差与企业风险承担之间关系的调节作用。从结果可以看到，前瞻性业绩期望落差 Pef_N1 与制度环境 Market 的交乘项系数为 0.0026，且在 0.01 水平上显著，则说明调节效应存在，且调节作用的方向为正，即制度环境会强化前瞻性业绩期望落差与企业风险承担之间的关系，则本书的假设 H9d 得到了支持。

因此得出结论，本书的假设 H9a 和 H9b 未得到支持，而假设 H9c 和 H9d 得到了支持。

## 5.6　稳健性检验

本章节主要进行论文的稳健性检验，目的是确保本书所进行的统计分析的结果具有较高的可信度。具体来说，就是通过改变某个特定的参数，进行重复的实验，来观察实证结果是否随着参数设定的改变而发生变化，如果改变参数设定以后，结果发现符号和显著性发生了改变，说明不是稳健性的，需要寻找问题的所在。

### 5.6.1 更换被解释变量

更换被解释变量，具体是将风险承担的测量方式进行了更换。在原有测量得出经行业均值调整后的波动率后的基础上，再用极值计算经年度调整后的波动率。替换被解释变量后的回归结果汇报如下（见表5-16）。从表5-16的模型（1）、模型（2）、模型（3）和模型（4）可以看到，后视性业绩期望落差与风险承担之间呈现显著的倒“U”形关系，历史期望落差与企业风险承担之间呈现出显著的倒“U”形关系，行业期望落差与企业风险承担之间呈现出显著的倒“U”形关系，前瞻性业绩期望落差与企业风险承担之间呈现显著的正相关关系。这里的回归后结果与此前回归结果所得出的结论完全一致，证明了此前所得出结论的稳健性。

表5-16　　更换被解释变量的回归结果

| 变量 | (1) | (2) | (3) | (4) |
|---|---|---|---|---|
| | Risk2 | Risk2 | Risk2 | Risk2 |
| Aft_N | 0.0445***<br>(7.4011) | | | |
| Aft_N × Aft_N | -0.0010***<br>(-6.2917) | | | |
| His_N1 | | 0.0467***<br>(7.3427) | | |
| His_N1 × His_N1 | | -0.0010***<br>(-6.1361) | | |
| His_P1 | | 0.0330**<br>(2.1545) | | |
| Ind_N1 | | | 0.0225***<br>(9.9216) | |
| Ind_N1 × Ind_N1 | | | -0.0005***<br>(-7.4634) | |

续表

| 变量 | (1) | (2) | (3) | (4) |
|---|---|---|---|---|
| | Risk2 | Risk2 | Risk2 | Risk2 |
| Ind_P1 | | | 0.0145 ***<br>(4.7106) | |
| Pef_N1 | | | | 0.0402 ***<br>(15.9367) |
| Pef_P1 | | | | -0.0436 ***<br>(-4.1011) |
| Size | -0.0190 ***<br>(-11.7267) | -0.0169 ***<br>(-10.2151) | -0.0206 ***<br>(-12.6013) | -0.0238 ***<br>(-11.4778) |
| Life | 0.0325 ***<br>(8.0323) | 0.0312 ***<br>(7.9360) | 0.0325 ***<br>(7.8638) | 0.0498 ***<br>(11.5719) |
| Top | -0.0001<br>(-1.0196) | -0.0001<br>(-0.9143) | -0.0001<br>(-1.0311) | -0.0002 **<br>(-2.3266) |
| Lev | 0.0298 ***<br>(4.2738) | 0.0197 ***<br>(2.7026) | 0.0417 ***<br>(5.9724) | 0.0412 ***<br>(4.6617) |
| Dual | -0.0008<br>(-0.3770) | -0.0009<br>(-0.4461) | -0.0010<br>(-0.4454) | -0.0005<br>(-0.2018) |
| Grow | 0.0000<br>(0.8133) | 0.0000<br>(0.6382) | 0.0000<br>(0.6948) | 0.0010 ***<br>(2.5966) |
| Sta | -0.0048<br>(-1.2561) | -0.0034<br>(-0.9102) | -0.0053<br>(-1.3864) | -0.0026<br>(-0.4630) |
| Inde | -0.0173<br>(-1.4489) | -0.0178<br>(-1.5441) | -0.0148<br>(-1.2207) | -0.0333 *<br>(-1.8651) |
| _cons | 0.3921 ***<br>(11.1203) | 0.3527 ***<br>(9.9346) | 0.4233 ***<br>(11.9020) | 0.4542 ***<br>(9.7648) |
| N | 23154 | 23154 | 23154 | 17274 |
| $R^2$ | 0.4260 | 0.4510 | 0.4120 | 0.5226 |
| adj. $R^2$ | 0.3569 | 0.3849 | 0.3411 | 0.4464 |

注：括号里为t值；$*p<0.1$，$**p<0.05$，$***p<0.01$。

### 5.6.2　更换解释变量

更换解释变量，具体是指更换了历史期望落差、行业期望落差和前瞻性业绩期望落差的测量方式。历史期望落差由主效应检验中企业绩效的衡量指标股权收益率（ROE）更换为总资产回报率（ROA），再以ROA为绩效衡量指标按照上文变量测量中的方法计算得出。行业期望落差的测量方式则进行了如下更换，将行业中所有企业第t年绩效值的中位数所计算的行业期望落差替换了除目标企业外行业内其他企业第t年绩效均值测量所得的结果。此外，前瞻性业绩期望落差的测量则用比值法代替了差值法。即以分析师预测每股收益与实际每股收益之差，除以分析师预测的每股收益，将该结果作为前瞻性业绩期望落差的测量方式并进行回归处理。具体结果如表5－17所示，模型（1）和模型（2）分别验证了历史期望落差与企业风险承担的倒“U”形关系和行业期望落差与企业风险承担的倒“U”形关系，模型（3）验证了前瞻性业绩期望落差与企业风险承担的正相关关系。从表5－17汇报的结果看，更换解释变量后得到回归后结果与此前所得出的结论完全一致，可以认为此前所得出的结论是稳健的。

**表5－17　　　　更换解释变量的回归结果**

| 变量 | (1) | (2) | (3) |
|---|---|---|---|
| | Risk1 | Risk1 | Risk1 |
| His_N2 | 0.3631***<br>(10.9044) | | |
| His_N2 × His_N2 | -0.0210***<br>(-11.2116) | | |
| His_P2 | 0.5200***<br>(26.5481) | | |
| Ind_N2 | | 0.0276***<br>(7.6282) | |
| Ind_N2 × Ind_N2 | | -0.0006***<br>(-6.3872) | |
| Ind_P2 | | 0.0897***<br>(13.5421) | |

续表

| 变量 | (1) | (2) | (3) |
|---|---|---|---|
| | Risk1 | Risk1 | Risk1 |
| Pef_N2 | | | 0.0026***<br>(4.9876) |
| Pef_P2 | | | -0.0000***<br>(-11.8621) |
| Size | -0.0038***<br>(-6.8408) | -0.0095***<br>(-11.3171) | -0.0112***<br>(-9.9732) |
| Life | 0.0078***<br>(5.8668) | 0.0177***<br>(8.4319) | 0.0214***<br>(8.9019) |
| Top | -0.0000<br>(-0.1467) | -0.0001<br>(-1.2491) | -0.0001**<br>(-2.2001) |
| Lev | 0.0076***<br>(2.8024) | 0.0108***<br>(2.8740) | 0.0242***<br>(4.5962) |
| Dual | 0.0006<br>(0.8596) | -0.0003<br>(-0.2846) | -0.0010<br>(-0.7155) |
| Grow | 0.0000<br>(0.6157) | -0.0000<br>(-0.0698) | 0.0000<br>(0.4526) |
| Sta | 0.0002<br>(0.1430) | -0.0017<br>(-0.8775) | -0.0010<br>(-0.3201) |
| Inde | -0.0092**<br>(-2.2865) | -0.0109*<br>(-1.7313) | -0.0072<br>(-1.0039) |
| _cons | 0.0816***<br>(6.5402) | 0.1961***<br>(10.8093) | 0.2217***<br>(9.0431) |
| N | 23154 | 23154 | 18116 |
| $R^2$ | 0.7257 | 0.4508 | 0.4535 |
| adj. $R^2$ | 0.6927 | 0.3846 | 0.3701 |

注：括号里为t值；* $p<0.1$，** $p<0.05$，*** $p<0.01$。

### 5.6.3 更换样本范围

对样本的选取范围进行更换，本书采用了两种方法，第一是分别剔除总样本中第一年和最后一年的数据，即对2003年和2019年的数据进行了剔除，对剩余的样本进行回归处理；第二是分别剔除总样本中前两年和后两年的数据，即对2003年、2004年和2018年、2019年的数据进行了剔除，对剩余的样本进行回归处理。以此来检验不同样本区间的数据是否依然支持此前的结论。表5-18和表5-19汇报了回归结果。

**表5-18　　2004～2018年样本回归结果**

| 变量 | (1) | (2) | (3) | (4) | (5) |
|---|---|---|---|---|---|
| | Risk1 | Risk1 | Risk1 | Risk1 | Risk1 |
| Aft_N | | 0.0154***<br>(17.9400) | | | |
| Aft_N × Aft_N | | -0.0006***<br>(-5.2585) | | | |
| His_N1 | | | 0.2223***<br>(36.0984) | | |
| His_N1 × His_N1 | | | -0.1201***<br>(-15.1428) | | |
| His_P1 | | | 0.2209***<br>(41.8571) | | |
| Ind_N1 | | | | 0.0824***<br>(17.1897) | |
| Ind_N1 × Ind_N1 | | | | -0.0379***<br>(-13.2078) | |
| Ind_P1 | | | | 0.0367***<br>(10.3908) | |
| Pef_N1 | | | | | 0.0173***<br>(15.7371) |
| Pef_P1 | | | | | -0.0216***<br>(-4.0515) |
| Size | -0.0094***<br>(-11.4594) | -0.0060***<br>(-8.4289) | -0.0030***<br>(-5.7636) | -0.0076***<br>(-10.0525) | -0.0087***<br>(-9.2504) |
| Life | 0.0108***<br>(5.0324) | 0.0098***<br>(5.0871) | 0.0054***<br>(3.6699) | 0.0099***<br>(4.8833) | 0.0199***<br>(9.4987) |
| Top | -0.0000<br>(-0.7738) | 0.0000<br>(0.3596) | 0.0000<br>(0.0243) | -0.0000<br>(-0.0320) | -0.0001<br>(-1.3231) |

续表

| 变量 | (1) | (2) | (3) | (4) | (5) |
|---|---|---|---|---|---|
| | Risk1 | Risk1 | Risk1 | Risk1 | Risk1 |
| Lev | 0.0179 *** (5.2009) | -0.0112 *** (-3.6838) | -0.0249 *** (-11.6166) | 0.0040 (1.2556) | 0.0079 ** (2.2988) |
| Dual | -0.0001 (-0.0848) | 0.0005 (0.5558) | 0.0006 (0.9209) | -0.0001 (-0.0643) | -0.0000 (-0.0394) |
| Grow | 0.0013 ** (2.2508) | 0.0032 *** (5.9497) | 0.0011 ** (2.4998) | 0.0023 *** (4.0955) | 0.0025 *** (3.8250) |
| Sta | -0.0024 (-1.1443) | -0.0019 (-1.0746) | -0.0006 (-0.4444) | -0.0028 (-1.4806) | -0.0015 (-0.6293) |
| Inde | -0.0010 (-0.1463) | -0.0061 (-1.0361) | -0.0049 (-1.0451) | -0.0055 (-0.8941) | -0.0152 (-1.6436) |
| _cons | 0.2045 *** (11.0945) | 0.1364 *** (8.5190) | 0.0820 *** (6.8394) | 0.1687 *** (9.8993) | 0.1713 *** (7.5309) |
| N | 20431 | 20431 | 20431 | 20431 | 15220 |
| $R^2$ | 0.3802 | 0.4813 | 0.6453 | 0.4329 | 0.5022 |
| adj. $R^2$ | 0.3013 | 0.4152 | 0.6001 | 0.3606 | 0.4177 |

注：括号里为t值；* $p<0.1$，** $p<0.05$，*** $p<0.01$。

**表5-19　　　2005~2017年样本回归结果**

| 变量 | (1) | (2) | (3) | (4) | (5) |
|---|---|---|---|---|---|
| | Risk1 | Risk1 | Risk1 | Risk1 | Risk1 |
| Aft_N | | 0.0136 *** (15.6514) | | | |
| Aft_N × Aft_N | | -0.0006 *** (-5.4604) | | | |
| His_N1 | | | 0.2209 *** (34.3460) | | |
| His_N1 × His_N1 | | | -0.1344 *** (-15.9535) | | |
| His_P1 | | | 0.2146 *** (38.0248) | | |
| Ind_N1 | | | | 0.0626 *** (14.1899) | |

续表

| 变量 | (1) | (2) | (3) | (4) | (5) |
|---|---|---|---|---|---|
| | Risk1 | Risk1 | Risk1 | Risk1 | Risk1 |
| Ind_N1 × Ind_N1 | | | | -0.0295***<br>(-11.1976) | |
| Ind_P1 | | | | 0.0289***<br>(8.2490) | |
| Pef_N1 | | | | | 0.0128***<br>(13.0057) |
| Pef_P1 | | | | | -0.0217***<br>(-5.4243) |
| Size | -0.0082***<br>(-9.1495) | -0.0055***<br>(-6.9415) | -0.0027***<br>(-4.5060) | -0.0070***<br>(-8.2310) | -0.0061***<br>(-6.2276) |
| Life | 0.0077***<br>(3.3245) | 0.0074***<br>(3.4726) | 0.0034**<br>(2.1090) | 0.0074***<br>(3.3503) | 0.0137***<br>(6.0887) |
| Top | -0.0000<br>(-0.1442) | 0.0000<br>(0.5318) | 0.0000<br>(0.3877) | 0.0000<br>(0.2971) | -0.0000<br>(-0.6712) |
| Lev | 0.0113***<br>(3.1534) | -0.0106***<br>(-3.2499) | -0.0245***<br>(-10.5266) | 0.0017<br>(0.5033) | 0.0020<br>(0.6024) |
| Dual | 0.0007<br>(0.6343) | 0.0008<br>(0.8745) | 0.0008<br>(1.1077) | 0.0006<br>(0.5967) | 0.0002<br>(0.2138) |
| Grow | 0.0020***<br>(3.4431) | 0.0032***<br>(5.6132) | 0.0010**<br>(2.1929) | 0.0025***<br>(4.4114) | 0.0021***<br>(3.3273) |
| Sta | -0.0031<br>(-1.3575) | -0.0030<br>(-1.4644) | -0.0012<br>(-0.7110) | -0.0036*<br>(-1.6793) | -0.0030<br>(-1.1959) |
| Inde | -0.0010<br>(-0.1356) | -0.0042<br>(-0.6585) | -0.0048<br>(-0.9595) | -0.0041<br>(-0.6104) | -0.0141*<br>(-1.6485) |
| _cons | 0.1860***<br>(9.2932) | 0.1312***<br>(7.3537) | 0.0781***<br>(5.8012) | 0.1603***<br>(8.4790) | 0.1293***<br>(5.4825) |
| N | 18123 | 18123 | 18123 | 18123 | 13203 |
| $R^2$ | 0.4068 | 0.4704 | 0.6417 | 0.4373 | 0.5201 |
| adj. $R^2$ | 0.3252 | 0.3975 | 0.5924 | 0.3598 | 0.4305 |

注：括号里为 t 值；* $p<0.1$，** $p<0.05$，*** $p<0.01$。

从表 5-18 和表 5-19 的回归结果可以看出，无论是剔除样本区间前后两个年份，抑或剔除样本区间前后共计四个年份数据后的回归结果均与此前所得出的结论保持一致，这表明此前所得出的结论是稳健的。

### 5.6.4 Heckman 两阶段检验

针对可能存在的样本自选择问题，参照学者窦欢等（2014）、盛斌和王浩（2022）、唐松和谢雪妍（2021）的做法，对模型进行了 Heckman 两阶段检验。首先在第一阶段利用 Probit 模型估计是否存在业绩期望落差支持的逆米尔斯比率（Inverse Mills Ratio），主要考虑了公司的财务和公司特征的影响。这个比率用于样本选择性偏差值的修正。其次在第二阶段，在原有模型中加入一个额外的自变量——MIR，然后估计出回归参数。最后观察在第二阶段方程中，逆米尔斯比率这个自变量的显著性。如果该变量不显著，则说明最开始的回归方程并不具有样本选择偏差，研究者可以根据原来的系数来做出统计推断；但如果尼米尔比率这个参数是显著的，则说明样本选择偏差是存在的，研究者应当根据第二阶段方程的回归系数来做出统计推断。

从表 5 - 20 汇报的回归结果看，模型（1）、模型（3）和模型（4）都通过了 Heckman 两阶段检验，只有模型（2）未通过。

**表 5 - 20　　Heckman 两阶段检验的回归结果**

| 变量 | (1) | (2) | (3) | (4) |
|---|---|---|---|---|
| | Risk1 | Risk1 | Risk1 | Risk1 |
| Aft_N | 0. 0129 ***<br>(12. 3110) | | | |
| Aft_N × Aft_N | -0. 0003 **<br>( -2. 1265) | | | |
| His_N1 | | 0. 2333 ***<br>(32. 9081) | | |
| His_N1 × His_N1 | | -0. 1202 ***<br>( -12. 5254) | | |
| His_P1 | | 0. 2411 ***<br>(31. 4825) | | |

续表

| 变量 | (1) | (2) | (3) | (4) |
|---|---|---|---|---|
| | Risk1 | Risk1 | Risk1 | Risk1 |
| Ind_N1 | | | 0. 0807 ***<br>(15. 2729) | |
| Ind_N1 × Ind_N1 | | | -0. 0408 ***<br>( -13. 1768) | |
| Ind_P1 | | | -0. 0086 **<br>( -2. 2632) | |
| Pef_N1 | | | | 0. 0219 ***<br>(24. 7116) |
| Pef_P1 | | | | -0. 0078 ***<br>( -2. 7901) |
| IMR | -0. 0113 ***<br>( -16. 2029) | 0. 0000<br>(0. 0583) | -0. 0162 ***<br>( -17. 0510) | -0. 0193 ***<br>( -19. 0056) |
| Size | -0. 0048 ***<br>( -5. 9581) | -0. 0027 ***<br>( -4. 0771) | -0. 0063 ***<br>( -7. 7980) | -0. 0076 ***<br>( -9. 6104) |
| Life | 0. 0149 ***<br>(8. 0484) | 0. 0104 ***<br>(6. 9817) | 0. 0147 ***<br>(7. 6092) | 0. 0221 ***<br>(12. 1092) |
| Top | -0. 0001 ***<br>( -2. 6787) | -0. 0000<br>( -1. 3163) | -0. 0002 ***<br>( -3. 3858) | -0. 0002 ***<br>( -3. 4752) |
| Lev | -0. 0119 ***<br>( -3. 6402) | -0. 0210 ***<br>( -8. 5569) | -0. 0003<br>( -0. 0774) | -0. 0022<br>( -0. 6870) |
| Dual | 0. 0000<br>(0. 0347) | -0. 0002<br>( -0. 2486) | -0. 0003<br>( -0. 3367) | 0. 0004<br>(0. 3966) |
| Grow | -0. 0044 ***<br>( -6. 3993) | -0. 0003<br>( -0. 6129) | -0. 0061 ***<br>( -8. 2571) | -0. 0048 ***<br>( -7. 0693) |
| Sta | 0. 0019<br>(0. 8913) | 0. 0009<br>(0. 5811) | 0. 0009<br>(0. 4244) | 0. 0016<br>(0. 8463) |
| Inde | -0. 0084<br>( -1. 4167) | -0. 0093 *<br>( -1. 7881) | -0. 0085<br>( -1. 4404) | -0. 0109 *<br>( -1. 6729) |
| _cons | 0. 1164 ***<br>(6. 2439) | 0. 0641 ***<br>(4. 1482) | 0. 1577 ***<br>(8. 3610) | 0. 1652 ***<br>(8. 9973) |
| N | 17272 | 17272 | 17272 | 17272 |
| $R^2$ | 0. 5659 | 0. 6934 | 0. 5306 | 0. 5825 |
| adj. $R^2$ | 0. 4966 | 0. 6444 | 0. 4556 | 0. 5158 |

注：括号里为 t 值；* p<0. 1，** p<0. 05，*** p<0. 01。

### 5.6.5　倾向得分匹配（PSM）检验

利用倾向得分匹配（PSM）方法对研究结论进行稳健性检验。借鉴学者张新民等（2021）以及王嘉鑫和孙梦娜（2021）的做法，选取上文模型中的控制变量 Size、Life、Top、Lev、Dual、Grow、Sta、Inde 作为 PSM 检验的协变量；参照宋淑琴和陈澈（2021）以及陈琪（2019）的做法，按照 1：4 进行的样本匹配，最终获得样本数为 15461 个。对匹配后的样本进行回归，表 5 - 21 汇报了回归结果。从表 5 - 21 可以看出，模型（1）验证了后视性业绩期望落差与企业风险承担之间具有显著的倒“U”形关系，模型（2）验证了历史期望落差与企业风险承担之间具有显著的倒“U”形关系，模型（3）验证了行业期望落差与企业风险承担之间具有显著的倒“U”形关系，模型（4）验证了前瞻性业绩期望落差与企业风险承担之间具有显著的正相关关系。这里所得出的结论与此前研究结论完全一致，表明此前研究结论的稳健性。

**表 5 - 21　　　　PSM 样本匹配后的回归结果**

| 变量 | (1) | (2) | (3) | (4) |
|---|---|---|---|---|
| | Risk1 | Risk1 | Risk1 | Risk1 |
| Aft_N | 0.0152 ***<br>(13.8482) | | | |
| Aft_N × Aft_N | -0.0002<br>(-1.2966) | | | |
| His_N1 | | 0.2234 ***<br>(30.6345) | | |
| His_N1 × His_N1 | | -0.0908 ***<br>(-8.3318) | | |
| His_P1 | | 0.2468 ***<br>(35.0828) | | |

续表

| 变量 | (1) | (2) | (3) | (4) |
|---|---|---|---|---|
| | Risk1 | Risk1 | Risk1 | Risk1 |
| Ind_N1 | | | 0.0857***<br>(13.7439) | |
| Ind_N1 × Ind_N1 | | | −0.0431***<br>(−11.9080) | |
| Ind_P1 | | | 0.0322***<br>(9.7604) | |
| Pef_N1 | | | | 0.0179***<br>(17.5479) |
| Pef_P1 | | | | −0.0217***<br>(−3.8691) |
| Size | −0.0058***<br>(−6.3492) | −0.0024***<br>(−3.4296) | −0.0076***<br>(−8.1112) | −0.0095***<br>(−10.0995) |
| Life | 0.0176***<br>(8.8441) | 0.0119***<br>(8.0369) | 0.0182***<br>(8.5912) | 0.0248***<br>(11.8907) |
| Top | −0.0001<br>(−1.1343) | −0.0000<br>(−0.5653) | −0.0001<br>(−1.6236) | −0.0001<br>(−1.5417) |
| Lev | −0.0068*<br>(−1.8366) | −0.0215***<br>(−8.5021) | 0.0074*<br>(1.8926) | 0.0109***<br>(2.9977) |
| Dual | −0.0004<br>(−0.4388) | −0.0005<br>(−0.6350) | −0.0006<br>(−0.6042) | −0.0001<br>(−0.1513) |
| Grow | 0.0005<br>(0.6789) | −0.0002<br>(−0.4251) | −0.0006<br>(−0.9271) | 0.0009<br>(1.2855) |
| Sta | 0.0010<br>(0.3969) | 0.0009<br>(0.5753) | 0.0007<br>(0.2754) | 0.0007<br>(0.2525) |
| Inde | −0.0154**<br>(−2.3767) | −0.0097*<br>(−1.9365) | −0.0131*<br>(−1.9270) | −0.0200**<br>(−2.2456) |
| _cons | 0.1182***<br>(5.6283) | 0.0524***<br>(3.2776) | 0.1528***<br>(7.1345) | 0.1769***<br>(8.0686) |
| N | 15461 | 15461 | 15461 | 15461 |
| $R^2$ | 0.5324 | 0.6984 | 0.4839 | 0.5173 |
| adj. $R^2$ | 0.4495 | 0.6449 | 0.3924 | 0.4318 |

注：括号里为 t 值；* $p<0.1$，** $p<0.05$，*** $p<0.01$。

### 5.6.6　排除其他可能的解释

由于企业风险承担的提升可能来自其他的原因，而并非由业绩期望落差所导致，本书还引入了其他一些可能的解释，以确保所得出结论的稳健性。

#### 5.6.6.1　国家宏观政策重大调整对企业风险承担的影响

本书选取了党的十八大作为一个重要事件，将样本划分为两组，对前后两组样本分别进行回归处理，并对回归结果进行对照。表5-22和表5-23汇报了回归结果，从实际结果看，表5-22里，只有后视性业绩期望落差对企业风险承担的影响不显著，其他模型所得出的结论均与2013~2019年样本组相一致。因此，可以排除国家宏观政策重大调整对企业风险承担的影响。

表5-22　　2003~2012年样本回归结果

| 变量 | (1) | (2) | (3) | (4) | (5) |
|---|---|---|---|---|---|
| | Risk1 | Risk1 | Risk1 | Risk1 | Risk1 |
| Aft_N | | 0.0116***<br>(8.8390) | | | |
| Aft_N × Aft_N | | -0.0002<br>(-1.1867) | | | |
| His_N1 | | | 0.1954***<br>(21.0649) | | |
| His_N1 × His_N1 | | | -0.0878***<br>(-6.8484) | | |
| His_P1 | | | 0.2080***<br>(24.8557) | | |
| Ind_N1 | | | | 0.0643***<br>(9.6987) | |

续表

| 变量 | (1) | (2) | (3) | (4) | (5) |
|---|---|---|---|---|---|
| | Risk1 | Risk1 | Risk1 | Risk1 | Risk1 |
| Ind_N1 × Ind_N1 | | | | -0.0259 ***<br>(-6.3641) | |
| Ind_P1 | | | | 0.0211 ***<br>(5.2496) | |
| Pef_N1 | | | | | 0.0134 ***<br>(6.8649) |
| Pef_P1 | | | | | -0.0180 ***<br>(-4.1351) |
| Size | -0.0075 ***<br>(-4.8908) | -0.0040 ***<br>(-3.0197) | -0.0020 *<br>(-1.9071) | -0.0056 ***<br>(-3.9428) | -0.0045 **<br>(-2.5186) |
| Life | 0.0052<br>(1.1622) | 0.0019<br>(0.4483) | -0.0051<br>(-1.5650) | 0.0033<br>(0.7577) | 0.0027<br>(0.4915) |
| Top | 0.0000<br>(0.1301) | 0.0000<br>(0.3203) | -0.0000<br>(-0.1162) | 0.0000<br>(0.3202) | -0.0001<br>(-0.8597) |
| Lev | 0.0155 **<br>(2.5742) | -0.0102 *<br>(-1.9329) | -0.0234 ***<br>(-5.6252) | 0.0024<br>(0.4383) | -0.0088<br>(-1.4407) |
| Dual | 0.0016<br>(0.7415) | 0.0018<br>(0.9738) | 0.0016<br>(1.1505) | 0.0015<br>(0.7210) | 0.0003<br>(0.1016) |
| Grow | 0.0016 *<br>(1.8740) | 0.0029 ***<br>(3.4814) | -0.0005<br>(-0.6222) | 0.0022 ***<br>(2.6041) | 0.0013<br>(1.3523) |
| Sta | 0.0003<br>(0.1150) | 0.0003<br>(0.1092) | 0.0001<br>(0.0322) | -0.0009<br>(-0.3576) | 0.0027<br>(1.0961) |
| Inde | -0.0070<br>(-0.5635) | -0.0116<br>(-1.1288) | -0.0061<br>(-0.7424) | -0.0081<br>(-0.7271) | -0.0208 *<br>(-1.7083) |
| _cons | 0.1676 ***<br>(5.4546) | 0.1063 ***<br>(4.0033) | 0.0792 ***<br>(3.6182) | 0.1339 ***<br>(4.6740) | 0.1333 ***<br>(3.4660) |
| N | 8547 | 8547 | 8547 | 8547 | 5035 |
| $R^2$ | 0.0412 | 0.1585 | 0.3933 | 0.0971 | 0.1137 |
| adj. $R^2$ | 0.0393 | 0.1567 | 0.3919 | 0.0950 | 0.1111 |

注：括号里为 t 值；* $p<0.1$，** $p<0.05$，*** $p<0.01$。

表 5－23　　2013～2019 年样本回归结果

| 变量 | (1) | (2) | (3) | (4) | (5) |
|---|---|---|---|---|---|
| | Risk1 | Risk1 | Risk1 | Risk1 | Risk1 |
| Aft_N | | 0.0168***<br>(15.5752) | | | |
| Aft_N × Aft_N | | -0.0007***<br>(-4.9129) | | | |
| His_N1 | | | 0.2337***<br>(33.2192) | | |
| His_N1 × His_N1 | | | -0.1170***<br>(-13.0922) | | |
| His_P1 | | | 0.2620***<br>(40.5795) | | |
| Ind_N1 | | | | 0.1004***<br>(16.5027) | |
| Ind_N1 × Ind_N1 | | | | -0.0477***<br>(-13.1049) | |
| Ind_P1 | | | | 0.0355***<br>(9.6180) | |
| Pef_N1 | | | | | 0.0199***<br>(19.0334) |
| Pef_P1 | | | | | -0.0226***<br>(-4.7788) |
| Size | -0.0136***<br>(-11.0428) | -0.0083***<br>(-7.6690) | -0.0044***<br>(-5.6007) | -0.0112***<br>(-9.9846) | -0.0145***<br>(-11.9444) |
| Life | 0.0245***<br>(8.0215) | 0.0236***<br>(9.1396) | 0.0143***<br>(7.4411) | 0.0228***<br>(8.1142) | 0.0361***<br>(12.2600) |
| Top | -0.0002***<br>(-3.0567) | -0.0001<br>(-1.2047) | -0.0000<br>(-0.8459) | -0.0001**<br>(-2.0029) | -0.0002***<br>(-2.7865) |
| Lev | 0.0356***<br>(6.6217) | -0.0055<br>(-1.2092) | -0.0180***<br>(-6.0366) | 0.0159***<br>(3.3000) | 0.0267***<br>(5.4763) |
| Dual | -0.0012<br>(-0.9645) | -0.0007<br>(-0.6901) | -0.0002<br>(-0.2692) | -0.0010<br>(-0.8922) | -0.0010<br>(-0.8414) |

续表

| 变量 | (1) | (2) | (3) | (4) | (5) |
|---|---|---|---|---|---|
| | Risk1 | Risk1 | Risk1 | Risk1 | Risk1 |
| Grow | -0.0004<br>(-0.4982) | 0.0021***<br>(3.1865) | 0.0002<br>(0.4318) | 0.0015**<br>(2.1836) | 0.0017**<br>(2.2427) |
| Sta | 0.0009<br>(0.2678) | 0.0019<br>(0.6188) | 0.0004<br>(0.1939) | 0.0018<br>(0.5722) | 0.0033<br>(0.9264) |
| Inde | -0.0112<br>(-1.3502) | -0.0109<br>(-1.4370) | -0.0060<br>(-1.0758) | -0.0152*<br>(-1.9416) | -0.0173**<br>(-2.0688) |
| _cons | 0.2672***<br>(9.8597) | 0.1576***<br>(6.5622) | 0.0881***<br>(5.1983) | 0.2194***<br>(8.7626) | 0.2593***<br>(9.8478) |
| N | 14607 | 14607 | 14607 | 14607 | 12289 |
| $R^2$ | 0.1060 | 0.2844 | 0.5540 | 0.2067 | 0.2668 |
| adj. $R^2$ | 0.1051 | 0.2836 | 0.5535 | 0.2057 | 0.2658 |

注：括号里为t值；* p<0.1，** p<0.05，*** p<0.01。

#### 5.6.6.2 行业成长性对企业风险承担的影响

考虑到高科技行业具有明显的高风险特征，因而有必要排除企业是否处于高科技行业有可能对所得出结论的可能影响。这里按照通行的做法，选取电子信息技术、生物与新医药技术、航空航天技术、新材料技术、高技术服务业、新能源与节能技术、资源与环境技术以及先进制造与自动化产业等八个国家重点支持的高新技术领域行业，以沪深两市A股主板上市的公司作为研究对象。把样本分成高科技行业组和非高科技企业组，并分别进行回归处理，表5-24和表5-25汇报的回归结果。

**表5-24　　高新技术企业的回归结果**

| 变量 | (1) | (2) | (3) | (4) | (5) |
|---|---|---|---|---|---|
| | Risk1 | Risk1 | Risk1 | Risk1 | Risk1 |
| Aft_N | | 0.0234***<br>(10.2434) | | | |

续表

| 变量 | (1) | (2) | (3) | (4) | (5) |
|---|---|---|---|---|---|
| | Risk1 | Risk1 | Risk1 | Risk1 | Risk1 |
| Aft_N × Aft_N | | -0.0011 ***<br>(-3.9636) | | | |
| His_N1 | | | 0.2732 ***<br>(18.1259) | | |
| His_N1 × His_N1 | | | -0.1294 ***<br>(-6.8753) | | |
| His_P1 | | | 0.3188 ***<br>(20.2556) | | |
| Ind_N1 | | | | 0.1654 ***<br>(11.5713) | |
| Ind_N1 × Ind_N1 | | | | -0.0838 ***<br>(-9.8722) | |
| Ind_P1 | | | | 0.0456 ***<br>(4.6910) | |
| Pef_N1 | | | | | 0.0254 ***<br>(12.7516) |
| Pef_P1 | | | | | -0.0379 ***<br>(-4.0697) |
| Size | -0.0197 ***<br>(-5.6121) | -0.0106 ***<br>(-3.5653) | -0.0045 **<br>(-2.0858) | -0.0133 ***<br>(-4.5917) | -0.0194 ***<br>(-5.8408) |
| Life | -0.0092<br>(-0.6847) | -0.0121<br>(-1.1258) | 0.0020<br>(0.2334) | -0.0108<br>(-0.9139) | 0.0137<br>(0.9890) |
| Top | -0.0003<br>(-1.1602) | -0.0000<br>(-0.0653) | 0.0000<br>(0.1838) | -0.0001<br>(-0.2633) | -0.0001<br>(-0.5909) |
| Lev | 0.0634 ***<br>(5.1106) | 0.0023<br>(0.2311) | -0.0170 ***<br>(-2.6571) | 0.0215 **<br>(1.9897) | 0.0528 ***<br>(4.8437) |
| Dual | -0.0054 *<br>(-1.7800) | -0.0037<br>(-1.5401) | -0.0009<br>(-0.5294) | -0.0038<br>(-1.4891) | -0.0041<br>(-1.5081) |
| Grow | -0.0031 *<br>(-1.7153) | 0.0016<br>(0.9799) | 0.0000<br>(0.0452) | 0.0016<br>(0.9219) | 0.0013<br>(0.8030) |

续表

| 变量 | (1) | (2) | (3) | (4) | (5) |
|---|---|---|---|---|---|
| | Risk1 | Risk1 | Risk1 | Risk1 | Risk1 |
| Sta | 0.0058<br>(0.7289) | 0.0037<br>(0.5421) | -0.0023<br>(-0.5994) | 0.0044<br>(0.6584) | 0.0066<br>(0.9331) |
| Inde | -0.0170<br>(-0.7829) | -0.0122<br>(-0.6721) | -0.0165<br>(-1.3318) | -0.0231<br>(-1.1513) | -0.0232<br>(-1.2025) |
| _cons | 0.4081 ***<br>(5.4023) | 0.2317 ***<br>(3.5981) | 0.1115 **<br>(2.4829) | 0.2866 ***<br>(4.5227) | 0.3778 ***<br>(5.2307) |
| N | 2950 | 2950 | 2950 | 2950 | 2662 |
| $R^2$ | 0.2207 | 0.4635 | 0.7046 | 0.3853 | 0.3799 |
| adj. $R^2$ | 0.2159 | 0.4598 | 0.7025 | 0.3809 | 0.3752 |

注：括号里为 t 值；* $p<0.1$，** $p<0.05$，*** $p<0.01$。

表5-24的模型（2）显示，后视性业绩期望落差 Aft_N 的二次项的回归系数为-0.0011，且在0.01水平上显著，一次项的回归系数为0.0234，且在0.01水平上显著，可以判断后视性业绩期望落差与企业风险承担之间具有显著的倒“U”形关系。模型（3）显示，历史期望落差 His_N1 的二次项的回归系数为-0.1294，且在0.01水平上显著，一次项的回归系数为0.2732，且在0.01水平上显著，可以判断历史期望落差与企业风险承担之间具有显著的倒“U”形关系。模型（4）显示，行业期望落差 Ind_N1 的二次项的回归系数为-0.0838，且在0.01水平上显著，一次项的回归系数为0.1654，且在0.01水平上显著，可以判断行业期望落差与企业风险承担之间具有显著的倒“U”形关系。模型（5）显示，前瞻性业绩期望落差 Pef_N1 的回归系数为0.0254，且在0.01水平上显著，可以判断前瞻性业绩期望落差与企业风险承担之间具有显著的正相关关系。

表5-25的模型（2）显示，后视性业绩期望落差 Aft_N 的二次项的回归系数为-0.0006，且在0.01水平上显著，一次项的回归系数为0.0154，且在0.01水平上显著，可以判断后视性业绩期望落差与企业风

险承担之间具有显著的倒“U”形关系。模型（3）显示，历史期望落差His_N1的二次项的回归系数为-0.1145，且在0.01水平上显著，一次项的回归系数为0.2217，且在0.01水平上显著，可以判断历史期望落差与企业风险承担之间具有显著的倒“U”形关系。模型（4）显示，行业期望落差Ind_N1的二次项的回归系数为-0.0365，且在0.01水平上显著，一次项的回归系数为0.0830，且在0.01水平上显著，可以判断行业期望落差与企业风险承担之间具有显著的倒“U”形关系。模型（5）显示，前瞻性业绩期望落差Pef_N1的回归系数为0.0178，且在0.01水平上显著，可以判断前瞻性业绩期望落差与企业风险承担之间具有显著的正相关关系。

对比表5-24和表5-25的回归结果可以发现，高新技术企业与非高新技术企业两组样本所显示的业绩期望落差与企业风险承担的关系，都呈现出显著的倒“U”形或正相关，并未表现出明显的不同。因而，可以认为，可以排除企业是否处于高新技术行业所导致的结论不稳健。

**表5-25　　非高新技术企业的回归结果**

| 变量 | (1) | (2) | (3) | (4) | (5) |
|---|---|---|---|---|---|
| | Risk1 | Risk1 | Risk1 | Risk1 | Risk1 |
| Aft_N | | 0.0154***<br>(17.6651) | | | |
| Aft_N × Aft_N | | -0.0006***<br>(-4.9773) | | | |
| His_N1 | | | 0.2217***<br>(35.2183) | | |
| His_N1 × His_N1 | | | -0.1145***<br>(-14.3732) | | |
| His_P1 | | | 0.2336***<br>(43.3276) | | |
| Ind_N1 | | | | 0.0830***<br>(17.2100) | |

续表

| 变量 | (1) | (2) | (3) | (4) | (5) |
|---|---|---|---|---|---|
| | Risk1 | Risk1 | Risk1 | Risk1 | Risk1 |
| Ind_N1 × Ind_N1 | | | | -0. 0365 ***<br>( -12. 3949) | |
| Ind_P1 | | | | 0. 0323 ***<br>(10. 7449) | |
| Pef_N1 | | | | | 0. 0178 ***<br>(15. 5299) |
| Pef_P1 | | | | | -0. 0207 ***<br>( -3. 7391) |
| Size | -0. 0099 ***<br>( -12. 2136) | -0. 0065 ***<br>( -9. 4073) | -0. 0029 ***<br>( -5. 8558) | -0. 0082 ***<br>( -11. 1282) | -0. 0095 ***<br>( -10. 2767) |
| Life | 0. 0124 ***<br>(5. 4182) | 0. 0111 ***<br>(5. 5085) | 0. 0043 ***<br>(2. 9183) | 0. 0113 ***<br>(5. 3105) | 0. 0197 ***<br>(8. 5716) |
| Top | -0. 0001<br>( -1. 3467) | -0. 0000<br>( -0. 1793) | -0. 0000<br>( -0. 2449) | -0. 0000<br>( -0. 6327) | -0. 0001 **<br>( -2. 2966) |
| Lev | 0. 0196 ***<br>(5. 4768) | -0. 0104 ***<br>( -3. 3748) | -0. 0268 ***<br>( -12. 7868) | 0. 0054 *<br>(1. 6538) | 0. 0083 **<br>(2. 2524) |
| Dual | 0. 0008<br>(0. 7169) | 0. 0011<br>(1. 2043) | 0. 0007<br>(1. 0928) | 0. 0007<br>(0. 7227) | 0. 0008<br>(0. 6969) |
| Grow | 0. 0007<br>(1. 2300) | 0. 0029 ***<br>(5. 2273) | 0. 0004<br>(0. 8465) | 0. 0019 ***<br>(3. 3475) | 0. 0020 ***<br>(2. 9241) |
| Sta | -0. 0029<br>( -1. 5499) | -0. 0018<br>( -1. 1171) | -0. 0007<br>( -0. 5161) | -0. 0028<br>( -1. 6399) | -0. 0012<br>( -0. 5057) |
| Inde | -0. 0081<br>( -1. 1882) | -0. 0100 *<br>( -1. 7084) | -0. 0062<br>( -1. 3629) | -0. 0108 *<br>( -1. 7578) | -0. 0198 **<br>( -2. 0010) |
| _cons | 0. 2134 ***<br>(12. 5705) | 0. 1464 ***<br>(10. 0941) | 0. 0833 ***<br>(7. 9833) | 0. 1804 ***<br>(11. 6494) | 0. 2052 ***<br>(9. 6646) |
| N | 20204 | 20204 | 20204 | 20204 | 14662 |
| $R^2$ | 0. 0662 | 0. 2213 | 0. 4844 | 0. 1463 | 0. 1895 |
| adj. $R^2$ | 0. 0651 | 0. 2203 | 0. 4837 | 0. 1452 | 0. 1883 |

注：括号里为 t 值；$*p<0.1$，$**p<0.05$，$***p<0.01$。

## 5.7　本章小结

本章利用计量方法对所提出的假设进行了全面的检验，可以发现，所提出的绝大多数假设均得到了实证检验的支持，只有个别假设未得到支持。从整体来说，本书验证了业绩期望落差与企业风险承担之间的显著性影响，在二者之间差异化战略所起到的部分中介作用，以及来自企业内部的高管团队异质性和来自组织外部的制度环境对二者关系的调节作用。同时，本章进行了较为全面的稳健性检验，具体包括更换被解释变量、更换解释变量，更换样本范围等方法，确保本章此前所得出的结论是稳健的。

# 第6章

# 期望差距的广度与宽度：对管理者决策的影响

## 6.1 期望差距的广度和宽度的管理实践意义

### 6.1.1 期望差距广度的管理实践意义

同花顺 iFinD 数据显示，截至 2023 年 5 月 5 日收盘，A 股共有 5160 家上市公司发布了 2022 年年报，按照加权平均净资产收益率的统计口径，净资产收益率为正的公司达 4102 家。上述 4102 家公司中，有 425 家公司的净资产收益率超 20%，1317 家公司的净资产收益率介于 10%～20%，2360 家公司的净资产收益率低于 10%。从近三年的净资产收益率数据来看，有 165 家公司连续三年净资产收益率均超 20%，其中博信股份、明德生物、安旭生物、达安基因、硕世生物、吉林碳谷等 6 家公司连续三年净资产收益率均超 50%。[①] 按照以上的表述，对上市公司业绩的关注不

① 165 家公司连续三年净资产收益率超 20% 分布在四大高景气行业［EB/OL］. 新浪财经，2023－05－06.

仅仅聚焦于某个年份业绩的好坏与否，而是在一个更长的时间窗口内观察上市公司业绩的持续性，这或许是一个实证研究忽略、但实务界却更为关注的业绩问题。

根据本书所关注的期望落差来看，如果一家上市公司在多个年份里始终存在着较高水平的业绩期望落差，那么该如何理解这家公司呢？从以往的管理学术语来看，这种情况可以被表述为“业绩下滑”，根据“业绩期望落差”的计算公式，出现了期望落差，必然就是企业当年的业绩较此前年份有所下降。如果只是表现为轻微的下降，例如，某个年份的偶尔下降，然后就又重拾业绩上升，那么上述业绩期望落差的影响就可以忽略。当企业表现出持续性业绩下滑时，很可能是出现了一定的经营问题，针对这种情况，学者们给出的界定就是业绩困境，与此前的下滑形成了明显的区别，但可惜的是，国内学者在研究过程中所采用的业绩困境和业绩下滑，对应的英文单词都是decline，并无区别，这或许就会造成了国内研究与国外研究的理解鸿沟，也会无形中使得国内实务界对国内学术界的自说自话产生某种困惑和不解。当然，如果将“下滑”聚焦到某个特殊含义的话，如可能会导致企业经营失败的业绩下滑，这里所说的“下滑”就是一种相对较为严重的情境了（Altman，1983；Bibeault，1982；Hofer，1980）。因而，本书遵从国内主流的研究习惯，将这种相对较为严重的下滑（decline）定义为困境。与之相关的研究呈现出如下的观点，霍费尔（Hofer）将公司经营状况距离盈亏平衡点的接近程度视为业绩困境的严峻程度；还有观点则是根据公司距离破产的接近程度来判断其严峻性（Beaver，1966；Hambrick & Schecter，1983）。目前较为普遍的做法是，利用Altman's Z指标来预测公司在一段时间内破产的可能性（Altman，1968；1983）。当然，这里所说的都是具体到某个年份的经营状况，实际上，通过对国外相关文献的梳理可以发现，也有一些学者对企业陷入困境的持续性还是有较多关注的。

一些学者重点关注了公司业绩经历一段繁荣时期后，继而遭遇业绩多年持续下滑的动态过程（Bibeault，1982；Hambrick & Schecter，1983；Schendel et al.，1976；Zammuto & Cameron，1985）。陈国立等（Guoli Chen et al.，2015）认为，公司在经历至少两年业绩相对较好的阶段后，忽然在下一个年份里遭遇了非常差的业绩，这个过程就表明企业陷入了一种特殊的困境中。申得尔等（Schendel et al.，1975）则提出企业连续四年收益下降可以被视为企业业绩下滑的重要标志。实际上，尽管这里对企业陷入困境与业绩下滑持续性之间关系的讨论较多，但在实证研究上还是存在一定难度的。毕竟，对一家上市公司来说，还要面临着来自监管机构的约束。以我国资本市场为例，根据深圳证券交易所发布的《股票上市规则（2018 年 11 月修订）》的规定，“上市公司出现财务状况或者其他状况异常，导致其股票存在终止上市风险，或者投资者难以判断公司前景，其投资权益可能受到损害的，本所有权对该公司股票交易实行风险警示”。[①] 其中，上述文件的 13. 2. 1 条具体规定了存在退市风险的若干情况，其中包括三种与企业经营业绩密切相关的情形：（1）最近两个会计年度经审计的净利润连续为负值或者因追溯重述导致最近两个会计年度净利润连续为负值；（2）最近一个会计年度经审计的期末净资产为负值或者因追溯重述导致最近一个会计年度期末净资产为负值；（3）最近一个会计年度经审计的营业收入低于一千万元或者因追溯重述导致最近一个会计年度营业收入低于一千万元。[②] 从上述规定可知，一家上市公司如果出现经营困境，且达到了两个会计年度，就会被提示存在退市风险。此后，如果在被提示存在退市风险后的第一个年度，仍然无法达到相关规定的具体要求，则该上市公司会被暂停上市，如果在暂停上市后的第一个年度，仍然无法满足相关规定的具体要求，则该上市公司将会面临主动终止上市和强制终止上市的结果。综上可以发现，一家上市公司陷入以亏损为主要特征的经营困境的最长时间窗口是四个会计年度，如果不能及时扭转的话，企业就要不得不面对终止上市的命运。

①② 深圳证券交易所股票上市规则（2018 年 11 月修订）[R]. 深圳证券交易所，2018.

实际上，如果对期望差距落差广度有着更为深刻理解，可以将视野不仅局限在资本市场本身，可以从这种企业所面临的困境持续性上发现更多的管理实践含义。第一，来自行业的原因。一般来说，对于绝大多数企业而言，其在业务组合上都采取相对简单的策略，即并不会涉足过多的行业和领域，毕竟更为复杂的业务组合对企业管理能力、自身规模、资源禀赋等都会提出更高的要求。因此，大多数企业自身的命运都与所在行业息息相关，一旦行业发生了波动，就会使那些业务相对单一的企业面临经营困境，甚至是最终倒闭的命运。那么，这里就会有逻辑上的三个命题，首先是行业是否会有波动。第二，行业是否会出现较长时间的低谷时期。第三，行业是否会发生衰退，直至行业消失。毫无疑问，命题一是必然的，任何行业都必然会发生波动，至少这种波动与经济周期的波动性会存在较大的关联性。当整个经济体都出现明显衰退时，消费者的需求必然会呈现出一定的乏力状态，甚至是大幅度的缩减，对于行业供给方的企业来说，其必然也要减少产品的生产，这直接就会反映在企业业绩上。因此，毋庸置疑的是，任何企业都要受到行业波动的影响，只不过有些企业的应对能力表现得更强而已。那么，再看第二个命题，行业是否会出现较长时间的低谷时期。在自由市场主义的观点下，可以认为市场具有自身的调节能力，因而不需要政府主动干预。不过，随着凯恩斯主义的日趋盛行，政府通过产业政策和货币政策等来主动干预市场的行为，也越来越得到普遍认可，一旦行业步入低谷时期，感受到危险的政府很可能会主动采取干预行为，从而大幅缩短行业处于低谷时期的时间长度。因此，对于那些在较长时间内都处于低谷时期的行业来说，很可能就是无法得到政府“有形的手”大力支持的行业，这必然会大大增加身处行业内的企业所面临的风险。关于第三个命题，对于大多数行业来说，最终都无法躲开被淘汰的命运，但有些行业的生命周期会比较长，且能够在很长时期内都处于平稳发展的状态，并不会发生明显的波动和衰退。因此，身处这些行业的企业能够在一定程度上躲避来自行业波动或衰退的负向冲击。一旦行业进入到衰退阶段，必然会令行业内企业感受到危机，进而导致企业业绩发生较大程度的下滑。

除了以上所讨论的行业原因外，来自企业所在区域的影响也是不能忽视的因素。从中国经济的整体发展情况看，区域经济发展呈现出一定的波动性，改革开放前在国民经济中占据重要地位的东北地区，目前正面临着大量人口流失和经济发展速度持续低迷的情况，不可避免地影响了当地居民对经济发展的信心。反过来，区域经济的持续低迷又会影响当地企业的活跃度和竞争能力，新经济企业的涌现程度明显低于东南沿海的其他地区和省份，这就形成了所谓的“下降螺旋”。那么，处于东北地区的企业很可能就会面临着所处区域的外部约束，并在较长时间内对企业发展速度产生负面影响，导致一部分企业业绩出现了持续性下滑，且难以通过自身努力摆脱这种下滑的局面。由于地方经济活跃度相对不高，地方财政收入也会相应紧张，这会反过来限制政府“有形之手”对企业提供支持的能力和意愿。

第三个方面还可以考虑来自企业自身的原因。当企业内部经营出现问题时，也会直接反映在企业业绩上，特别是当经营问题较为严重时，这种业绩下滑就会持续很长时间，并最终导致企业陷入破产的境地。一般来说，具有良好治理结构的企业往往具有很好的自愈能力，即任何企业都不可避免地遭遇到冲击，或者自身出现某些问题，但依赖于良好的自我调节能力，一旦遭遇到内部经营问题，企业可以通过调整管理人员或管理制度等，对已有的经营模式和管理手段进行必要的改变，从而达到自我调节的目的。在这种情况下，企业内部的经营问题只会是一种偶尔发生的现象，而不会是长时间持续的。对于那些能够做到“基业长青”的企业来说，它们的自愈能力是非常强大的，且形成了内在的基因，并能够在不同代际传承中加以复制和重组。当然，对于绝大多数企业来说，其不可避免地都要面临最终消亡的命运。结合以上讨论的行业原因和地区原因，对于那些遭遇到行业衰退危机的企业来说，企业可以通过调整

和优化业务组合等手段，最终实现摆脱危机和走出衰退的目标，避免长时间陷入经营困境的情形。当然，在这个过程中企业要面临着内部强大的惯性制约，在变革过程中难免会阻力重重，甚至可能是功亏一篑。

### 6.1.2　期望差距宽度的管理实践意义

按照李溪等（2018）① 给出的解释，期望落差范围性是指在横向多个目标上，业绩保持一致的状态。进一步的理解就是，当企业出现较大范围业绩期望落差时，意味着企业在诸如利润率、销售收入、市场份额等多个指标都没有达到预期水平。关于业绩期望落差范围性的理解，可以从以下三个方面展开讨论。

首先，有必要对企业进行认识，即任何企业都不可能是单一维度或单一目标的企业，特别是从股东价值最大化向利益相关者导向转型的过程中，企业实际上是一个多重目标约束下的经济体。近年来，随着利益相关者导向越来越明显，环境、社会和治理（ESG）已经成为越来越多的企业在实际经营中必须要遵循的原则。正如雷雷等（2023）指出，2022 年 4 月，证监会发布《上市公司投资者关系管理工作指引》，将公司的环境、社会和治理（ESG）信息作为上市公司与投资者沟通的内容之一；同年 5 月，国有资产监督管理委员会发布《提高央企控股上市公司质量工作方案》，明确要求央企披露更多有关环境、社会和治理（ESG）的信息，力争在 2023 年实现央企全覆盖。因此，在这种现实背景下，任何企业都不可能简单地追求单一目标，否则也会面临由于社会认知和政府监管所导致的合法性危机，进而影响企业的生存和发展。

其次，业绩期望落差的范围性意味着企业在多目标上都没有达到预期目标，反而出现了大范围的期望落差。从这里可以看到，当一家企业

---

①　李溪，郑馨，张建琦．制造企业的业绩困境会促进创新吗——基于期望落差维度拓展的分析［J］．中国工业经济，2018（8）：174－192.

仅仅在某一个目标上出现了期望落差，这还可以理解为企业经营的局部出现了问题，或者说并没有出现较大的问题，一旦出现了较大范围的期望落差，这必然可以判断该企业出现了明显的下滑或衰退。正如管理诊断过程中经常使用的雷达图，其核心思想就是观察一家企业相较于竞争对手，在多个指标上进行全方位对比，以期找到自身的长处和不足，从而确定下一步努力的方向。那么，当一家企业出现全方位目标的业绩期望落差时，这很可能会导致资本市场的投资者对企业失去信心，从而导致公司难以进行再融资，其在资本市场的形象也会大幅度下降；此外，如银行等其他利益相关者，也不愿意向这类企业提供融资等服务，进一步限制了这些企业的融资能力。当然，上游的供应商和下游的商家也会降低合作意愿，甚至企业内部的员工都可能会失去对企业的信心，这也会导致企业内部的优秀人才加速离职，激化内部的危机。

最后，如果从事情发生的前后逻辑来看，一家企业在多目标上都出现了业绩期望落差，很可能并不是一朝一夕就会发生的事情，这或许是企业问题积累后并未得到有效解决后的结果。即很可能是企业的某一个单一指标出现了小问题，且由于这个单一指标受利益相关者的关切度并不是那么高，公司的管理层还可以采取一定的手段加以掩饰，例如，找到一些合理的接口来说明这只是偶尔发生的问题，并不严重。基于卡普兰和莫顿（1995）所提出的平衡计分卡思想，企业的盈利状况实际上来自企业对员工的高度重视，这才会形成两条有效的经营逻辑，一个是通过内部流程持续改进和效率提升来达到压缩成本的目的，另一个则是通过提高服务质量和产品品质来扩大企业的市场占有率。两者共同作用的结果是，收入增加和成本压缩，自然就可以帮助企业持续提升利润水平和盈利能力了。

如果从企业内部的经营管理上来寻找原因的话，一家企业出现了多个目标的业绩期望落差，很可能会是如下两方面原因造成的：第一，企业经营的确出现了非常严重的危机，足以导致企业陷入万劫不复的境地。

一般来说，企业的多种目标要么就是一件事物的多个方面，只不过每个目标所揭示的内涵有所不同。例如，市场占有率是战略目标，利润和利润率则是财务目标，这些目标的达成情况从不同角度反映了企业经营的状况。要么，多目标之间存在着企业经营的逻辑先后关系。例如，市场占有率就是一个很重要的先行指标，尽管市场占有率下降并不会直接导致企业出现严重问题，但可以从市场占有率下降看出企业竞争力削弱的迹象。一旦市场占有率出现了持续下降，必然会在企业的财务指标上有所反映。第二，企业为了粉饰个别重要目标，而牺牲了其他若干数量但外界关注度不高的目标。有关企业经营状况的好与坏，作为外部的投资者与企业内部高管之间往往存在着较为明显的信息不对称，也就是说，作为内部人的企业高管具有明显的信息优势，他们会利用手中的权力（自由裁量权）来掩饰糟糕的企业业绩。基于信号理论的假设，他们会倾向于采取迎合市场的手段，选择粉饰那些更容易得到外界关注的企业业绩目标。由于企业实际上处于相对糟糕的境地，这势必需要他们牺牲其他一些目标，来确保重要的个别目标。由此导致的直接后果就是，企业的经营危机并未得到应有的重视，这很可能会导致经营危机进一步加剧，本来的小问题也可能变成了大问题。此外，除了企业内部原因之外，如果考虑到外界因素，企业出现了全面危机很可能也是行业出现了系统性危机，导致企业的经营问题全面爆发。

与期望差距广度相比，期望差距宽度的一个难点就是要将哪些目标纳入考虑范围内，这是一个颇为复杂的问题。毕竟，对于不同行业的企业来说，由于行业属性存在着较为明显的差异，不可能采取完全相同的目标评价体系。例如，当前我国高度重视碳排放问题，2020 年 9 月 22 日，国家主席习近平在第七十五届联合国大会上宣布，中国力争 2030 年前二氧化碳排放达到峰值，努力争取 2060 年前实现碳中和目标。2021 年 10 月，《关于完整准确全面贯彻新发展理念做好碳达峰碳中和工作的意见》发布，作为碳达峰碳中和“1 + N”政策体系中的“1”，该文件为碳达峰碳中和这项重大工作进行系统谋划、总体部署。在这样的制度背景下，那些高污染行业的企业必须要尽快完成自我转型，务必按照国家统一部署实现减少排污和绿色创新的目标。因此，这就构成了这类企业的一个独特性目标，且成为诸多目标中的重要性程度最高的目标。处于监管程度较高的金融业企业，其面临着监管部门的监管压力，在高管人事安排、内控制度等多方面都要受到监管部门的持续严密监管。一旦违反了相关监管要求，很可能会令企业招致灭顶之灾。因此，这类企业就要高度重视监管部门重点关注的那些目标。

### 6.1.3 期望差距广度和宽度的组合：管理实践意义

以上部分分别讨论了期望差距广度和期望差距宽度各自的管理实践意义，实际上两种情况很可能同时发生在企业里，忽视了其中的任何一方面，都可能会使得无法准确认识企业所处的实际情况。因而，这里有必要将两者综合在一起，使得本书的分析更加贴近于现实。

**1. 组合分析**

考虑到两者所形成的组合，按照高—低划分，可以形成四种组合，即高广度 + 高宽度（组合 1）、高广度 + 低宽度（组合 2）、低广度 + 高宽度（组合 3）、低广度 + 低宽度（组合 4），以下将加以详细分析。

第一，高广度 + 高宽度（组合 1）。这种组合的表现是，当前企业业绩期望落差的持续时间较长，且在较多的业绩目标上都存在着期望落差。可以说，这种组合是企业所遭遇到的最糟糕情况，其突出特征是，企业遇到了明显的发展困境，很可能已经表现出严重的衰退趋势，甚至可能面临着破产的境地。就管理实践来说，位于这种组合的企业可能会出现如下情况：首先，企业遭遇到了严重的系统性危机，或许来自行业或地区，企业在相当长的一段时间内都无法走出泥沼。基于可以观察到的事实可以发现，当一个行业出现严重衰退，甚至是将要彻底消亡时，这个行业的企业都会面临严重的生存危机。尤其是对那些业务相对单一且主要业务收入都来自该行业的企业来说，其所遭遇的危机尤其突出。一旦行业陷入到快速下滑阶段，行业市场需求会大幅度削减，这必然使得该行业的产能严重过剩，且生产设备、人员和技术等实现退出都需要一定的时间。由于存在着较高的沉没成本，有一些专用性较高的资产是难以顺利退出的。因而，为了确保所生产的产品能够销售出去，行业内的企业不得不面临着残酷的价格战，这时销售收入的重要性程度远高于利润，毕竟这还能确保企业拥有一定的现金流，也可以为企业进行产业转移提供必要的时间窗口。当更多的企业都加入到残酷价格战时，更多的企业都会表现出持续性更大和范围性更广的业绩期望落差，形成了多输的局面。其次，企业内部经营出现了严重的问题，且管理问题难以得到有效解决，甚至可以说是病入膏肓。从以上情况来看，当一家企业业绩期望落差持续性时间长，且范围较广时，很可能就是其内部遭遇到了严重的危机，且在短时间内难以自愈并恢复，重新走上发展的轨道。一般来说，企业遭遇严重问题要么就是管理机制或管理制度上的问题，要么就是在制造、技术或营销等环节上的问题。以管理机制为例，对于那些家族企业来说，他们可能要面临的一个问题就是代际传承过程中可能会出现的接班人不合格问题。毕竟作为家族企业，让二代接班似乎是一种必然的选择，但二代是否一定就能够胜任管理职位，答案是否定的。在这种情况下，家族一代创始人面临的抉择就是，自己坚持到底。这种情形在国内外的很多家族企业都可以看到，一方面，我们可以夸赞家族一代老骥伏枥，志在千里；另一方面，这其实是找不到合格接班人的无奈之举。如此交接班安排，很难不让人产生疑虑，即二代能否接好班。对那些不是家族企业的公众公司来说，基于总裁认知生命周期理论的观点，对于那些极为成功的职业经理人来说，他们很可能会在企业里得到令人难以置信的地位和权力，让他们在组织决策的过程中一言九鼎。他们在商业运作的持续成功会进一步强化他们身上的成功者光环，进一步强化了他们的权力欲望和地位。当他们的决策不再正确时，如何完成企业内部的交接班就成为组织人事决策的一个重要问题。如果企业的问题出现在制造、技术或营销等环节，也可能会给企业带来致命的威胁，如行业出现了某种破坏性技术，导致企业自身所拥有的技术不再拥有领先优势，甚至可能变成企业的沉没成本或负资产。抑或企业在营销过程中出现了不当行为，导致大量忠诚的消费者流失，企业的市场声誉也随之一落千丈。

第二，高广度+低宽度（组合2）。这种组合的表现是，企业出现的业绩期望落差持续时间较长，但宽度相对较低，即只表现在极个别的目标上，并没有出现较多目标的期望落差。其突出特征是，企业经营出现了较为明显的问题，在一个以上的目标上出现了时间较长的业绩期望落差，但并未拓展到其他目标上。这可以理解为，尽管企业出现了一定的经营问题，且问题较为严重，但只是企业某个局部的问题，并未扩展到其他经营的其他方面。这种组合有可能发生的情况是：首先，企业的某个职能领域出现了较为严重的问题，从而引发了局部危机，但并未对企业整体经营构成较为明显的影响。例如，企业受到上游原材料价格大幅度上涨的影响，使得生产成本显著增加，但企业考虑到自身产品竞争力不强，且市场具有明显的消费端主导，这就导致企业难以通过提高产品价格来向下游进行成本上涨的压力转移。因此，在相当长的一段时间内，企业很可能就会面临利润大幅度下降的局面，即使销售收入和市场占有率等目标并没有明显的变化。这种情况并不少见，前些年中国钢铁企业就曾经遭遇到类似的情况，国际铁矿石价格持续上涨，但中国钢铁企业并没有消费端最终产品的定价权，这就大幅度压缩了企业的盈利空间，甚至是在较长时间内都表现为较大幅度亏损。其次，这种组合意味着尽管企业要面临一定程度上的危机，但并未产生更为严重的经营问题，企业可以通过积极调整，充分利用自身的冗余资源，尽快实现成功扭转。毕竟，与组合1相比，这种组合下的企业所要应对困境的难度要相对小很多。

第三，低广度+高宽度（组合3）。这种组合的表现是，企业业绩期望落差的持续时间相对短暂，但企业出现业绩期望落差的目标数量却相对较多。因此，可以理解为企业出现了短暂的危机，只要能妥善应对，企业还是能够顺利度过危机的。之所以会形成上述局面，可以推断有如下三个原因：首先，来自行业的突然波动，对企业产生了较为明显的冲击，但由于行业的自身恢复很快，这种冲击也在很短的时间内就消失了。因而，尽管在较短时间内导致企业多个目标都出现了明显的下滑，且出现了明显的经营困境，但由于危机的属性并不持久，故企业只要挺过去，也就能够恢复如初了。例如，由于某个地区发生了地震，导致全球供应链暂时中断，很可能会导致企业出现了严重的问题，且会表现在多个目标上。不过，考虑到全球供应链具有强大的韧性，一旦完成了重建工作，全球供应链很快就能够恢复，企业也能够尽快消除已有的业绩期望落差。其次，有可能是企业内部治理机制出现了短暂危机，如股东之间发生了冲突，或董事会与高管团队之间出现冲突，都可能导致企业在短时间内出现了严重的运行危机。如有的上市公司会出现所谓的恶意收购者，对公司现有的治理结构和大股东地位提出挑战。如果大股东能够应对有序，引入白马骑士或赢得其他股东的支持，就能够很好地抵御恶意收购者的威胁，进而维持住自己的大股东地位。危机过后，企业就会在较短时间内恢复当初的水平。最后，企业也可能会遭遇到来自监管部门的相关调查，从而引发企业面临管制合法性危机。随着利益相关者理论被越来越广泛地采用，公众利用自媒体可以大幅提升其影响力，任何企业都可能会因为一件小事引发合法性危机。例如，一家企业的雇员在公共场合的不当行为或不当发言，都可能会通过自媒体和互联网的放大效应，引发企业自身所面临的认知合法性危机（Suchman，1995；Scott，1995）。在这种情况下，企业短期内甚至可能会受到来自公众的批评，甚至是公开抵制行为。如果企业能够树立良好的公关意识，积极有效地化解危机，就能够在合法性危机中从容应对，并恢复到危机前的业绩水平。

第四，低广度+低宽度（组合4）。这种组合的表现是，企业出现业绩期望落差的持续时间不仅非常短暂，且所涉及的目标数量也相对较少。因而，可以推断，这种情况下，即便企业出现了所谓的业绩期望落差，但也都是偶然的现象，并不会对企业经营产生明显影响，也难以降低投资者对企业经营的信心。毕竟，市场的偶尔波动以及企业自身在产品、技术等更新换代过程的自我调整，都会在较短时期内的个别目标上产生业绩期望落差。此外，这种情况还可能发生在企业的高管更迭上，一般来说，当继任者开始任职后，往往需要花费一段时间来熟悉工作内容和适应企业股东、董事会提出的目标要求，当企业的高管来自企业外部时，这种情况尤为明显。因而，这段时间内或许很多重大决策都会被暂时搁置，业绩相对下降或许是一个较为常见的现象。

**2. 演变路径分析**

以上介绍了四种组合类型的具体内容，考虑到企业的业绩期望落差并不会始终保持在某个单一组合的状态下，很可能处于动态变化的过程，因而有必要分析不同组合之间可能的变化路径及可能产生的影响。

第一，路径一是组合2或组合3演变到组合4。路径一意味着，企业业绩期望落差从高广度+低宽度或低广度+高宽度，演变为低广度+低宽度的状态。这说明，企业的业绩期望落差无论是从持续性，还是所涉及的目标数量等，都发生了明显的减弱，企业已经逐步走出了下滑的趋势，避免出现较为严重的衰退局面。

对路径一来说，尽管企业可能陷入到高广度+低宽度的组合2，或者是低广度+高宽度的组合3等状态，但其所遭遇到的问题还远没有达到无法解决的地步。因此，企业通过解决存在的管理问题和自身的快速调整，能够在较短时间内消除广度或宽度较大的业绩期望差距，从而进入相对较为平稳的组合4状态。不过，应注意到从组合2演进到组合4，与从组合3演进到组合4，两者之间还是存在一定区别的。组合2的突出特点是业绩期望落差持续时间长，这说明企业尽管并没有在多个目标上出现问题，但至少在某个目标上较长时间都存在着明显的问题，即并未得到及时有效地解决。从组合 2 演进到组合 4，说明企业在很大程度上解决了这个存在的问题，将该问题的发生频率从持续时间长变成了偶尔发生。组合 3 的突出特点是业绩期望落差的持续时间尽管并不长，但涉及的范围却非常大，在企业多个目标上都出现了明显的业绩期望落差，这说明企业在短时间内遭遇到了较为严重的危机。一般来说，企业可以通过快速地调整或者静待外部冲击消失后，就可以进入到组合 4 的状态。因此，在某些情况下，需要企业采取的行动并不是究竟做了什么，而是要拥有一定的组织韧性，避免在突然遭受危机的冲击下，企业出现了崩溃的局面。只要能挺过短暂的外部冲击，企业就能够重新恢复到组合 4 的状态。

第二，路径二是组合 2 或组合 3 演变到组合 1。路径二意味着，企业业绩期望落差从高广度 + 低宽度或低广度 + 高宽度，演变为高广度 + 高宽度的严重衰退状态。这说明，企业的业绩期望落差无论是从持续性，还是所涉及的目标数量等，都发生了明显的恶化，企业在未来的一段时间内都无法走出下滑的趋势，不可避免地出现了更为严重的衰退局面。

对路径二来说，当企业陷入到高广度 + 低宽度的组合 2，或者是低广度 + 高宽度的组合 3 等状态，且企业无法解决其所遭遇的问题，因而就出现了更为糟糕的结果，即落入到组合 1 的状态，这表明企业从业绩下滑掉入了明显的衰退。不过，需要指出的是，从组合 2 演进到组合 1，与从组合 3 演进到组合 1，其内在的逻辑还是有一定区别的，下面将分别加以讨论。首先，从组合 2 到组合 1，就是从高广度 + 低宽度演进到高广度 + 高宽度，这意味着企业在某个目标上的业绩期望落差持续较长时间后，不仅没有得到有效地缓解，反而进一步恶化，诱发企业在更多目标上出现了业绩期望落差。很可能的原因就是，某个单一目标所存在的问题，已经演变成企业系统性的问题，进而在多个目标上都表现出来。当然，如果将管理层的掩饰动机与掩饰行为考虑在内的话，可以认为，企业此前还可以通过牺牲某个单一目标，来避免将企业整体恶化的情况展示给公众，但在耗尽内部的冗余资源后，企业已经无法再进行掩饰行为了。其次，从组合3到组合1，就是从低广度+高宽度演进到高广度+高宽度，这意味着企业出现了多个目标的业绩期望落差后，这种涉及范围非常大的严重问题不仅没有在短期内得到有效解决，反而转化为长期存在的问题。可以推断的原因是，一方面，企业自身缺乏足够的组织韧性，一旦遭遇到较为严重的外部冲击，企业很快就出现了全方位的问题。由于组织韧性缺失，导致企业自身难以抵抗冲击，其自身的资源会被耗尽，也无法得到来自外部的支持，必然导致企业出现了更为严重的问题。以2020~2022年期间突如其来的新冠疫情为例，出现如此重大的外部冲击后，很多企业短时间内都出现了相当严重的问题，原材料难以确保供应，市场销售面临严重困难，销售收入锐减，更多的员工不得不线上办公，这些都导致企业经营活动困难重重。对那些组织韧性相对缺失的企业来说，很可能就会出现严重的经营问题，进而转化为长期和持久的内部问题，最终导致企业不得不关门停业。另一方面，在遭受突然的严重冲击后，企业自身是否有足够的能力进行快速调整。这里仍然以合法性危机事件为例。2021年9月30日，上海证券交易所官网显示，联想集团在科创板申请上市已获受理。10月8日，根据上海证券交易所网站的信息，因发行人撤回发行上市申请或者保荐人撤销保荐，联想集团科创板IPO审核状态变更为“终止”。这意味着联想集团科创板IPO审核停止[①]。也就是说，仅仅过了一个国庆节，联想集团又主动申请撤回科创板上市申请。此后的一段时间内，有关联想集团高管薪酬问题的争论在互联网和自媒体上不绝于耳，甚至到了剑拔弩张的地步。如果联想集团对这个问题解决得不好，很可能会使得小危机演变成大麻烦。本书不讨论联想集团究竟是如何解决这个问题的，只是说经过一段时间后，联想集团高管

① 联想IPO“一日游”，今年已有117家企业科创板、创业板IPO折戟［EB/OL］. 红星新闻，2021-10-11.

薪酬问题逐渐不再是互联网和自媒体的焦点了，联想集团也度过了这次突如其来的危机。

第三，路径三是组合1演变到组合4。路径三意味着，企业从高广度+高宽度的衰退状态，演变成低广度+低宽度的相对较为平稳的状态。这说明企业要么就是通过自身的有效应对和调整，已经度过了所遭遇到的严重危机，要么就是企业已经安然度过一次影响范围大且持续时间较长的外部冲击。可以推测，路径三缺少路径一的中间过程，之所以出现这种情况，可能有两方面原因：首先，就是企业在经历了持续时间长、涉及范围广的内部经营问题后，采取了重大的资产重组活动，通过对自身进行一次重大的变革，从而实现了企业的再生。例如，企业所处的行业出现了明显的衰退，身处该行业的企业也就无法能够幸免。究竟该采取何种行动呢，一个可行的选择就是进行业务重组，将原有的业务及相关资产进行出售，采取并购等手段进入到新的业务领域，只有这样才能够帮助企业从组合1进入到组合4，否则就会陷入泥沼，无法自拔。其次，当企业面临类似于三年新冠疫情的危机时，仅仅依靠自身的努力难以从困境中摆脱时，来自政府的支持就显得尤为重要。例如，政府可以通过相对宽松的货币政策与财政政策来刺激居民消费并扩大市场需求，也可以采取必要的产业扶持政策来帮助某些受危机影响更严重的行业等。这些来自外部的举措，有可能会帮助企业从组合1演变到组合4，从而彻底走出衰退的困境。

第四，路径四是组合4演变到组合1。路径四意味着，企业从低广度+低宽度的相对较为平稳的状态，演变成高广度+高宽度的衰退状态。这说明企业并没有很好地解决自身存在的问题，或者是无法有效应对外界风险给企业带来的冲击，从而彻底陷入到危险的困境当中。尽管这并不是很多人愿意看到的情形，但实际上却是并不少见的实际状况。毕竟，任何事物演变都会遵循从量变到质量的基本规律，当企业的业绩期望落差持续时间尽管并不长，且涉及范围也相对较小时，如果能够及时解决自身存在的问题，就可以化险为夷。不过，在诸多案例中都可以发现的事实是，很多企业会因为存在问题相对较小而忽视了针对这些问题的解决措施，基于注意力基础观（ABV）的观点，管理者在决策的时候注意力是有限的（Occasio，1997），由于他们大多数时候都要面对众多的管理决策，因而那些难以引起他们重视的问题，并不会得到他们更多的注意力。这就会导致两个问题，一个是这些问题很小时，得不到管理层的重视，没有得到及时解决，最终酿成了大问题。另一个则是，由于高层管理者并未重视，这些问题只是交给中层或基层的管理者去解决，实际上有些问题是较低层级的管理者难以解决的。因此，最终的结果同样是，这些问题被拖延到最终酿成了大问题。

## 6.2 期望差距广度、宽度与管理者决策

正如本书此前所讨论的，企业行为理论是一个与管理者决策密切相关的理论，是基于管理者有限理性假设前提下的一个管理者决策逻辑框架。企业行为理论强调组织的绩效评价、搜寻和决策制定的过程，尤其关注这些过程如何最终影响组织战略决策（Cyert & March，1963；Greve，2003a，2003b）。该理论的核心是基于业绩反馈的决策模型（Greve，2003a），该决策模型认为，组织通过评估当前实际绩效与“目标期望水平（aspiration level）”之间的差距来决定后续的行为选择（连燕玲等，2014）。毫无疑问，企业行为理论的一个关键假定是，管理者在决策时是有限理性的，在现实生活中他们的决策往往并非完全理性。这就使得他们在作出决策时并非选择最优方案。而企业行为理论给出的决策框架就是，他们会根据业绩反馈的结果并加以对照来进行决策。下面，本书将就期望差距广度和宽度及其组合等情况，讨论管理者决策的特点以及可能作出的决策内容。

### 6.2.1 期望差距的广度与管理者决策

基于塞特和马奇（Cyert & March，1963）的观点，当出现业绩期望落差时，管理者希望通过搜寻等方式进行适当的改变，在这个过程中组织冗余起到非常重要的作用。因此，有必要在这里首先从概念上对沉淀性冗余和非沉淀性冗余等两类冗余资源的性质进行分析。一般认为，非沉淀性冗余资源包括现金、现金等价物、信用额度等，其特征是流动性和灵活性均较高；沉淀性冗余资源包括支付给员工的较高报酬、管理费用、加工中或已加工的产品、熟练工、闲置的生产设备等，其主要特征是流动性和灵活性较低，且面向特定主题。付皓天等（2018）区分了财务冗余和人力资源冗余的不同作用，一方面，财务冗余（近似于非沉淀性冗余）有助于公司通过为投资新领域和开发新产品提供必要的资源，从而保持公司在动态环境中的竞争优势；另一方面，财务冗余也能够使公司更加放心地进行高度不确定性的项目，而不用担心公司资金链断裂的风险。因此，在动态环境中，拥有财务冗余的公司更容易进行战略变革。与之相对应的是，人力资源冗余（近似于沉淀性冗余）无法发挥稳定性和适应性功能。因此，人力资源冗余与财务冗余相比黏性不同，在企业进行战略变革时无法进行重新部署和配置，增加了战略变革的难度；这种类型的资源冗余也容易产生组织惯性，阻碍公司在动态环境中进行战略变革。由此发现，在冗余资源的决策上高管具有相当大的自由裁量权。因此，在讨论期望差距与管理者决策关系时，有必要明确几个关键条件，即组织是否拥有较为充裕的冗余资源，管理者是否拥有较大的自由裁量权，管理者是否要担心其自身职位的稳固或要面临着较强的被替代风险。

本书以上所讨论的期望差距广度，主要是指企业业绩期望落差的持续性，即是否在较长时间内连续出现了业绩期望落差的情况。按照上文的分析，当企业业绩期望落差出现时间较长时，意味着企业自身在某个方面出现了较为严重的问题，或者是受到外部较长时间的冲击等。那么，在这种情况下，管理者究竟会如何决策呢，下面将展开分析。

基于企业行为理论的核心观点，当企业出现业绩期望落差时，有限理性的管理者就会意识到当前企业的经营出现了问题，有必要对组织进行必要的变革。基于这个核心逻辑可以推断出，当企业在首次出现业绩期望落差时，管理者已经开始推进组织变革了，只不过在组织惯性、管理者可动用的冗余资源数量与类型、能够搜寻到的解决方案、管理者能够得到的股东与董事会的支持程度等多种因素的共同约束下，组织变革可能会出现截然不同的变化速度。或许在这样的变革过程中，企业再次遭遇到业绩期望落差，甚至是第三次、第四次的业绩期望落差，管理者已经意识到组织出现了非常严重的问题。也就是说，多次业绩期望落差会强化管理者进行变革的决心，或者说，一旦不能得到令人满意的成绩，即使是非常宽容的股东或董事会也是会失去耐性的，从而威胁到管理者的职位稳固性。因此，当企业持续出现业绩期望落差时，企业进行变革的力度肯定会持续增强，至少从外部可以观察到的是，企业在积极地采取行动，试图通过改变来扭转业绩下滑的局面。

当然，由于业绩期望落差持续存在，不得不令人怀疑管理者之前所采取的变革措施是否有效，或者说是否是恰当合理的。因而，对于业绩期望落差持续存在时，管理者决策有可能会发生如下情况。

第一，持续在原有变革的基础上增加投入。按照组织承诺的原理，一个组织在既有决策上的投入会影响到其后续的决策，作为此前已经制定并实施的变革方案，很可能会促使管理者在决策时，依然在原有变革方案的基础上持续增加投入。当然，这样做的好处在于，管理者可以减少来自外界的怀疑声音，如果一个组织的变革方案变来变去，很可能就会招致来自股东、董事会、员工或者公众等利益相关者的疑虑，即管理者是否有能力带领企业走出困境。毕竟，当管理者进行自我否定时，未必就能给利益相关者带来信心。此外，管理者自身也会存在着较强的自我认知刚性，这正如总裁生命周期认知理论的核心观点，一旦管理者形成了相对稳定且被证明是成功的决策模式后，其中必然会包含着认知模式，管理者所取得的成就越显著，他的认知模式或许也就越稳固且难以改变。因此，就管理者本人来说，他也很难在较短时间内改变自己的认知模式，进而提出与以往截然不同的新的变革举措。存在的另一种可能的解释是，管理者认为，其所采取的变革举措在短期内并不会产生明显的效果，特别是对那些较为重大的变革而言，往往需要从更长的时间窗口内才可以观察到其最终正确与否。因而，管理者也不会轻易否定自己的决策方案，反而会持续增加投入。从这个角度来说提出了一个有趣的命题，即当企业出现持续性业绩期望落差时，管理者采取的变革方案，究竟是对已采取的变革举措进行变革，还是对组织原有的经营模式或具体实践进行变革，这就引出了如下方面的讨论。

第二，对原有的变革措施产生怀疑，进而对变革进行变革。一般来说，只有在出现较为严重的情况时，管理者才可能对自己的变革措施加以调整，可能存在的解释如下：首先，企业出现了严重的资源不足，这迫使管理者不得不另寻其他变革方案。按照上文的阐述，绝大多数组织都可能存在着基于战略目的的冗余资源，这为组织应对危机提供了必要的资源支撑。不过，当企业出现持续业绩期望落差时，这些冗余资源就会被利用起来，特别是在出现外部融资困难的情况下，这些冗余资源在一定时期内就成为企业变革的关键要素。对于任何组织来说，冗余资源都是有限的，毕竟在经营状况良好时，这些冗余资源无助于提升企业的财务绩效，反而会大大降低整个组织的资源利用效率。一旦这些冗余资源消耗殆尽，且组织难以继续从外部获得必要的资源支持，原有的变革举措就会面临难以为继的局面。当然，在这种情况下，或许管理者并未怀疑自己的变革举措，只不过是受到外界条件的制约，而不得不进行必要的调整。其次，管理者在组织内推行变革，必然要得到来自组织内部各方面的大力支持，否则变革效果就会事倍功半。当管理者推行变革方案且企业业绩并未得到有效改善时，股东和董事会很难不会产生怀疑，他们也会降低对管理者的支持力度，这必然会反映在管理者的权力、企业内部资源的分配以及组织运行的其他方面。至少在这时，股东和董事会有可能会提出“B 方案”，并试图将一部分组织本已稀缺的资源分配到该方案。在上述压力下，管理者有可能会违心地调整其方案，至少要能够满足股东或董事会的意见，对原有的“A 方案”进行必要的调整，吸纳“B 方案”的部分内容，形成所谓的“A + B 方案”。

第三，管理者试图通过一些重大重组方案来寻求改变。一旦企业出现了持续性业绩期望落差，管理者失去了对现有业务的信心，一个可能的举措就是进行重大的资产重组和业务重复，寻求一线生机。一般来说，企业的重大重组可能包括原有业务的出售以及并入新的业务，如果新并入的业务与原有业务相差较大，这对现有的管理者是一个重大的挑战，毕竟当企业进行业务转型后，管理者所具有的专业性技能将会随着原有业务的剥离而大幅度贬值，这也会降低管理者在企业内的专家权力。因此，管理者对这类业务转型具有较强的排斥心理，他们更倾向于选择与原有业务相关性较高的新业务。当然，进行重大资产重组往往需要企业耗费大量的资源，甚至是让渡控制权，包括引入新的第一大股东等，这就会影响管理者在企业内的地位，削弱他们对组织的控制权。这样做的好处是，对于那些仍处于职业生涯中期的管理者来说，他们仍然可以维持自身较高的人力资本水平，避免个人在职业经理人市场的声誉发生大幅度贬值，即使从所在企业离职，也仍然可以找到一个相对较为满意的企业和职位。

### 6.2.2 期望差距的宽度与管理者决策

期望差距宽度意味着企业出现业绩期望落差范围的大小，如果业务期望落差范围大，就说明企业在多个目标上都存在着业绩期望落差，也就是经营活动全方位出现了明显的问题。在这种情况下，管理者决策将会呈现出何种特点呢？正如本书此前所讨论的，业绩期望落差的宽度意味着企业面临着多目标的问题。这种多目标约束的出现，迫使企业不得不面临着战略抉择，即是否拥有充分的资源和足够的精力来应对多目标同时发展。毕竟，对绝大多数企业来说，多目标的齐头并进都是一件相当困难的事情。因而，从现实选择来说，企业在追求多目标的过程中，并不必然会同时保持多目标的同时增长。

因此，从管理者决策角度来说，有可能会呈现出几种截然不同的选择：第一，选择重点目标进行突破。同样是基于以上分析，出现业绩期望落差的企业需要利用自身所拥有的冗余资源来支撑其采取的组织变革。一种可能的做法就是，在某个时期追求其中的一个或少数几个目标。在选择重点目标时，企业要充分考虑来自内外部利益相关者的关注焦点，否则就会出现事倍功半的效果。如上文所讨论的，当一家上市公司被特别处理后，其最重要的任务就是尽快扭亏为盈，从而避免在被特别处理后的第一个会计年度，再次因为财务业绩无法达到要求而陷入被暂停上市的境地。因而，盈利就成为当时最重要的目标，这也是毫无争议的。对企业的管理层来说，一旦他们无法帮助公司实现扭亏为盈，他们的最终命运很可能就是被强制解职，不得不灰溜溜地离开管理层这个光鲜的职位。此外，从企业多目标的特征来说，有的目标可以在较短时间内，通过快速的组织变革达到迅速改善的目的，但有的目标则需要较长时间才能够得到有效改善，因此，对于亟须展现变革成效的管理者来说，选择那些可以快速见效的目标是一个可行的现实选择。

第二，以生存为目标，力求度过危机。如本书此前所讨论的内容，当出现涉及范围较广的业绩期望落差时，很可能并不是企业自身出现了问题，而是来自行业突发的系统性危机，这是全行业性质的，绝大多数企业都难以幸免于难。因此，在如此严峻的情况下，企业一个可行的选择就是以生存为短期目标，不要试图通过发展来解决问题，采取维持战略，只要能够安然度过危机就算是成功。从实际情况来说，一旦全行业出现系统性危机，身处其中的企业无论是在供应链体系还是融资等方面，都会遭遇到较大的困难，仅仅依靠某个企业自身的努力，都是难以应对如此大的困难。当然，对于业务组合较为丰富的企业来说，其可以通过其他业务的经营活动来弥补某项业务的困境，对整个企业来说，其所面对的危机程度就会弱得多。

第三，期望落差在多个目标上普遍存在，一个直接后果就是绩效信息的混杂性和模糊性更强（李溪等，2018）。由于模糊的绩效信息大范围存在，不仅会进一步分散管理者相对有限的注意力，也会混淆管理者和各个利益相关主体的认知，使其难以对组织当前策略是否有效进行准确的判断。在面临如此复杂局面的情况下，管理者将如何进行决策就成为一个值得研究的命题。按照相关研究结果，在这种情况下管理者会采取相对保守而不是激进的决策（李溪等，2018），但令人怀疑的是，企业行为理论的核心逻辑是出现业绩期望落差，管理者必然会进行变革。那么，相对保守的决策绝不是不变革，应当是采取相对保守的变革举措，而不是更为激进的变革举措。但从另一个方面看，如此多的目标都出现了业绩期望落差，如果管理者不采取更为激进的变革，并不符合企业行为理论的核心逻辑。因此，有必要对这两个有争议的结论进行进一步分析。保守决策的观点强调了多目标业绩期望落差导致的信息混乱与复杂，也就是说，信息数量和复杂度是管理者决策的一个重要条件，毕竟相对简单的环境里，管理者更容易进行决策，也可以将注意力集中在关键目标上。一旦出现了信息复杂的局面，管理者难以进行更为复杂的决策，特别是那些颇具风险且对决策质量要求较高的决策。激进决策的观点则强调了业绩期望落差给管理者带来的压力，毕竟数量如此多的目标都存在业绩期望落差，作为有限理性决策的管理者必然会意识到，以往的很多做法都存在着较多的问题，必须要进行更大范围的变革。那么，激进决

策和保守决策两者是相互冲突的吗，并不是必然的。从上述分析来看，激进决策强调了管理者进行变革的动机，保守决策则重视管理者进行变革的条件。因此，有必要将两者放在一起进行综合考虑，才能更接近于现实情况。具体来说，这里要加入一个重要的限制条件，即管理者能力。当管理者处理混杂信息能力强时，具有较强变革动机的管理者必然会采取变革的方案；如果他们处理混杂信息的能力较弱，则倾向于采取相对保守的变革举措，即可以称为小型变革或迭代式变革。

### 6.2.3　期望差距广度与宽度的组合与管理者决策

根据上文的讨论，由于期望差距广度和宽度存在着四种组合，这里也将就四种情况分别对管理者决策的内在逻辑进行讨论。

（1）组合1：高广度 + 高宽度。当企业处于业绩期望落差持续时间长，且在多个目标上都存在业绩期望落差时，往往意味着企业处于较为严重的困境当中。由于面临着难以为继的经营压力，管理者究竟该如何进行决策，对企业来说是生死存亡的重要选择。首先，需要分析一下这种情况下管理者所处的组织环境，以及他们自身的地位等。

当企业陷入到高广度 + 高宽度的特殊情境时，其突出表现可能会有如下几个主要特征：企业糟糕的经营状况会严重影响利益相关者对企业的信心，这使得企业难以从内外部获得较大力度的支持，这会在一定程度上限制企业利用社会网络获得资源的能力；由于连续糟糕的业绩，管理者在企业中的地位也不如此前同样稳固，特别是在推行新政策时，很容易遭受来自企业内外部的质疑，这些会在很大程度上影响企业推行变革的执行力和速度；由于企业在市场上的糟糕表现，来自供应商的支持也会被进一步削弱，特别是通过良好信誉所建立起来的供应链之间的信任关系，也需要企业的业绩转好后进行重建，至少在当下，企业难以获得来自供应商的信任；由于企业业绩持续下滑，企业内部的员工忠诚度会大幅度下降，毕竟企业难以为员工提供更好的发展机会，员工待遇相较于竞争对手也会缺乏竞争力，优秀人才会持续流出，反过来进一步削弱企业的竞争力，并加剧企业内部问题的爆发。

由上述分析可以知道，管理者在决策的时候面临着多重条件约束，因而可以视作“戴着镣铐跳舞”。不过，考虑到采取变革行动的迫切性，管理者还是需要尽快推动企业的变革行动，从而至少让利益相关者可以看到管理者是负责任的，且正在采取必要的行动来改变局面。不过，需要指出的是，对于大多数管理者来说，陷入这种情境下，他们往往已经难以帮助企业走出泥沼。这里将主要利用权力—情绪—信息的三维度框架，对管理者决策进行具体分析。

关于权力。芬克尔斯坦（Finkelstein，1992）认为，管理者权力来源于有能力处理来自企业内部董事会及其他高管人员，以及来自外部环境的不确定性。因此，可以将管理者权力划分为组织权力（正式权力）、专家权力、所有制权力和声望权力四个维度。当处于组合 1 的情境时，可以观察的现实是管理者的组织权力即使没有变化，但也会受到相当大的约束。其专家权力和声望权力也都会大幅度下降，毕竟其决策的有效性并未从企业绩效里得到充分地支撑和验证。尽管管理者仍然会持有公司一定比例的股份，但这些股份在公司股东大会的决策机制中都是微不足道的，尤其在其地位并不稳固时，这个权力就更难以发挥作用了。关于情绪。一般认为，一个取得极高成就的管理者会赢得广泛的尊重，他们可以获得众多的荣誉和利益相关者的崇拜等，这些都会进一步强化其自我认知，这就是所谓的过度自信。反过来，如果管理者所在企业的业绩持续糟糕，他们很可能会对自我产生怀疑，甚至是失去信心。或者说，他们在决策时候的情绪并不是镇定和自信的。关于信息。正如上文所说，当企业在多个目标都出现明显的业绩期望落差后，这些目标很可能会产生颇为复杂的信息，很可能导致企业内部出现了信息传递混乱，迫使管理者在决策的时候需要花费更多时间来识别信息和处理信息，以确保能

够获取有效信息。甚至很多信息都是彼此矛盾的，这会进一步加大组织内进行信息处理的难度，这会明显增加管理者的决策成本。

综合以上分析，处于组合 1 情境下的管理者具有不得不进行变革决策的内在动机，基于业绩反馈理论也可以推断，持续的业绩期望落差也促使有效理性决策模式的他们必须要继续进行变革。但他们受到的约束又是非常明显的，即推行变革决策过程的权力受到了相当大的约束和限制，甚至得不到所在企业员工的鼎力支持；他们在决策过程中的情绪或许是焦虑的，而不是镇定和自信的；他们在进行决策时，往往要面对更为混杂的信息来源和信息内容，需要花费大量的时间去筛选信息。因此，有可能出现的结果就是：他们更倾向于制定一系列的决策，这些决策的质量并不高，但却可以迎合来自利益相关者的关切，即展现出企业正在就变革采取具体行动，至于最终的行动结果如何，那就需要看运气了。

（2）组合2：高广度 + 低宽度；组合3：低广度 + 高宽度。为了行文的方便，这里将组合 2 和组合 3 放在一起进行讨论。正如此前给出的分析，无论高广度还是高宽度，都会促使管理者作出变革的决策。但遭遇到组合2 和组合3 的情况时，管理者的决策会有所不同吗？这里依然利用权力—情绪—信息的三维度框架，对管理者决策进行具体分析。

关于权力。当处于组合 2 情境时，实际上企业出现业绩期望落差已经持续一段时间了，至少企业自身想掩盖也是不可能的了，更多的利益相关者都已经知晓企业业绩持续下滑的情况。那么，管理者的权力里，至少组织权力、专家权力和声望权力等都会出现明显的下降，毕竟在如此长的时间里都无法帮助企业走出困境，管理者的能力还是会受到质疑的。当处于组合 3 情境时，尽管企业在多个目标上都存在业绩期望差距，但毕竟持续时间非常短暂，管理者可以将企业出现问题归因于外部因素，而不是企业自身。毕竟在全球化的当今时代，蝴蝶效应、“黑天鹅”事件频频发生，几乎任何一个国家或地区、任何一个行业都难以幸免，因而管理者有可能会将自身的责任推卸出去。由于关于企业经营信息存在着明显的不对称，管理者占据绝对的信息优势地位，因而他们有可能会说服利益相关者，至少暂时不会对他们失去信心。可以推断的是，他们的组织权力、专家权力等并不会发生明显的变化，但声望权力有可能会在一定程度上受损。关于情绪。当处于组合 2 情境时，尽管企业出现业绩期望落差所涉及的范围并不大，但持续时间已经很长，这必然会引起管理者的自我焦虑和自我怀疑，限制其在决策过程中的自信水平。当处于组合 3 情境时，如果管理者能够进行积极归因，他们未必会对自己失去信心，因而在决策的过程中也并不会产生过多的负面情绪。关于信息。当处于组合 2 情境时，企业内部关于某个目标出现业绩期望落差的信息持续出现，且呈现出不断强化的特征，在这个过程中，管理者可以对信息进行必要的筛选和处理，从而提升了信息的质量。毕竟，企业的问题始终集中在某个目标上，也可以引起管理者更多的注意力。当处于组合 3 情境时，管理者可能会面临一个相对比较困难的情境，即在较短的时间内出现了诸多负面信息，这些信息可能在最初阶段呈现出杂乱无章的状态，这就大大增加了管理者处理的难度。

综合以上分析，实际上管理者在组合 2 和组合 3 时所进行的决策很可能是不同的。处于组合 2 时，管理者在决策的时候受到的条件限制更多一些，这会令他们难以有充分的时间制定出更高质量的决策。不过，值得庆幸的是，由于业绩期望落差所涉及的范围相对并不大，这说明企业只是某个领域或某个职能模块出现了问题，管理者可以集中精力着重解决这方面的问题，且由于组织内部的信息质量相对较高，并不需要更多和更复杂的信息处理工作。因此，管理者有可能有针对性地制定变革决策，但问题在于，此前的一系列变革决策并未取得预想的结果，这可能会影响到后续决策的推进和实施。处于组合 3 时，管理者在决策时受到的条件限制相对会少一些，这有利于管理者制定的变革决策的具体落实和推进，但问题在于，组织内部有关目标的信息要更多和更加混杂，如果组织内部处理信息的能力相对较差，这就迫使管理者不得不花费更多的时间进行信息处理，这势必会影响他们在决策上所花费的时间与精力。此外，尽管管理者可以将企业出现问题的原因归咎于外部因素，但他们进行决策的紧迫性还是非常大的，也就是说，如果多目标的业绩期望落差最终演变成持续性增强，管理者就无法再推卸原因了，他们也会受到来自利益相关者的更大质疑。

（3）组合4：低广度+低宽度。当企业出现业绩期望落差所涉及的范围相对较小，且持续时间并不长时，这说明企业只是短暂出现了业绩下滑的情况，并不意味着明显的衰退。如果企业能够意识到问题，并迅速采取行动，还是有很大可能实现扭转的。这里依然利用权力—情绪—信息的三维度框架，对管理者决策进行具体分析。

关于权力。处于组合 4 的情境下，管理者的权力并不会受到很大的影响，至少并不会受到来自利益相关者的质疑，这就使得他们依然可以充分利用自己所掌握的权力来制定决策和落实决策。关于情绪。尽管企业并未出现较为明显的衰退征兆，但企业还是或多或少出现了一些问题，这还会引起企业内外部的一些怀疑声音，包括管理者对自己已有决策可能会进行的反思。这些都会削弱管理者的自我认知模式以及过度自信水平。关于信息。企业内部与业绩期望落差相关的信息并不会过于混杂，管理者并不需要花费更多的时间来处理信息，关键在于他们要能够对相关问题赋予更多的注意力，从企业高层的角度对问题进行分析诊断，并尽快制定决策方案并加以落实，这样才能避免企业从组合 4 演变到组合 2 或组合 3 的情况。

综上分析可以推断，在组合 1 的情境下管理者有能力制定出更高质量的变革决策，也能够利用企业内部较为充裕的资源来支撑决策方案的落实。

# 管理者更迭情境下的业绩期望落差与管理者决策

## 7.1 管理者离职、业绩期望落差与管理者决策

管理者是公司内最为重要的人员，他们对企业经营的运行起到举足轻重的作用。由于年龄和任期等多方面因素的限制，管理者更迭是进行企业研究的一个重要内容。管理者更迭实际上包括两个阶段，第一个阶段是管理者离职，第二个阶段是管理者继任。本章节第一个部分将主要讨论管理者离职，第二个部分将重点讨论管理者继任。

一般来说，按照管理者个人意愿，管理者离职可以区分为自然离职、主动离职和被动离职。其中，自然离职是指管理者到了退休年龄，或者说年龄、任期等达到企业规定的上限，他们就不得不离职；主动离职是指管理者主动向所在企业的董事会提出离职申请，通常是因为他们已经寻找到更好的雇主和更高薪水的岗位，所以选择主动离职。当然，也有一类情况是在股东和董事会的压力之下，他们不得不选择主动辞职，从而可以保护自己的职业声誉。被动离职是指管理者已经无法达到所在企业的要求，或者是与公司的股东、董事会等存在着较为严重的冲突，这就令企业不得不选择相对激烈的方式来解除管理者的职务。在这种情况下，管理者通常可以拿到事先约定的离职补偿。

当发生非自然离职的管理者离职事件时，意味着公司股东和董事会对现有的管理者失去了信任，进而试图通过对管理者进行更迭来达到调整经营思路的目的。一般来说，管理者离职是公司经营过程中极为重要的事件，特别是管理者被动离职可以视为对此前经营思路的全盘否定。对管理者自身来说，处于经营困境中的他们也会面临来自股东和董事会的巨大压力，如果能够得到充分的信任，他们就会表现出更为明显的管家心态，进而带领全体员工共同渡过难关。对继任者来说，他们担任公司管理者的职位后，希望尽快扭转经营困境以提升其合法性。

### 7.1.1　情境1：管理者自然退休

管理者自然退休是管理者离职的一种常见方式。这里首先要说明的问题是，为什么管理者任职会设置最高年龄的限制。一般来说，本书所讨论的管理者可能会涉及公司的董事长（或董事会主席）、总经理（或总裁）、CEO 等关键岗位，那么这些岗位都有最高年龄限制吗？董事长是董事会里的关键人物，通常也是一家公司的核心所在，那么有关董事长的年龄是否有限制呢？实际上这里需要区分执行董事和非执行董事的概念，也就是说，执行董事实际上指董事同时在公司里担任一定的管理工作，并非仅仅是董事会的工作，因此公司对执行董事的要求会更高，如需要在公司经营管理中投入更多的时间和精力等。那么，对执行董事的董事长设置年龄上限就显得尤为必要了。不过，国内资本市场并未对董事长是否是所在公司的执行董事提出强制性信息披露的要求，因而很难通过年报等对国内上市公司董事长是否就是执行董事加以明确判断。对于总经理等职位来说，担任该职位的人选必须要投入大量的精力，才能够尽职尽责地完成所担负的工作，考虑到人的精力是有限的，特别是随着年龄的不断增长，其精力很可能难以满足总经理职位的要求，因此通常的做法就是针对总经理职位设置年龄上限。

管理者自然退休，究竟会对业绩期望落差与管理者决策产生什么影响呢，首先可以讨论管理者自然退休的管理实践意义，其次有必要继续利用此前的权力—情绪—信息的框架来进行分析。

**1. 管理者自然退休的管理实践意义**

从目前国内外的学术研究来说，较少关注自然退休及其对组织决策的影响，毕竟这种情况缺乏学术研究所期待的组织冲突，也较少有颇具轰动效应的新闻事件，因而较少有学者关注此类事件。不过，需要指出的是，这种类型的管理者离职恰恰是一种更为常见的情况，也符合东方文化的制度特征。

管理者自然退休的离职行为，可以认为是一位管理者在一家企业职业生涯获得成功的重要标志，也是他们得到股东和董事会认可的最终结果。这也可以从国内很多企业看到类似情况，如万科集团的王石、青岛海尔的杨绵绵等，尽管他们陆续从所在企业退休，但他们却在企业里留下了自己的管理哲学和管理思想，这些都已经内化在企业的管理实践当中。大多数情况下，这些人的整个职业生涯都是与所在企业相伴随的，他们个人的成长与企业的成长呈现出同步发展的状态。

作为管理者自然退休，他们在企业里从较低的职位一直晋升到最高的职位，其对企业形成了极为忠诚的信念，或者说两者几乎难以进行分割。因此，他们在企业里会培养出数量庞大的优秀下属和梯队人才，这些人往往对这些管理者都会形成强烈的追随感，这会进一步强化这些管理者在组织里的崇高地位。当然，这也是组织需要考虑的问题，毕竟这会形成极大的组织惯性，当组织业绩蒸蒸日上时，这种组织惯性会助力组织的发展，一旦组织陷入下滑的困境中，这种组织惯性就可能会反噬企业，成为组织变革的阻力。

此外，由于这些人在退休前仍然在组织里拥有极高的地位，他们往往可以对后续的人事安排提出非常重要的意见和建议，甚至是由他们亲手操盘后续的人事安排。因而，可以观察的现实是，这些管理者自然退休后企业继续沿用此前管理模式是大概率事件。

**2. 管理者自然退休情境下的业绩期望落差与管理者决策**

如本书第6章所讨论的内容，业绩期望落差与管理者决策之间的关系这里就不再赘述。那么，考虑到管理者自然退休情境后，两者之间的关系会有什么不同呢？需要说明的是，这里将研究情境界定为管理者自然退休前的一段时间。

可以依然利用此前的权力—情绪—信息的理论框架展开这里的分析。关于权力。面临着自然退休的管理者，其必然在企业里拥有着非常高的权力，即使他们任职后期企业业绩并不如当初的发展速度和趋势，但其所奠定的成就和功绩等都是毋庸置疑的，因而组织内不会出现过多的质疑声音。当出现业绩期望落差时，即便是出现了类似于低广度—高宽度组合的情境，利益相关者也更倾向于将企业问题的原因归咎于外部因素，而不是企业自身。当然，根据权力循环理论（Ocasio，1997）① 的观点，这些任期很长的管理者们在其职业生涯后期，很可能会出现技能废退的情况，即他们的专业知识和技能已经无法满足所在企业的管理决策要求，但其地位稳固，令组织难以对其进行更换。当然，这也可能是源自东方文化的特征，即只要不犯大错，对这些做出重大贡献的管理者，股东和董事会还是倾向于支持他们到任期结束。关于情绪。这些管理者也会拥有类似于那些长任期管理者所共有的特征，即高度自信，认知模式具有较强的刚性特征，难以轻易改变。对他们来说，在职业生涯的最后阶段里，他们更倾向于采取相对较为保守的策略，这样可以有效地规避意外事件的风险。即使企业出现了业绩期望落差，他们也不会采取更大胆和

① Ocasio W.，Towards an Attention - Based View of the Firm［J］. Strategic Management Journal，1997，18（1）：187 - 206.

更激进的变革方案，毕竟那样还需要进行较大的组织调整，难免会产生不必要的麻烦。因此，这个阶段里，他们的心态往往会对其决策产生极为重要的影响。关于信息。由于这些临近自然退休的管理者大多都是在企业长期任职，其对组织内部的信息有着非常全面的掌握，因而即便出现了所谓的信息混杂的情况，他们通常也可以很好地处理。一个值得注意的问题是，基于管理者注意力基础观（ABV）的观点，他们或许会选择性地忽视那些以往并未重视的领域或职能，这样就会导致某些问题刚刚出现时，很难引起他们的关注和重视。或许等到问题变得无法收拾时，即使他们开始关注了，但也会面临着非常高的解决问题的成本。因此，华为公司的任正非鼓励企业内部的员工敢于将问题说出来，不论是哪个级别的员工，只要敢于直面问题，就会得到鼓励。针对这些员工，任正非还采取了一个有效的员工保护机制：指定高层管理者担任这些员工的直接保护人，以便让这种保护措施能够有效落实。

### 7.1.2　情境2：管理者主动离职

管理者主动离职，究竟会对业绩期望落差与管理者决策产生什么影响呢？首先可以讨论管理者主动离职的管理实践意义，其次有必要继续利用此前的权力—情绪—信息的框架来进行分析。

**1. 管理者主动离职的管理实践意义**

管理者的主动离职，实际上可以看作是其职业生涯的一次主动变动行为，这对于管理者本人和所在企业都是一个巨大的挑战。管理者主动离职可能有两种情况，以下将具体进行分析。

第一是要离职高就，准备去一家更好的发展机会或更高报酬的企业。随着管理者沿着其职业轨道不断升迁，其在所任职的企业里很可能会遇到“玻璃天花板”，如中国人在外资企业任职，或者是职业经理人在家族企业任职，都可能会遭遇到类似的“玻璃天花板”，这就使得他们难

以进一步升迁。基于马斯洛的需求层次理论，这些管理者的主导需求是自我实现需求，对于他们来说，需要能够迎接更具有挑战性的任务，但其所任职的企业却无法给予他们这样的机会。因此，这些管理者就可能离职，选择到另一家能提供这样机会的企业。也有的管理者的离职原因就是要获得更高的报酬，毕竟不同行业的利润率相差很大，即使同行业的企业由于采取了不同的薪酬战略，其向管理者支付的报酬水平也会存在较大差异。作为管理才能，实际上是一种极为稀缺的资源，也是企业极为看重的资源，因而拥有管理才能的那些管理者也希望能够凭借其才能获得更高的报酬。因此，商业里因寻求更高报酬而发生的离职行为也不少见。

第二则是管理者与公司现有的股东或董事会之间产生了严重的冲突。对于一家公司来说，其经营理念和业务选择等通常都是由董事会来决定的，管理者大多数情况下都负责具体实施，但其在战略决策上也会有一定的发言权。当公司面临业务调整时，究竟选择什么方向是一个比较困难的问题，管理者和董事会之间很可能会出现各自的想法，进而导致双方之间出现冲突，即使董事会通过了管理者并不赞同的方案，管理者也可以在执行环节采取阳奉阴违的态度，让董事会的决定变成一张废纸。即使董事会明知道管理者采取了类似行为，但管理者毕竟拥有自由裁量权，他们能够在具体经营过程中决定企业内部资源的具体分配等。当管理者与公司现有的股东或董事会产生严重冲突后，一旦公司股东决定支持董事会，他们很可能就会考虑更换管理者。因此，这种情况下，管理者主动辞职不失为一种恰当选择，毕竟始终得不到董事会的有效支持，对管理者而言，在具体经营管理过程中还是会遇到很多掣肘。

管理者主动离职并不意味着其在组织内的失败，反而表明其具有更卓越的能力，一旦其加入同行业中更有影响力的企业，很可能依然会得到原企业的认可。因此，管理者在原企业中的管理决策等也不必然会被推翻，其原有的团队和下属依然有在该企业继续发展的可能性。

**2. 管理者主动离职情境下的业绩期望落差与管理者决策**

考虑到管理者主动离职情境后，两者之间的关系会有什么不同呢？需要说明的是，这里将研究情境界定为管理者主动离职前的一段时间。可以依然利用此前的权力—情绪—信息的理论框架展开分析。

关于权力。当管理者考虑主动离职时，其在企业里的权力未必会被削弱，当然，随着其主动离职的可能性日渐增加，公司的股东和董事会会预先采取防范措施，包括加速培养接班人等，以便等管理者离职后避免出现管理的真空，从而给企业经营活动带来较大的停摆危机。当公司下大力度培养接班人时，管理者的组织权力有可能会被削弱，但专家权力和声誉权力则依然会保持原有的水平，甚至会随着其去向的确定而有所提高。关于情绪。由于管理者选择主动离职，还能够寻找到一个更好的企业和职位，这就会进一步增强其自信程度。当然，为了避免在离职前产生负面的结果，其在决策时很可能会倾向于相对保守的方案，而不会贸然实施变革等。因此，即便出现了业绩期望落差，即将主动离职的管理者未必会在短时间内就推出变革决策，反而会以静待变，同时会将出现业绩期望落差的原因归咎于企业外部因素或其他偶然因素。关于信息。由于管理者熟悉自己的企业和相关业务活动，出现业绩期望落差时，即使涉及的范围较广，他们并不会面临处理信息的困难，毕竟拥有较强的信息处理能力是他们能够寻找到更好就职机会的重要条件。

### 7.1.3 情境3：管理者被动离职

管理者被动离职，究竟会对业绩期望落差与管理者决策产生什么影响呢？首先可以讨论管理者被动离职的管理实践意义，其次有必要继续利用此前的权力—情绪—信息的框架来进行分析。

**1. 管理者被动离职的管理实践意义**

关于管理者被动离职，实际上可以视作对管理者以往工作成绩或自身能力的否定，至少对管理者今后职业生涯的发展会产生极为严重的负面影响。近年来，随着中国企业越来越倾向于引入欧美国家的企业管理制度与文化，一旦管理者达不到股东或董事会的要求，很可能就会采取解雇措施，迫使管理者不得不离职。甚至可能出现的情况是，尽管管理者带领企业已经取得了一定的成效，但由于业绩的增长速度无法满足股东或董事会所设定的目标，或者不符合公司的战略要求。也会对管理者下达逐客令。

管理者被动离职存在着三种可能性，以下将具体分析。第一，管理者能力无法满足企业的实际要求。管理者被晋升到这个岗位上，一定是企业经过深思熟虑的结果，但管理者能力无法满足企业的实际要求，很可能由于如下原因：首先，随着企业外部环境的变化和内部业务的调整等，管理者自身的能力不符合相关要求，管理者也没有通过主动地学习来提高自身能力，这就会导致两者之间事实上的不匹配。在那些快速变化的行业，或者持续进行业务扩张或变革的企业来说，对管理者知识更新的要求非常高，这就迫使他们不得不坚持自我学习，否则就无法满足企业的要求。其次，企业在选择管理者的时候出现了偏差，这种情况也是存在的，毕竟在选择高级别管理人员时，没有机会去试错，往往都只能依据这些管理者以往的业绩来对其能力进行判断，一旦选择出现了偏差，就会出现无法达到要求的管理者。

第二，管理者与股东和董事会之间出现了不可调和的矛盾，但管理者坚决不主动离职。由于管理者与股东和董事会就企业战略方向和业务开展等出现了明显的不同意见，且双方均难以说服对方，这就容易形成相互之间的冲突，对组织造成较为严重的负面影响。一旦上述矛盾难以调和，必然会导致其中的一方必须要进行变动。当股东和董事会权力相对较大时，必然会考虑对管理者进行调整，而管理者又不愿意主动离职，这就会形成管理者的被迫离职。

第三，公司需要进行必要的管理团队调整。当企业决定进行重大战略调整时，很可能会对管理团队进行整体更换，这就意味着在任的管理者必须要离职。一个可能的情形是，企业为了进行重大战略调整或业务重组，引入了一个新的投资方，或者是大股东，新加入的投资者需要在管理者的职位上安排自己的人选，这就迫使现任管理者不得不选择离开。

**2. 管理者被动离职情境下的业绩期望落差与管理者决策**

这里继续利用此前的权力—情绪—信息的框架来进行分析，且仍将讨论的情境放在管理者离职前的一段时间里。关于权力。在第一类离职原因时，即将离职的管理者的专家权力和声誉权力都会遭到大幅度削弱，毕竟其能力会受到来自方方面面的质疑，企业会出现明显的业绩期望落差，往往会表现为持续性时间长，且涉及范围较广。在这个过程中，股东和董事会也不愿意主动提供必要的支持。出现第二类离职原因时，管理者的组织能力必然会受到很大的影响，但其专家权力和声誉权力则未必会受到削弱，毕竟他们会被认为是政治斗争的牺牲品，却不是无能的职业经理人。因而，当他们到其他企业寻求工作岗位时，他们的管理能力仍然是可以被认可的。出现第三类离职原因时，则属于公司战略调整与重组的范畴，管理者的权力并没有必然的变化。关于情绪。从上述三种离职原因可以分析，当管理者的权力遭受较大削弱时，他们的情绪也会受到较大的影响，特别是面临被解职时，他们很难在决策的时候仍然保持镇定和自信，或者说，他们可能更倾向于采取那些至少表面上看得过去的变革决策，一方面可以应付当时的情形，让各方可以看到其负责任的态度，另一方面也不至于让糟糕的企业业绩继续损害其人力资本价值。这种情况下，他们至少还可以在其他企业中寻找到同样水平的职位。关于信息，当他们面临诸多压力时，很可能涉及范围较广的业绩期望落差，带来更多的混杂信息，这会增加管理者处理信息的难度，削弱他们处理信息的能力并阻碍他们进行高质量的决策。因此，基于这一点来说，他们也会更倾向于制定相对而言更为保守的变革决策，或者是他们更为熟悉的变革决策。

## 7.2　管理者继任、业绩期望落差与管理者决策

当企业发生管理者离职后，就必然面临着如何进行继任的问题。因此，如何更为全面地理解继任，有必要将继任与离职联系在一起，才能更为准确地认识管理者更迭的实质。按照来源不同可以将管理者继任划分为内部继任和外部继任。如果继任者来自企业内部，就属于内部继任；如果继任者来自企业外部，就属于外部继任。将继任与离职联系在一起，就可以形成六种组合，即自然离职 + 内部继任（更迭类型 1）、自然离职 + 外部继任（更迭类型 2）、主动离职 + 内部继任（更迭类型 3）、主动离职 + 外部继任（更迭类型 4）、被动离职 + 内部继任（更迭类型 5）、被动离职 + 外部继任（更迭类型 6）。下面将分类进行讨论。

正如本书此前所说，沉淀性冗余资源属于企业此前的“内核”，继任者要想大幅度减少沉淀性冗余资源，还需要花费较多时间来熟悉这些资源的属性、形成原因，弄清楚这类资源的来龙去脉。否则，一旦触及既有组织内部的某些惯例和规矩，就可能遭到组织内部原有力量的排斥，影响其推进变革和行使权力，甚至对其职位造成严重威胁。所以，他们更倾向于利用非沉淀性冗余资源来推进组织变革，这样可以在较短时间内改善和提升企业绩效，从而为其今后的职业生涯奠定良好基础。而对于那些依然得到信任的高管团队来说，既有的思维惯性也迫使他们大多采取“从哪里跌倒，就从哪里爬起”的策略，针对已有的经营模式和思路进行必要的调整，这也符合“承诺升级效应”，这也是令其在组织内重新塑造任职合法性的重要途径。

### 7.2.1　情境 4：内部管理者继任

内部管理者继任主要指继任者的来源是企业内部，而不是企业外部。关于企业内部如何界定，学术研究与管理实践或许存在着很大的区别。

例如，企业从外部引进一个高级管理人才，安排其担任公司副总级别的高层管理者，一年之后，正好公司的总经理职位空缺，于是就安排其接任该职位。那么，这个管理者究竟属于内部继任还是外部继任呢？从现有的实证研究来看，绝大多数学者都将认定标准设定为：如果继任的管理者一年之前加入公司，就可以算作内部继任。之所以设定为一年，这与国内实证研究大多采用年报数据有关。毕竟，可以通过年报来判断管理者是否加入公司，因而学者们并没有将条件设定为半年或 10 个月等。当然，这么做是否有道理，是令人怀疑的，由于大家约定俗成地采取了这种做法，因而也就成了一种相对稳定的认定条件了。从实践界来说，如果一个管理者仅仅加入公司一年多的时间，就将其算作是内部继任，未必符合管理实践的本质含义。由于其加入公司时间过短，很难说已经融入企业文化当中，或者说，这个人的身上拥有更多企业外的特征。因此，这种类型的继任行为更具有外部继任的某些特征，将其归纳到外部继任更符合管理实践的含义。当然，本书对此不做更多的讨论，在这里加以适当区分只是为了避免可能出现的误解。

**1. 内部管理者继任的管理实践意义**

以上所列出的六种类型中，符合内部管理者继任的有如下三种：自然离职 + 内部继任（更迭类型 1）、主动离职 + 内部继任（更迭类型 3）、被动离职 + 内部继任（更迭类型 5）。为了方便进行讨论，本书对内部继任进行了进一步分类，这里将内部继任区分为追随者（follower）和对抗者（contender）。其中，追随者是指与离职的管理者具有非常紧密的关系，甚至就是离职管理者的下属或团队成员，他们继任后倾向于沿用离职管理者的管理思路和策略。对抗者则截然不同于追随者，其引入公司政治理论的核心逻辑，即认为组织内存在着不同的帮派，他们会为了拥有更大的政治权力进行彼此对抗（Ocasio，1994）①。一旦对抗者继任管

---

① Ocasio W. Political Dynamics and the Circulation of Power: CEO Succession in US Industrial Corporations, 1960 - 1990 [J]. Administrative Science Quarterly, 1994, 39 (2): 285 - 312.

 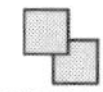

理者职位，他们很可能会对原有的管理思路进行大幅度调整，甚至努力消除前任的痕迹，从而建立起一个新的王朝。下面将对这三种类型进行具体讨论。

第一，更迭类型1，自然离职+内部继任。如本书此前所讨论的，当前任管理者的离职方式为自然离职的形式时，这说明公司的股东和董事会对前任管理者的业绩是非常认可的，也说明其在职业生涯发展过程中是成功的。因此，可以判定，即使前任管理者已经退休，但其在公司内仍然有很大的影响力。那么，对内部来源的继任管理者来说，可能存在着如下几种情况：首先，继任者很可能就是前任管理者安排的接班人。考虑到前任管理者在公司内拥有的巨大影响力，其很可能在接班人的安排上也可以有相当大的话语权。如其可能更倾向于选择那些更符合其自身偏好的人选，或者是在管理风格和认知模式上与其较为相似的人选等，这些人继任管理者的职位后，延续以往的经营策略是大概率事件。对于前任管理者来说，由于其在公司内拥有非常的影响力，可以让其中意的人选担负更为重要的职位，或得到更为充分的职业锻炼，或形成更拿得出手的职业履历，这些都会令其中意的人选在管理者锦标赛中脱颖而出，成为最终的优胜者。其次，即使继任者并不是前任管理者安排的接班人，其仍然面临前任所留下的诸多痕迹，难以进行较大调整。如果公司在安排接班人人选时，并未考虑前任管理者的意见，或者选择了其他的内部人员继任。继任者上台后可能面临的局面是，公司内很多重要部门和岗位上的人都是前任管理者的追随者，或者是其精心培养的人选，这些人有可能会形成一股势力，对继任者形成一定的威慑。或者说，公司内现有的制度与战略安排等都有前任管理者的浓重痕迹，如果继任者上台后贸然进行大幅度调整，很容易损害那些既得利益者的利益。再加上其位置并不稳固，这都会造成组织内部出现较为严重的冲突，从而威胁继任者的地位。最后，继任者可能会面临调整的悖论。如本书此前对内部继任者进行了分类，当继任者为对抗者时，继任者必然会对企业原有的管理思路进行较大幅度的调整，还可能对一些重要岗位重新进行人事安排。即使是追随者也会面临是否进行调整的悖论，毕竟沿用以往的思路和做法，成功了，股东、董事会和其他利益相关者可能会认为继任者是坐享其成；一旦失败，利益相关者就会将失败原因归咎于继任者。因此，只要沿用以往的思路和做法，对继任者来说就是一个难题和困境，试图进行改变或许还能够让他们证明自己是有能力的，这对继任者今后的职业生涯发展和人力资本增值都是有所帮助的。

第二，更迭类型 3，主动离职 + 内部继任。当出现主动离职和内部继任的情况时，这说明企业的股东和董事会对现有的管理层还是满意的，希望能够延续已有的经营思路和管理方式。但需要指出的是，对主动离职的管理者来说，他们的身上很可能被打上对组织不忠诚的烙印，他们的下属和团队成员也容易受到相应的影响，进而对他们所在的群体形成刻板印象，股东和董事会对其的信任水平也会相应下降。多数情况下，主动离职的管理者很难对组织的继任者进行安排，因而继任者很可能并不是其追随者，这就使得即便是内部继任，也很难完全沿用此前的经营思路和管理方式。

第三，更迭类型 5，被动离职 + 内部继任。当出现被动离职和内部继任的情况时，可以推断股东和董事会对现任管理者非常不满，或许是公司的业绩很糟糕，远达不到组织的期望水平，或许是公司的战略意图无法在组织内得到贯彻，导致股东和董事会不得不痛下杀手，采取相对激烈的手段来更换管理者。在这种情况下，由于对在任管理者失去信任，公司肯定会希望能够换一个经营思路，最好的办法就是从外部找一个继任者，既不会与刚刚离职的前任管理者存在着千丝万缕的联系，也可以帮助企业进行重大的变革。那么，之所以还要继续采取内部继任的方式，可能的原因就是暂时并未从外部找到适合的人选。毕竟，当前任被公司解职时，企业内部很可能是矛盾重重，这不仅需要新来的继任者既能够具有良好的经营管理才能，还要善于处理复杂的人际关系和矛盾。因此，这对继任者的要求非常高，并不是以往可以允许守业的继任者。在这种情况下上任的内部继任者，很可能是一个相对任期较短的管理者，或者说是临危受命而不得不就任的内部人，其所受到的压力可能会非常之大。

**2. 内部管理者继任下的业绩期望落差与管理者决策**

关于内部管理者继任情况下的业绩期望落差与管理者决策关系讨论，本书仍然采用权力—情绪—信息的框架来加以分析。这里需要说明的是，内部继任者所面临的情境不仅取决于其自身的来源，也与前任管理者的离职方式密切相关，因而有必要综合起来加以考虑。具体分析如下。

第一，自然离职＋内部继任（更迭类型1）。关于权力。当发生前任管理者自然离职和继任者来自组织内部时，继任者可以获得来自股东和董事会的高度信任，毕竟这就是前任管理者推荐且精心培养的人选，完全能够继续贯彻前任管理者的经营思路和管理方式，从而继续推动企业维持较好的绩效。当出现业绩期望落差时，即使涉及范围时间较广，股东和董事会及其他利益相关方也会认为交接班过程中的必然现象，并不会对继任管理者产生过多的怀疑。不过，如果业绩期望落差的持续时间较长，则继任管理者的能力可能会受到质疑，即究竟是不是一个合格的接班人。因此，一旦陷入业绩期望落差宽度较大的情境时，继任管理者尽管依然可以利用前任所留下的光环，但其必须要尽快证明其具备较好的能力，因而可能会采取一系列变革措施。由于其能够获得来自前任管理者的支持，推行这些变革所遭遇到的阻力可能也会小一些。关于情绪。由于继任管理者在较短时间内就出现了业绩期望落差，这势必会导致其一定的焦虑情绪，毕竟此前担任管理层的副职，现在则是统揽全局，需要对企业经营绩效的总体负责，因而会面临更大的压力，继任初期的时候可能会更加小心翼翼。关于信息。由于继任者来自企业内部，其对企业内部信息掌握得更加全面，当然，对于内部继任者来说，其从以往只负责某一个职能领域或某一个业务单位，到现在的统揽全局，其需要处理的信息更加繁杂，这就要求其具备更加强大的信息处理能力。一旦企业的业绩期望落差涉及面较宽，这就会给继任的管理者带来较大的压力，迫使其不得不花费更多的时间来处理信息。因而，其很可能会因为处理信息不及时，出现决策质量下降的情况。

第二，主动离职+内部继任（更迭类型3）。关于权力。当前任管理者的离职形式为主动离职时，内部继任的管理者难以获得较大的权力，这可以从两个方面加以分析。首先，前任管理者主动离职后，一旦加入了另一个相较于目前更加卓越的企业，这就会令企业的利益相关者认可其能力。对于继任管理者而言，继任后必然面临着较大的业绩压力。一旦出现了明显的业绩期望落差，其专家权力和声誉权力都会受到严重损害。其次，由于前任管理者的主动离职，有关继任者的接班计划或许是匆忙之下的结果，因而股东和董事会未必会对继任管理者高度信任，在授予其权力的时候也会有所顾虑，这就在一定程度上制约了继任管理者的组织权力。当企业出现持续时间较长的业绩期望落差时，股东和董事会很可能会质疑继任管理者究竟是否能够胜任该职位，进而产生换人的想法。这就给继任管理者巨大的压力，迫使其必须要尽快扭转业绩，否则就会被解职。如果企业的业绩期望落差涉及范围较广，这说明企业有可能出现了系统性问题，对继任管理者而言，必须要消除股东或董事会的疑虑。如果这些问题能够归咎于外部因素，则继任管理者仍然可以得到较好的组织支持。关于情绪。由于继任管理者刚刚就任，尚未建立起属于自己的业绩，必然还处于积极学习和战战兢兢的阶段，他们不会展现出过度自信的一面。如果企业出现了业绩期望落差，他们更倾向于采取较为积极的变革措施，毕竟采取变革对他们来说是更优的选择。他们也需要通过变革来对原有的经营思路和管理模式进行必要的调整，以形成符合自己风格的经营运作模式。关于信息。对于内部继任者来说，其对组织内的信息传播与处理方式非常熟悉，可以在继任后快速地进入角色。当企业发生业绩期望落差时，如果这种期望落差持久性强，未必会影响到继任管理者处理信息的速度，也不会影响其制定决策的质量。一旦出现涉及范围较大的业绩期望落差，很可能会对继任管理者提出挑战，即转变为统揽全局的管理者之后，对企业内一些领域并不熟悉，这会使得其在面临一些领域信息时，很可能会手足无措，处理起来并不是得心应手，这会大大降低其处理信息的速度，并影响其最终利用信息制定决策的质量。因而，在这种情况下制定决策时，他们会更倾向于保守，而不是激进。

第三，被动离职 + 内部继任（更迭类型 5）。关于权力。正如前面所说，被动离职 + 内部继任的情况相对少一些，毕竟企业如果拥有合格的管理者候选人，或许早就会对已经离职的管理者采取解雇的措施。通常来说，企业选择内部继任者来应对被动离职的情形，主要还是确保企业能顺利度过危机。因此，对于继任管理者来说，其难以获得股东和董事会授予更多的权力，即组织权力相对较小。当然，之所以能够被挑选作为临时救火者，其还是拥有较高的专家权力和声誉权力，这也有助于其推行变革的决策。关于情绪。前任管理者离职的原因就是糟糕的业绩，因而继任管理者当前所面临的业绩期望落差很可能会归结于前任，并不是继任管理者的原因。即便如此，持续下滑的企业业绩仍然难以让继任管理者尽快树立起相对稳定的认知模式和自信水平。关于信息。与上述两种类型相似，在面对涉及范围较大的业绩期望落差时，由于缺乏全面管理的足够经验，其仍然会面临着信息处理的难题，从而影响其制定高质量的决策。

### 7.2.2　情境 5：外部管理者继任

当企业聘用外部管理者担任企业重要岗位时，很可能要寻求对原有组织的重大变革，毕竟组织内的人员熟悉原有的方式，也会受到原有思维习惯的严重束缚。一旦引入外部管理者，这就可以对现有的组织产生明显的冲击，进而推动组织变革。此外，还需要考虑的一个重要问题是，当外部管理者继任后，其势必会打破原有组织任用管理者的惯例。根据路径依赖的核心逻辑，如果一个组织始终保持着内部继任的做法，那么这个外部继任者就会被视为打破惯例的人，或者说就会被标签为“规则破坏者”，即使其本人并没有这么想。因而，这个外部继任者所要面临的组织内部阻力是极其巨大的，对那些具有较强东方文化背景且企业用人较为封闭的组织而言尤其如此。相比较而言，对那些企业用人相对多元化和开放的组织来说，来自外部的继任者并不会受到过多的制度压力。下面将就外部管理者继任的具体情况加以分析。

**1. 外部管理者继任的管理实践意义**

以上所列出的六种类型中，符合外部管理者继任的有如下三种：自然离职 + 外部继任（更迭类型 2）、主动离职 + 外部继任（更迭类型 4）、被动离职 + 外部继任（更迭类型 6）。下面将对这三种类型具体进行讨论。

第一，自然离职 + 外部继任（更迭类型 2）。对于绝大多数的自然离职来说，继任形式大多是采取内部继任，毕竟内部来源的继任者有助于保持企业原有的管理风格和经营思路，恰恰这也被证明是正确的。那么，企业依然要从外部选择继任者，大致可能的原因有如下方面：首先，此前自然离职的管理者是企业的缔造者，或者是为企业发展做出巨大贡献的职业经理人，即使他们在任职过程中出现了某些瑕疵，或者说在其职业生涯末期时，企业已经出现了业绩下滑的局面，但股东或董事会往往会出于多方面考虑，不会轻易解除这些人的职务。因而，等这些人自然离职后，企业希望尽快引入外部新鲜血液来推进组织变革。其次，自然离职的管理者做出了卓越的业绩，组织内部的诸多候选人并不能帮助企业达到同等的业绩水平，至少没有展现出令人信服的能力，因而组织倾向于从企业外部寻找这样的人选，一方面可以帮助企业继续提升业绩，另一方面也可以让利益相关者各方信服。最后，对于那些管理者任职期限较长的企业来说，一旦某一任管理者离职，往往是进行战略调整的良好时机和战略窗口，因而选择从外部聘用一个恰当的人选，刚好有助于

企业快速进入新的业务领域，而不必去花费大量时间培养适合的人选。此外，利用外部继任者的好处就是，其不必承担过多的组织承诺，这一点与内部继任者存在着相当大的不同。

第二，主动离职+外部继任（更迭类型4）。当前任管理者是主动离职，且后任管理者来自外部时，这说明组织对现有的管理团队成员并不信任，或者说没有恰当的继任人选。毕竟，对于那些长期采用内部继任方式的企业来说，一旦某个管理者打破惯例突然离职，可能会破坏企业既有的接班人计划，不得不要求继任的候选人提前接班。但根据培养计划，接班人尚不具备接任的能力，这就迫使组织不得不打破常规而从外部招聘适合的人选。在这个过程中，企业可能会意识到管理者的不忠诚，进而认识到有必要对管理团队进行忠诚测试，以确保依然可以沿用原有的管理制度。从上述逻辑可以看出，一旦选择外部继任，企业可能会出现两种情况：即一种情况是，外部继任者只是一个临时人选，一旦企业度过接班人危机，仍然会恢复原有的接班人制度，这样的好处是不会破坏既有的制度，确保原有的企业文化和惯性。另一种情况是，企业正好借助这个时机进行战略转型，如果的确如此的话，只要外部继任者能够展现出必要的实力和能力，其任职时间就会相对较长，地位也会颇为稳固。

第三，被动离职+外部继任（更迭类型6）。对于前任管理者是被动离职的情况，企业选择从外部寻找继任者，其目的是非常明确的，即不认为组织内部可以提供适合的人选，希望借助外部的优秀人才来帮助企业走出困境。在这种情况下，继任管理者往往可以获得很高的地位，他们可以得到来自股东和董事会的大力支持，其他利益相关者也会将他们视作能够帮助企业实现再次发展的人才。因此，至少在相当长的一段时间内，他们的地位都是非常稳固的。

**2. 外部管理者继任下的业绩期望落差与管理者决策**

关于外部管理者继任情况下的业绩期望落差与管理者决策关系讨论，

本书仍然采用权力—情绪—信息的框架来加以分析。这里需要说明的是，外部继任者所面临的情境不仅取决于其自身的来源，也与前任管理者的离职方式密切相关，因而有必要综合起来加以考虑。具体分析如下。

第一，自然离职 + 外部继任（更迭类型 2）。关于权力。当前任管理者的离职方式为自然离职，继任管理者来自外部时，其组织权力必然会受到很大的制约，毕竟组织里还存在着前任管理者培养的诸多人员及管理制度等。即使股东和董事会为其提供充分的支持，但短期内其组织权力仍然会受到组织内部大多数人员的抵触。当然，继任管理者拥有非常突出的过往业绩以及令人信服的能力，但其组织里究竟是否能够取得与前任管理者同样的成就，仍然会受到组织内部的广泛质疑，毕竟水土不服的情况在企业界比比皆是。因而，其过往的业绩等并不一定会转化为组织的专家权力，以及与之相关的声誉权力。关于情绪。需要指出的是，外部继任者往往也是在其他企业里的成功管理者，其在原有企业已经形成了相对稳定的管理风格和认知模式，也会表现出较高的过度自信水平。只不过，从企业外部刚刚进入到组织内部的最初阶段，其必须要尽快熟悉企业的惯例和规则等，否则就难以推行其所拟定的变革决策和命令。因而，这个阶段里，其需要尽快展现出个人能力，否则容易招致企业内员工的疑虑，进而对企业从外部聘用管理者的决策产生怀疑。也就是说，一旦出现了业绩期望落差，外部继任者还是希望能够迅速扭转下滑趋势，尽快帮助企业恢复增长。因而，他们倾向于采取相对比较积极的变革决策。关于信息。对于外部继任者来说，无论是持续性较长的业绩期望落差，还是涉及范围较广的业绩期望落差，都会对他们的信息处理提出较大的挑战，毕竟他们还处于尽快熟悉企业内部运作模式的过程中。因而，混杂的信息将会耗费他们更多的时间，从而限制他们制定决策的质量。

第二，主动离职 + 外部继任（更迭类型 4）。关于权力。对于外部继任者来说，如果前任管理者是主动离职，其可能未必会获得来自股东或董事会更多的支持，毕竟他们很可能只是临时人选而已。这对于这些外部继任者而言，任职后的一段时间将会面临巨大的调整。因此，他们可以拥有较大的专家权力和声誉权力，但组织权力却会受到诸多条件的约束。关于情绪。对于外部继任者来说，如果他们将自己清晰地定位于临时人选的话，很可能就会保持良好的心态，即使在持久性较长且涉及范围较广的业绩期望落差，他们很可能也会相对镇定，毕竟企业出现的问题未必会完全归咎于他们自己。一旦决定进行大幅度变革决策，很可能在实施过程中会遇到诸多掣肘，导致实施效果不佳。关于信息。有关信息的问题时机上与更迭类型2相同，这里就不再赘述。

第三，被动离职+外部继任（更迭类型6）。关于权力。当前任管理者的离职原因是被动离职时，对于外部继任者来说，其很可能被企业的股东和董事会当作企业的救世主。毕竟，在前任管理者执掌企业期间，企业的业绩并不如人意，甚至出现了诸多问题，严重地损害了股东的利益，这就导致前任管理者被解职。那么，外部继任者很可能会获得相当大的权力，从而有助于其推行所必须采取的变革措施。为了达到变革的目的，企业的股东和董事会在选择继任者的过程中，也会更重视继任者在行业内的声望以及他们以往所获得的业绩。因此，外部继任者加入企业后，往往可以获得相当大的组织权力、专家权力和声誉权力，这些都会帮助其实施变革。即使短期内出现业绩期望落差，也会被认为是企业转型过程中的必然现象，而不会影响其权力水平。关于情绪。对于这些外部继任者来说，由于企业此前的业绩非常糟糕，这些继任者会拥有较高的过度自信水平，他们倾向于更加自信地进行决策，并推进他们所作的决策。当出现业绩期望落差时，他们更倾向于采取较为积极的变革决策。关于信息。由于他们上任后就会推行变革，特别是进行业务转型，因而对于业绩期望落差所产生的混杂信息，他们会熟悉新业务的运作模式，因而并不会降低其处理信息的速度，也不会影响他们制定决策的质量。

本书第 7 章着重讨论了管理者更迭情境下的业绩期望落差与管理者决策之间可能存在的关系。当然，需要特别说明的是，管理者更迭的情境远比本书所讨论的内容要复杂得多，继任管理者所面临的决策条件也要更多动态和复杂，这些都会加大理论分析的难度。因此，这里仅就一些情况进行了初步讨论，并未进行更为深入的拓展。

# 第8章 结论与展望

## 8.1 研究结论

对业绩期望落差与企业风险承担之间关系进行了较为全面的研究，揭示了其内在作用机理，并检验了差异化战略的中介效应，以及高管团队异质性和制度环境的调节效应。得出如下结论。

第一，业绩期望落差对企业风险承担具有显著的影响。当采用不同方式测量业绩期望落差时，业绩期望落差与企业风险承担的关系并不一致。研究证实，后视性业绩期望落差对企业风险承担具有显著的非线性影响，这种影响表现为倒“U”形关系。即当未达到临界点之前，随着后视性业绩期望落差的增大，企业风险承担表现出随之上升的趋势；当越过临界点之后，后视性业绩期望落差越大，则企业风险承担越低。在倒“U”形的左侧，主要是企业行为理论起到作用，而在倒“U”形的右侧，主要是威胁—刚性理论产生影响。之所以会出现这样的情况，主要是因为出现业绩期望落差的企业，很可能会表现出一定的衰落趋势，或者陷入短暂的困境，这就需要企业耗费现有的冗余资源来帮助企业摆脱目前的窘境（Cyert & March，1963）。当达到临界点时，企业冗余资源很可能也被耗尽，即使高管团队还有挽救企业的动机，但在缺乏冗余资源和难以从外部获得融资的情况下，他们也陷入到“巧妇难为无米之炊”的困境，故威胁—刚性理论将会发挥作用。同时还证实了前瞻性业绩期望落差对企业风险承担具有显著的正向影响，且表现出明显的线性关系，前景理论可以解释上述逻辑。这里的核心还可以利用冗余资源来加以解释，前瞻性业绩期望落差并不意味着企业陷入困境。毕竟其业绩参照点来自资本市场的分析师，因此未必会耗费企业的冗余资源，也不会发生冗余资源被消耗殆尽的情况，故可以推断并不存在临界点的情况。因此，基于前景理论的逻辑，如果高管团队预计企业的业绩无法达到资本市场的期望，其很可能会采取一定的措施，如加大对高风险高收益项目的倾斜力度，从而提高企业的风险承担水平。本书针对业绩期望落差与企业风险承担之间关系的研究，可以揭示出冗余资源在其中可能产生的重要作用，这也符合塞特和马奇（Cyert & March，1963）所提出的企业行为理论的核心思想。即对于那些处于经营困境的企业来说，冗余资源很可能是其能够走出困境的救命稻草。一旦冗余资源消耗殆尽，整个组织很可能也会失去扭转困境的信心，组织也会彻底陷入下降式螺旋当中，难以摆脱所处的困境。

第二，差异化战略在业绩期望落差与企业风险承担之间具有显著的中介作用。本书的研究结果验证了差异化战略无论是在后视性业绩期望落差与企业风险承担之间，还是在前瞻性业绩期望落差与企业风险承担之间，都具有显著的中介效应。这说明，作为企业竞争战略的一个关键内容，差异化战略正逐步成为多数中国企业战略工具箱里的重要选项，也是中国企业走出“卡脖子”困境的不得已出路。基于高阶梯队理论的基本逻辑，高管团队的决策模式和价值观会直接影响他们所作出的战略选择。一旦他们认为有必要进行组织变革，或者说试图通过一些战略手段来改变当前的组织困境，差异化战略无疑是一种可行的战略选择，且更容易被包括股东在内的利益相关者所接受和认可。不过，也应该认识到，较成本领先战略而言，差异化战略需要组织耗费更多的资源，花费更多的时间，且需要更为坚定的战略决心。这些都需要作为决策者的高管团队改变原有的决策模式和习惯，敢于承受高风险的决策方案，而不只是试图通过价格来获取竞争优势，沿袭过往的模仿追随策略。因此，差异化战略是业绩期望落差影响企业风险承担的一条重要中介路径，值得关注。

第三，高管团队异质性对业绩期望落差与企业风险承担之间关系具有显著的调节作用。本书先后检验了高管团队异质性的四个维度，年龄异质性、性别异质性、教育水平异质性和职业背景异质性对业绩期望落差与企业风险承担之间关系的调节作用。根据组织行为学的相关理论，高管团队异质性对群体决策的效率和结果都具有非常明显的影响。当高管团队进行决策时，注意到业绩期望落差的存在，将会决定采取变革行为。当高管团队存在较为明显的年龄、性别、教育水平或职业背景异质性时，高管团队的决策模式与决策特征会发生较为明显的变化，这势必会影响到业绩期望落差与企业风险承担之间的关系。从实际检验结果来看，高管团队年龄异质性的调节效应对后视性和前瞻性业绩期望落差与企业风险承担之间关系的调节效应均显著；性别异质性、教育水平异质性和职业背景异质性的调节效应只是得到了部分支持，还有部分假设并未得到支持。之所以会出现这样的情况，这说明在我国文化中表现出明显的“差序结构”特征，而差序结构与年龄密切相关，这对高管团队成员内部在决策时的表现有非常明显的影响。且随着我国创业企业越来越多，年轻人在职场中的成长速度也日益加快，越来越多的年轻面孔出现在企业高管团队中，这为年龄相对较小的高管团队成员在组织决策中发挥作用提供了必要的基础。相对而言，女性高管在高管团队中的比例还相对较小，其在高管团队中的影响力还相对不高；此外，教育水平和职业背景的划分是否还需要进一步考虑如何分类，这些都需要在今后的实证研究中着重关注。

第四，制度环境对业绩期望落差与企业风险承担之间的关系同样具有显著的调节作用。由于关注的企业风险承担实际上表现为一种对高收益高风险项目的投资决策，故可以认为风险投资活动嵌入在外部市场制度当中，在很大程度上受到制度环境的影响和塑造。与此前国内外的相关研究结论基本一致，本书的实证检验结果同样支持了制度环境对企业内部决策机制的重要影响，这也是在战略管理研究中不可或缺的关键因素。本书的研究结果显示，制度环境对行业期望落差与企业风险承担之间的关系、前瞻性业绩期望落差与企业风险承担之间的关系都具有显著的正向调节作用，而对于后视性业绩期望落差与企业风险承担之间关系的调节作用、历史期望落差与企业风险承担之间关系的调节作用均未得到支持。这说明制度环境对企业决策机制的影响存在着一定的适用性范围，即当企业决策时更多地考虑到行业内竞争对手，或者是企业今后的成长前景时，其必然要考虑制度环境可能带来的诸多影响。但仅仅考虑到企业自身当前业绩与过往业绩的差距对企业风险承担的影响时，制度环境则未必是决定性因素。

## 8.2 管理启示与建议

高管团队的决策特征始终是战略管理领域研究的重要内容，特别是当前中国企业亟须向高质量发展转型的重要历史阶段，如何推动中国企业尽快沿着全球产业链向高端制造和高端研发提升，是学术界与实务界迫切需要解决的问题。研究结论有如下管理启示。

第一，当考虑高管团队在提升企业风险承担时究竟该如何决策时，需要弄清楚高管团队的决策模式，即他们在决策时所考虑的参照点究竟是后视性业绩期望落差，还是前瞻性业绩期望落差。毕竟，不同的业绩期望落差对企业风险承担的影响结果存在着较为明显的差异，这会直接影响到企业风险承担的水平。从实际情况看，有的高管团队更关注企业自身当前业绩与过往业绩的比较，有的高管团队重视企业当前业绩与行业竞争对手业绩的比较，而有的高管团队则更重视来自资本市场的预测压力。由于决策时的侧重点不同，最终制定的决策结果也会有很大的差异，这就需要弄清楚他们的决策模式与习惯。当然，这不仅与高管团队成员自身的性格特征或习惯有关，也可能取决于高管团队所形成的独有文化。因而，关注文化因素或许是找到高管团队提升风险承担水平的潜在关键点。此外，本书还发现后视性业绩期望落差与企业风险承担之间存在着倒“U”形关系，这表明当业绩期望落差达到某个极值点之后，两者之间的关系会发生截然不同的变化。这就要求大股东或董事会清楚地意识到，当企业经营困境进入某个关键节点后，处于后视性业绩期望落差企业的高管团队很难再有积极的意愿采取战略变革。一旦弄清楚这里的影响机制，作为企业的大股东或董事会在试图推动处于经营困境的企业提升风险承担水平时，就可以弄清楚高管团队的决策模式，这样很可能会达到预期的效果。

第二，当组织处于业绩衰落状态或难以达到过往业绩水平时，若试图提升企业的风险承担水平，则需要考虑实施差异化战略的可能性以及随之而来的结果。从研究结论看，当组织处于业绩期望落差状态时，很可能会通过差异化战略的手段来提升风险承担水平。此时就需要组织充分考虑自身是否具备实施差异化战略的条件、资源和能力，否则很可能会招致战略失败的命运。考虑到差异化战略是业绩期望落差与企业风险承担之间的重要中介路径，因此，对一个组织而言，要充分认识到差异化战略与成本领先战略的不同，特别是要考虑到组织惯性可能带来的严重影响（Hannan & Freeman，1977；Porter，1983）。要适当地提高企业进行战略调整的动态能力（Teece et al.，1997），及早储备能够支撑差异化战略的相关条件，形成能够支持差异化战略所特有的组织文化，特别是加大研发投入或保持较长时期的高强度研发投入。一旦企业落入困境时，便可通过差异化战略来实施高风险高收益的项目，从而帮助企业在较短时间内摆脱困境，重新走向繁荣。

第三，作为公司的大股东和董事会，在选聘高管团队成员或设计高管团队结构时，要充分考虑到高管团队异质性对高管团队决策结果可能带来的影响，这是当前战略管理领域中的一个重要内容。如果董事会或股东希望能够增强处于业绩期望落差的企业采取较高风险承担水平的战略行为的内在动机和主动意愿时，就需要调整高管团队的异质性，尤其是考虑提高高管团队的年龄异质性和性别异质性，适当降低教育水平异质性以及缩小职业背景的涉及范围等。如果组织不希望这种促进作用的存在，就可以通过实施与上述企业行为相反的战略决策，从而达到预期的目标。

第四，企业的大股东或董事会在试图影响处于业绩期望落差的企业采取高风险承担水平战略行为时，还要充分考虑制度环境可能带来的影响。即一旦企业处于业绩期望落差的经营困境时，试图通过实施高风险承担水平的战略变革来推动企业走出困境，这就要分析企业所处的外部环境。本书发现良好的制度环境将会明显增强业绩期望落差企业采取高风险承担水平战略变革的内在动机和主动意愿。因此，当处于制度环境相对较差的地理区域时，如果企业大股东或董事会希望可以适当增强处于困境企业采取战略变革的内在动力，就需要进一步强化高管团队异质性的程度，从而能够在一定程度上克服制度环境可能带来的抑制作用。

## 8.3 研究局限与展望

限于研究过程中样本采集和研究方法等方面的限制，研究结论还存在着一些瑕疵。与之相应的，探究遭遇困境的企业或者是陷入衰退阶段的企业究竟如何走出困境，如何通过改变高管团队的决策风格等来扭转企业的原有状态，弄清企业提高风险承担水平的影响因素，是今后战略管理的重要研究课题。

第一，利用业绩期望落差来研究高管团队决策时的参照点，这符合塞特和马奇（Cyert & March）所提出的企业行为理论的基本观点。近年来国内外也涌现了很多此类主题的研究，但这种测量方式是否能够如实反映高管团队的决策特征，还有待推敲。近年来较为活跃的神经网络学研究逐步涉入决策领域，能否利用该学科的相关技术手段来测量高管团队的决策特征，目前测量业绩期望落差的方式是否存在效度上的差异，都有待进一步比较研究。

第二，在测量业绩期望落差时，同时考虑了后视性业绩期望落差和前瞻性业绩期望落差。但在统计分析的过程中，只单独考虑了其中某一种业绩期望落差的影响。这样做是因为两者之间存在着较高的相关性，但两者却的确存在着较为明显的构想与内涵的差异。现实情况中，高管团队决策时很可能既考虑过往的业绩情况，也会受到资本市场的压力，两者都会成为高管团队决策的参照点。那么，两者之间究竟是如何相互作用的，这还有待今后进一步研究。

第三，在选取高管团队时，并未考虑高管团队成员变化可能对团队决策特征和风格的影响。特别是企业中有关风险承担的决策，很可能会受到企业的首席技术官或首席财务官的影响，这与企业究竟是技术导向还是成本导向的运营模式有关，但囿于本书篇幅和研究范围的限制，并未考虑这个因素。在今后的研究中，可以将高管团队关键成员的更迭纳入研究中，特别是利用社会身份理论以及与之相关的分类理论和重构理论等来讨论高管团队变化可能引发的影响。

第四，差异化战略是企业战略选择中的一个重要行为，但如何更精准地测量企业是否采取了差异化战略，以及采取差异化战略的程度等，都还存在着较多的问题。正如在变量介绍时所述，由于研究对象是上市公司，只能利用上市公司的财务数据等来衡量差异化战略。今后还可以利用上市公司年报里的文字表述等，通过质性研究的方法对差异化战略进行测量，从而进一步提升研究结论的效度。

# 参考文献


[1] 毕茜，顾立盟，张济建．传统文化、环境制度与企业环境信息披露［J］．会计研究，2015（3）：12－19，94.

[2] 柴才，黄世忠，叶钦华．竞争战略、高管薪酬激励与公司业绩——基于三种薪酬激励视角下的经验研究［J］．会计研究，2017（6）：45－52，96.

[3] 陈本凤，周洋西，宋增基．CEO 权力、政治关联与银行业绩风险［J］．软科学，2013，27（11）：22－26.

[4] 陈闯，刘天宇．创始经理人、管理层股权分散度与研发决策［J］．金融研究，2012（7）：196－206.

[5] 陈闯，吴晓晖，卫芳．团队异质性、管理层持股与企业风险行为［J］．管理科学学报，2016，19（5）：1－13.

[6] 陈闯，张岩，吴晓晖．风险投资、创始人与高管薪酬——多边代理视角［J］．管理科学学报，2017，20（6）：78－88.

[7] 陈承，万珊，朱乐．国企高管薪酬与企业社会责任——组织冗余与市场化进程的调节作用［J］．中国软科学，2019（6）：129－137.

[8] 陈翠霞，王嘉璇，吴彤琳．经营绩效对保险公司风险承担决策影响的实证分析——以美国年金保险公司为例［J］．金融理论探索，2019（5）：72－80.

[9] 陈琪．中国绿色信贷政策落实了吗——基于“两高一剩”企业贷款规模和成本的分析［J］．当代财经，2019（3）：118－129.

[10] 陈倩倩，樊耘，张旭，等．领导者信息共享与集体主义对员工促

进性建言的影响机制研究［J］. 管理学报，2017，14（10）：1523－1531.

［11］陈收，肖咸星，杨艳，等.CEO 权力、战略差异与企业绩效——基于环境动态性的调节效应［J］. 财贸研究，2014，25（1）：7－16.

［12］陈伟宏，钟熙，宋铁波.TMT 异质性、期望落差与企业冒险变革行为［J］. 科学学与科学技术管理，2018，39（1）：84－97.

［13］陈志勇，陈思霞. 制度环境、地方政府投资冲动与财政预算软约束［J］. 经济研究，2014，49（3）：76－87.

［14］池国华，徐晨阳. 资产专用性提升了企业风险承担水平吗？——基于边界调节和中介传导的双重检验［J］. 中国软科学，2019，11（11）：109－118.

［15］崔也光，王肇，周畅. 独立董事背景特征影响企业研发强度吗？——基于企业生命周期视角［J］. 经济与管理研究，2018，39（12）：130－140.

［16］戴维奇，魏江，余纯国. 过往绩效与公司风险投资：高管政治网络的调节效应［J］. 科研管理，2012，33（1）：138－146.

［17］戴泽伟，潘松剑. 实体企业金融化与企业战略差异［J］. 华东经济管理，2019，33（9）：134－141.

［18］丁际刚，兰肇华. 前景理论述评［J］. 经济学动态，2002（9）：64－66.

［19］董保宝，罗均梅，许杭军. 新企业创业导向与绩效的倒 U 形关系——基于资源整合能力的调节效应研究［J］. 管理科学学报，2019，22（5）：83－98.

［20］董保宝. 风险需要平衡吗：新企业风险承担与绩效倒 U 形关系及创业能力的中介作用［J］. 管理世界，2014（1）：120－131.

［21］窦欢，张会丽，陆正飞. 企业集团、大股东监督与过度投资［J］. 管理世界，2014（7）：134－143，171.

［22］杜运周，王小伟，邓长庚，等. 组织衰落与复苏战略：国外理

论述评及未来研究启示［J］. 外国经济与管理，2015，37（6）：26－38.

［23］樊纲，王小鲁，张立文，等. 中国各地区市场化相对进程报告［J］. 经济研究，2003（3）：9－18，89.

［24］范圣然，陈志斌，沈磊. 企业财务柔性政策对创新效率的影响——来自经济新常态背景下的经验证据［J］. 东北大学学报（社会科学版），2018，20（1）：36－43.

［25］方军雄. 市场化进程与资本配置效率的改善［J］. 经济研究，2006（5）：50－61.

［26］葛菲，贺小刚，吕斐斐. 组织下滑与国际化选择：产权与治理的调节效应研究［J］. 经济管理，2015，37（6）：43－55.

［27］耿新，王象路. 基于董事长权力、环境动态性调节效应的董事会断裂带与多元化战略［J］. 管理学报，2021，18（6）：821－832.

［28］耿晔强，都帅帅. 环境规制、技术进步与企业实际工资［J］. 南开经济研究，2020（5）：3－23.

［29］巩键，陈凌，王健茜，等. 从众还是独具一格？——中国家族企业战略趋同的实证研究［J］. 管理世界，2016（11）：110－124，188.

［30］顾雪松，韩立岩. 市场化进程与对外直接投资的技术溢出效应［J］. 科研管理，2018，39（6）：150－158.

［31］关伯明，邓荣霖. 董事会结构特征与公司风险承担关系实证研究［J］. 现代管理科学，2015（1）：9－11.

［32］郭葆春，刘艳. 高管团队垂直对异质性与 R&D 投资行为研究——基于生物医药行业的实证分析［J］. 科技管理研究，2015，35（21）：35－40.

［33］郭蓉，文巧甜. 成功、失败和灰色地带的抉择：业绩反馈与企业适应性战略变革［J］. 南开管理评论，2017，20（6）：28－41.

［34］郭蓉，文巧甜. 双重业绩反馈、内外部治理机制与战略风险承担［J］. 经济管理，2019，41（8）：91－112.

［35］何晴晴，杨柳，潘镇．创新还是寻租？业绩期望落差对企业风险承担行为的影响［J］．商业经济与管理，2020（7）：71－85．

［36］何瑛，于文蕾，杨棉之．CEO复合型职业经历、企业风险承担与企业价值［J］．中国工业经济，2019（9）：155－173．

［37］贺小刚，邓浩，吴诗雨，等．赶超压力与公司的败德行为——来自中国上市公司的数据分析［J］．管理世界，2015（9）：104－124．

［38］贺小刚，连燕玲，吕斐斐，等．消极反馈与企业家创新：基于民营上市公司的实证研究［J］．南开管理评论，2016，19（3）：145－156，177．

［39］贺小刚，朱丽娜，杨婵，等．经营困境下的企业变革："穷则思变"假说检验［J］．中国工业经济，2017（1）：135－154．

［40］洪峰．高管自主权、期望差距与企业风险承担——治理效应的长周期观察［J］．现代财经（天津财经大学学报），2018，38（4）：86－100．

［41］胡国柳，胡珺．董事高管责任保险与企业风险承担：理论路径与经验证据［J］．会计研究，2017（5）：42－48，98．

［42］胡国柳，王禹．董事高管责任保险与企业差异化战略［J］．商业经济与管理，2019（11）：55－69．

［43］胡望斌，张玉利，杨俊．同质性还是异质性：创业导向对技术创业团队与新企业绩效关系的调节作用研究［J］．管理世界，2014（6）：92－109，187－188．

［44］扈文秀，穆庆榜．金融高管薪酬与公司绩效关系实证研究［J］．管理评论，2011，23（10）：118－124．

［45］黄浩，胡晓晓，高翔．关联交易、市场化进程与企业价值［J］．统计与决策，2021，37（11）：178－181．

［46］黄建仁，苏欣玫，黄健铭．高管人员薪酬、自由现金流量对公司风险承担之影响［J］．科学决策，2010（7）：10－17，73．

[47] 黄晓飞，井润田．我国上市公司的实证研究：股权结构和高层梯队与公司绩效的关系 [J]．管理学报，2006，3 (3)：336 - 346.

[48] 黄珍，禹媛媛，贾明．衣锦还乡促创新？——基于高管家乡认同的研究 [J]．管理工程学报，2022，36 (5)：111 - 129.

[49] 江诗松，龚丽敏，魏江．转型经济背景下后发企业的能力追赶：一个共演模型——以吉利集团为例 [J]．管理世界，2011 (4)：122 - 137.

[50] 姜飞飞，江旭，张慜．企业家导向对企业知识转移绩效的影响——国有企业与民营企业的比较研究 [J]．管理评论，2014，26 (11)：119 - 128.

[51] 颉茂华，刘斯琴，杨彩霞．产品市场竞争度、竞争战略选择对成本黏性的影响研究 [J]．产业经济研究，2016 (1)：11 - 19.

[52] 金智，徐慧，马永强．儒家文化与公司风险承担 [J]．世界经济，2017，40 (11)：170 - 192.

[53] 蓝海林，董慈慈．突破性技术创新研究：现状与展望——基于 SSCI 和 CSSCI 期刊的文献计量分析 [J]．经济管理，2020，42 (2)：192 - 208.

[54] 雷辉，王亚男，聂珊珊，等．基于财务绩效综合指数的竞争战略绩效时滞效应研究 [J]．会计研究，2015 (5)：64 - 71，95.

[55] 李璨，吕渭星，周长辉．绩效反馈与组织响应：文献综述与展望 [J]．外国经济与管理，2019，41 (10)：86 - 108.

[56] 李端生，王晓燕．高管团队异质性、激励机制与企业研发投资行为——来自创业板上市公司的经验数据 [J]．经济问题，2019 (2)：58 - 68.

[57] 李海霞，王振山．CEO 权力与公司风险承担——基于投资者保护的调节效应研究 [J]．经济管理，2015，37 (8)：76 - 87.

[58] 李虹，霍达．管理层能力与企业环境信息披露——基于权力距

离与市场化进程调节作用视角［J］．上海财经大学学报，2018，20（3）：79－92.

［59］李华晶，邢晓东．高管团队与公司创业战略：基于高阶理论和代理理论融合的实证研究［J］．科学学与科学技术管理，2007（9）：139－144.

［60］李健，曹文文，乔嫣，等．经营期望落差、风险承担水平与创新可持续性——民营企业与非民营企业的比较研究［J］．中国软科学，2018a（2）：140－148.

［61］李健，陈传明，孙俊华．企业家政治关联、竞争战略选择与企业价值——基于上市公司动态面板数据的实证研究［J］．南开管理评论，2012，15（6）：147－157.

［62］李健，潘镇，陈景仁．期望绩效反馈、公司发展与技术创新研究［J］．科研管理，2018b，39（6）：122－130.

［63］李莉，顾春霞，于嘉懿．高管政治晋升对国有企业创新投资的影响研究——基于监管独立性和市场化进程的双重探讨［J］．科学学研究，2018，36（2）：342－351，360.

［64］李睿．前景理论研究综述［J］．社会科学论坛，2014（2）：214－222.

［65］李文贵，余明桂．所有权性质、市场化进程与企业风险承担［J］．中国工业经济，2012（12）：115－127.

［66］李文君，刘春林．突发事件情境下组织冗余资源的作用分析［J］．经济与管理，2012，26（6）：51－56.

［67］李溪，郑馨，张建琦．绩效反馈模型的最新研究进展［J］．经济管理，2015，37（9）：189－199.

［68］李溪，郑馨，张建琦．制造企业的业绩困境会促进创新吗——基于期望落差维度拓展的分析［J］．中国工业经济，2018（8）：174－192.

[69] 李香花，高博，李世辉．政策性负担、管理者过度自信与企业风险承担［J］．财会月刊，2021（19）：48－57.

[70] 李小青．董事会认知异质性对企业价值影响研究——基于创新战略中介作用的视角［J］．经济与管理研究，2012（8）：14－22.

[71] 李小荣，张瑞君．股权激励影响风险承担：代理成本还是风险规避？［J］．会计研究，2014（1）：59－65，97.

[72] 李晓翔，刘春林．冗余资源与企业绩效关系的情境研究——兼谈冗余资源的数量变化［J］．南开管理评论，2011，14（3）：4－14.

[73] 李新春，张鹏翔，叶文平．家族二代认知差异与企业多元化战略调整——基于中国上市家族企业二代进入样本的实证研究［J］．中山大学学报（社会科学版），2016，56（3）：183－193.

[74] 李增泉．激励机制与企业绩效——一项基于上市公司的实证研究［J］．会计研究，2000（1）：24－30.

[75] 连燕玲，贺小刚，高皓．业绩期望差距与企业战略调整——基于中国上市公司的实证研究［J］．管理世界，2014（11）：119－132，188.

[76] 连燕玲，刘俊良，陈琼．破产威胁与战略变革——基于组织资源与市场丰腴性的调节效应研究［J］．外国经济与管理，2016，38（10）：20－34.

[77] 连燕玲，叶文平，刘依琳．行业竞争期望与组织战略背离——基于中国制造业上市公司的经验分析［J］．管理世界，2019，35（8）：155－172，191－192.

[78] 连燕玲，周兵，贺小刚，等．经营期望、管理自主权与战略变革［J］．经济研究，2015，50（8）：31－44.

[79] 梁杰，谢恩，沈灏．绩效反馈、绩效预期与企业战略变化［J］．软科学，2015，29（2）：72－76.

[80] 林浚清，黄祖辉，孙永祥．高管团队内薪酬差距、公司绩效和

治理结构［J］. 经济研究，2003（4）：31－40，92.

［81］蔺雷，吴贵生. 我国制造企业服务增强差异化机制的实证研究［J］. 管理世界，2007（6）：103－113.

［82］刘常建，许为宾，周莉莉. 重商文化、政府治理与企业风险承担［J］. 东岳论丛，2019，40（11）：141－149.

［83］刘建国. 绩效衰退与企业创新行为——基于中国上市公司的实证分析［J］. 南开管理评论，2017，20（4）：140－152.

［84］刘宁，于婷，戴娟. 薪酬保密对员工组织公平感的倒U形影响——人际竞争性的调节作用［J］. 华南师范大学学报（社会科学版），2017（2）：109－115.

［85］刘睿智，胥朝阳. 竞争战略、企业绩效与持续竞争优势——来自中国上市公司的经验证据［J］. 科研管理，2008，29（6）：36－43.

［86］刘丝雨. 负向绩效反馈对企业战略变革方向的影响［J］. 科技进步与对策，2017，34（19）：92－97.

［87］刘鑫，薛有志. CEO接班人遴选机制与CEO变更后公司风险承担研究——基于CEO接班人年龄的视角［J］. 管理评论，2016，28（5）：137－149.

［88］刘志远，王存峰，彭涛，等. 政策不确定性与企业风险承担：机遇预期效应还是损失规避效应［J］. 南开管理评论，2017，20（6）：15－27.

［89］鲁海帆. 高管层内薪酬差距、CEO内部继任机会与公司业绩研究——基于锦标赛理论的实证分析［J］. 南方经济，2010（5）：10，23－32，10.

［90］陆瑶，胡江燕. CEO与董事间的“老乡”关系对我国上市公司风险水平的影响［J］. 管理世界，2014（3）：131－138.

［91］吕迪伟，蓝海林，陈伟宏. 绩效反馈的不一致性与研发强度的关系研究［J］. 南开管理评论，2018，21（4）：50－61.

[92] 吕斐斐，贺小刚，葛菲．期望差距与创始人离任方式选择：基于中国家族上市公司的分析［J］．财经研究，2015，41（7）：68－80.

[93] 吕文栋，刘巍，何威风．管理者异质性与企业风险承担［J］．中国软科学，2015（12）：120－133.

[94] 罗党论，唐清泉．市场环境与控股股东“掏空”行为研究——来自中国上市公司的经验证据［J］．会计研究，2007（4）：69－74，96.

[95] 马丽，马可逸．工作连通行为与工作—家庭增益的倒U形关系——基于资源保存理论视角［J］．软科学，2021，35（2）：96－101.

[96] 马宁，王雷．企业生命周期、竞争战略与风险承担［J］．当代财经，2018（5）：70－80.

[97] 马永强，邱煜．CEO贫困出身、薪酬激励与企业风险承担［J］．经济与管理研究，2019，40（1）：97－114.

[98] 迈克尔·波特．竞争战略（第1版）［M］．北京：华夏出版社，2005.

[99] 孟焰，赖建阳．董事来源异质性对风险承担的影响研究［J］．会计研究，2019（7）：35－42.

[100] 欧阳慧，曾德明，张运生．国际化竞争环境中TMT的异质性对公司绩效的影响［J］．数量经济技术经济研究，2003（12）：125－129.

[101] 彭晓，修宗峰，刘然．商帮文化、制度环境与企业社会责任信息披露——基于我国A股民营上市公司的经验证据［J］．中南大学学报（社会科学版），2020，26（5）：133－147.

[102] 钱先航，徐业坤．官员更替、政治身份与民营上市公司的风险承担［J］．经济学（季刊），2014，13（4）：1437－1460.

[103] 邱晨，杨蕙馨．绩效期望落差如何促进技术创新？——企业模仿学习对象选择的经验证据［J］．产业经济研究，2022（1）：57－70.

[104] 权小锋，吴世农．CEO权力强度、信息披露质量与公司业绩的波动性——基于深交所上市公司的实证研究［J］．南开管理评论，

2010，13（4）：142－153.

［105］任海云．公司治理对R&D投入与企业绩效关系调节效应研究［J］．管理科学，2011，24（5）：37－47.

［106］任颋，茹璟，尹潇霖．所有制性质、制度环境与企业跨区域市场进入战略选择［J］．南开管理评论，2015，18（2）：51－63.

［107］尚航标，黄培伦．绩效负向反馈对风险战略行为的影响——股权激励的调节作用［J］．软科学，2014，28（4）：29－32.

［108］尚洪涛，房丹．政府补贴、风险承担与企业技术创新——以民营科技企业为例［J］．管理学刊，2021，34（6）：45－62.

［109］邵剑兵，曹占飞．业绩期望落差对高管超额薪酬的抑制作用——基于不同期望参照标准的检验［J］．商业研究，2019（10）：91－102.

［110］盛斌，王浩．银行分支机构扩张与企业出口国内附加值率——基于金融供给地理结构的视角［J］．中国工业经济，2022（2）：99－117.

［111］宋建波，文雯，王德宏．海归高管能促进企业风险承担吗——来自中国A股上市公司的经验证据［J］．财贸经济，2017，38（12）：111－126.

［112］宋淑琴，陈澈．债务重组中债权人关注劳动力成本吗——基于破产的对比分析［J］．会计研究，2021（3）：166－179.

［113］宋铁波，钟熙，陈伟宏．期望差距与企业国际化速度：来自中国制造业的证据［J］．中国工业经济，2017（6）：175－192.

［114］宋铁波，钟熙，陈伟宏．谁在“穷则思变”？基于中国民营与国有上市公司的对比分析［J］．管理评论，2019，31（2）：214－224.

［115］宋铁波，钟熙，陈伟宏，等．董事会资本、经营期望落差与战略变革［J］．经济与管理评论，2018，34（4）：82－94.

［116］苏坤，张健．公司治理对企业风险承担的影响研究［J］．西安财经学院学报，2016，29（1）：43－49.

[117] 苏坤. CEO 背景特征对公司风险承担的影响研究 [J]. 当代经济管理, 2016a, 38 (11): 18-25.

[118] 苏坤. 董事会规模与企业风险承担: 产权性质与市场化进程的调节作用 [J]. 云南财经大学学报, 2016b, 32 (2): 139-148.

[119] 苏坤. 国有金字塔层级对公司风险承担的影响——基于政府控制级别差异的分析 [J]. 中国工业经济, 2016c (6): 127-143.

[120] 苏坤. 重商文化、风险承担与企业价值 [J]. 浙江工商大学学报, 2017 (1): 89-97.

[121] 苏涛永, 陈永恒, 张亮亮, 等. 异质性业绩期望差距与企业双元创新——家族企业与非家族企业的比较研究 [J]. 研究与发展管理, 2021, 33 (4): 169-182.

[122] 苏晓华, 王科. 转型经济中新兴组织场域的制度创业研究——以中国 VC/PE 行业为例 [J]. 中国工业经济, 2013 (5): 148-160.

[123] 苏屹, 王雪, 欧忠辉. 企业家政治关联对企业创新意愿的影响研究——基于有调节的双路径中介效应模型分析 [J]. 软科学, 2021, 35 (1): 68-74.

[124] 孙海法, 伍晓奕. 企业高层管理团队研究的进展 [J]. 管理科学学报, 2003, 6 (4): 82-89.

[125] 孙玥璠, 陈爽, 张永冀. 高管团队异质性、群体断裂带与企业风险承担 [J]. 管理评论, 2019, 31 (8): 157-168.

[126] 谭瑾, 罗正英. 高管变更、竞争战略与企业社会责任——基于战略耦合的视角 [J]. 山西财经大学学报, 2017, 39 (5): 82-93.

[127] 唐清泉, 罗党论, 王莉. 上市公司独立董事辞职行为研究——基于前景理论的分析 [J]. 南开管理评论, 2006, 9 (1): 74-83.

[128] 唐松, 谢雪妍. 企业持股金融机构如何服务实体经济——基于供应链溢出效应的视角 [J]. 中国工业经济, 2021 (11): 116-134.

[129] 汪秀琼, 吴小节, 蓝海林. 企业社会资本对跨区域市场进入

模式的影响研究：理论框架的建立与研究命题的提出［J］. 科学决策，2011（1）：54－63.

［130］王百强，侯粲然，孙健. 公司战略对公司经营绩效的影响研究［J］. 中国软科学，2018（1）：127－137.

［131］王栋，吴德胜. 股权激励与风险承担——来自中国上市公司的证据［J］. 南开管理评论，2016，19（3）：157－167.

［132］王凤荣，董法民. 地方政府竞争与中国的区域市场整合机制——中国式分权框架下的地区专业化研究［J］. 山东大学学报（哲学社会科学版），2013（3）：11－25.

［133］王嘉鑫，孙梦娜. 绿色发展与治理转型的"波特假说之谜"——基于碳风险下企业降杠杆的证据［J］. 经济管理，2021，43（12）：41－61.

［134］王菁华，茅宁，王杉. 宗教传统会促进企业风险承担吗？——基于组织成熟度的调节作用检验［J］. 商业经济与管理，2017（9）：34－45.

［135］王俊领，李海燕. 战略差异度对股票错误定价的影响研究［J］. 当代财经，2020（12）：125－136.

［136］王陵峰，龙静，刘海建. 并购中组织的 LMX，TMX 对员工创新影响的实证研究——基于威胁刚性理论的视角［J］. 科学学与科学技术管理，2011，32（6）：166－171.

［137］王倩，曹玉昆. 绩效期望反馈、冗余资源与战略变革［J］. 财经问题研究，2020（2）：104－113.

［138］王文华，叶沁瑶，沈秀. 差异化战略能促进双元创新投入吗？——基于环境不确定性与财务柔性的调节作用［J］. 预测，2021，40（2）：47－54.

［139］王晓燕，柳雅君. 业绩困境会影响企业的风险承担吗——基于管理者过度自信视角的实证研究［J］. 云南财经大学学报，2021，37（1）：74－89.

[140] 王晓燕. 业绩期望差距与制造企业创新行为选择——基于不同期望参照水平的检验 [J]. 产业经济研究, 2021 (6): 129-142.

[141] 王性玉, 邢韵. 高管团队多元化影响企业创新能力的双维分析——基于创业板数据的实证检验 [J]. 管理评论, 2020, 32 (12): 101-111.

[142] 王雪冬, 聂彤杰, 孟佳佳. 政治关联对中小企业数字化转型的影响——政策感知能力和市场感知能力的中介作用 [J]. 科研管理, 2022, 43 (1): 134-142.

[143] 王雪莉, 林洋帆, 杨百寅, 等. 信任的双刃剑: 对变革型领导与知识分享关系的中介作用 [J]. 科学学与科学技术管理, 2013, 34 (8): 172-180.

[144] 王雪莉, 马琳, 王艳丽. 高管团队职能背景对企业绩效的影响: 以中国信息技术行业上市公司为例 [J]. 南开管理评论, 2013, 16 (4): 80-93.

[145] 王雪莉, 张勉, 黄志超. 变革导向领导行为与知识转移——组织文化、知识转移与接受意愿的中介作用 [J]. 兰州大学学报 (社会科学版), 2013, 41 (3): 89-95.

[146] 王益民, 王艺霖, 程海东. 高管团队异质性、战略双元与企业绩效 [J]. 科研管理, 2015, 36 (11): 89-97.

[147] 王元芳, 徐业坤. 保守还是激进: 管理者从军经历对公司风险承担的影响 [J]. 外国经济与管理, 2019, 41 (9): 17-30, 46.

[148] 韦倩, 王安, 王杰. 中国沿海地区的崛起: 市场的力量 [J]. 经济研究, 2014, 49 (8): 170-183.

[149] 位华. CEO权力、薪酬激励和城市商业银行风险承担 [J]. 金融论坛, 2012, 17 (9): 61-67.

[150] 魏立群, 王智慧. 我国上市公司高管特征与企业绩效的实证研究 [J]. 南开管理评论, 2002 (4): 16-22.

［151］温素彬，周鎏鎏．企业碳信息披露对财务绩效的影响机理——媒体治理的“倒U形”调节作用［J］．管理评论，2017，29（11）：183－195.

［152］温忠麟，叶宝娟．中介效应分析：方法和模型发展［J］．心理科学进展，2014，22（5）：731－745.

［153］温忠麟，张雷，侯杰泰，等．中介效应检验程序及其应用［J］．心理学报，2004，36（5）：614－620.

［154］文巧甜，郭蓉．资源约束框架下业绩反馈与战略调整方向研究——基于中国上市公司的数据分析［J］．经济管理，2017，39（3）：90－108.

［155］巫强．薪酬差距、企业绩效与晋升机制——高管薪酬锦标赛的再检验［J］．世界经济文汇，2011（5）：94－105.

［156］吾买尔江·艾山，郑惠．商业信用对企业绩效的影响机理——金融关联的U形调节作用［J］．软科学，2020，34（5）：64－69.

［157］吴超，施建军．绩效下滑、董事网络与企业风险承担［J］．经济与管理研究，2018，39（7）：108－121.

［158］吴炯，戚阳阳．抱残守缺与小富即安：业绩期望差距对家族企业传承后创新活动的影响［J］．当代经济科学，2020，42（4）：99－112.

［159］吴良海，王玲茜．控制权激励、公益性捐赠与企业风险承担［J］．南京工业大学学报（社会科学版），2020，19（1）：80－100，112.

［160］吴倩，潘爱玲，刘昕．产业政策支持、企业生命周期与风险承担［J］．商业经济与管理，2019（1）：74－87.

［161］吴延兵．中国式分权下的偏向性投资［J］．经济研究，2017，52（6）：137－152.

［162］吴言波，邵云飞，殷俊杰．管理者注意力和外部知识搜索调节作用下失败学习对突破性创新的影响研究［J］．管理学报，2021，18

(9): 1344 - 1353.

[163] 武常岐. 中国战略管理学研究的发展述评 [J]. 南开管理评论, 2010, 13 (6): 25 - 40.

[164] 夏立军, 方轶强. 政府控制、治理环境与公司价值——来自中国证券市场的经验证据 [J]. 经济研究, 2005 (5): 40 - 51.

[165] 肖金利, 潘越, 戴亦一. "保守"的婚姻: 夫妻共同持股与公司风险承担 [J]. 经济研究, 2018, 53 (5): 190 - 204.

[166] 谢凤华, 姚先国, 古家军. 高层管理团队异质性与企业技术创新绩效关系的实证研究 [J]. 科研管理, 2008, 29 (6): 65 - 73.

[167] 谢获宝, 惠丽丽. 成本粘性、公司治理与高管薪酬业绩敏感性——基于企业风险视角的经验证据 [J]. 管理评论, 2017, 29 (3): 110 - 125.

[168] 谢乔昕, 宋良荣. 中国式分权对企业研发投入及其投入效果的影响 [J]. 科技管理研究, 2015, 35 (21): 20 - 24.

[169] 解维敏, 唐清泉. 公司治理与风险承担——来自中国上市公司的经验证据 [J]. 财经问题研究, 2013 (1): 91 - 97.

[170] 邢新朋, 方洁, 刘天森, 等. 绩效反馈对开发式创新和探索式创新的影响机制研究 [J]. 工业技术经济, 2018, 37 (7): 137 - 145.

[171] 胥朝阳, 刘睿智, 唐寅. 技术并购的创值效应及影响因素分析 [J]. 南方经济, 2013 (3): 48 - 61.

[172] 徐岚, 汪涛, 姚新国. 中国企业产品创新战略执行的路径: 基于转轨经济条件的研究 [J]. 管理世界, 2007 (9): 85 - 98.

[173] 徐强, 魏泽龙, 李垣, 等. 高管团队特征与战略变化关系的理论分析框架研究 [J]. 西安交通大学学报 (社会科学版), 2009, 29 (1): 29 - 34.

[174] 许永斌, 鲍树琛. 代际传承对家族企业风险承担的影响 [J]. 商业经济与管理, 2019 (3): 50 - 60.

［175］许志勇，胡伟，邓青，等．企业金融化、市场化进程与风险承担［J］．中国软科学，2020（10）：165－174．

［176］薛龙．经济政策不确定性与企业风险承担［J］．财经论丛，2019（12）：55－65．

［177］薛有志，刘鑫．所有权性质、现金流权与控制权分离和公司风险承担——基于第二层代理问题的视角［J］．山西财经大学学报，2014，36（2）：93－103．

［178］杨澄．差异化战略、产业政策与成本粘性［J］．暨南学报（哲学社会科学版），2018，40（2）：72－83．

［179］杨栋旭，张先锋．管理者异质性与企业对外直接投资——基于中国A股上市公司的实证研究［J］．国际贸易问题，2018（10）：162－174．

［180］杨红，彭灿，李瑞雪，等．变革型领导、知识共享与研发团队创造力：团队成员异质性的倒U形调节作用［J］．运筹与管理，2021，30（1）：217－224．

［181］杨瑞龙，章逸然，杨继东．制度能缓解社会冲突对企业风险承担的冲击吗？［J］．经济研究，2017，52（8）：140－154．

［182］杨天亮，辛斐，雷旭．人类大脑结构和功能的性别差异：来自脑成像研究的证据［J］．心理科学进展，2015，23（4）：571－581．

［183］杨武，田雪姣．技术创新、市场化进程与企业兴衰［J］．科学学研究，2018，36（9）：1686－1693．

［184］余芬，樊霞，李芷珊．企业金融化提升创新持续性了吗？——兼论制度环境的影响［J］．研究与发展管理，2021，33（3）：1－13．

［185］余浩，程思慧，郑兰君，等．大数据环境下的企业行为理论研究脉络［J］．科研管理，2018，39（S1）：262－270．

［186］余明桂，李文贵，潘红波．管理者过度自信与企业风险承担［J］．金融研究，2013a（1）：149－163．

[187] 余明桂，李文贵，潘红波．民营化、产权保护与企业风险程度［J］．经济研究，2013b，48（9）：112－124.

[188] 余思明，唐建新，孙辉东．管理层业绩目标松弛、高管激励与企业风险承担水平［J］．预测，2019，38（6）：24－31.

[189] 鱼乃夫，杨乐．高管异质性、企业社会责任与上市公司违规行为——来自A股主板上市公司的经验证据［J］．证券市场导报，2019（12）：12－19，28.

[190] 袁庆宏，张华磊，王震，等．研发团队跨界活动对团队创新绩效的“双刃剑”效应——团队反思的中介作用和授权领导的调节作用［J］．南开管理评论，2015，18（3）：13－23.

[191] 袁蓉丽，李瑞敬，夏圣洁．战略差异度与企业避税［J］．会计研究，2019（4）：74－80.

[192] 曾繁华，吴阳芬．财政分权、市场化与经济增长的实证研究［J］．统计与决策，2020，36（9）：94－99.

[193] 曾江洪，杨雅兰．经营期望落差是否促进了企业探索性创新［J］．科技进步与对策，2021，38（16）：63－73.

[194] 曾萍，黄紫薇，夏秀云．外部网络对企业双元创新的影响：制度环境与企业性质的调节作用［J］．研究与发展管理，2017，29（5）：113－122.

[195] 曾萍，刘洋，应瑛．转型经济背景下后发企业创新追赶路径研究综述——技术创新抑或商业模式创新？［J］．研究与发展管理，2015，27（3）：1－7.

[196] 詹新宇，刘文彬，李文健．地方经济增长目标管理与企业实际税负［J］．财政研究，2020（11）：84－100.

[197] 张丹妮，刘春林，刘夏怡．期望绩效反馈与企业风险决策关系研究——企业行为理论与代理理论的整合视角［J］．研究与发展管理，2022，34（1）：133－145.

［198］张宏，罗兰英．竞争战略与社会责任对企业市场绩效的协同效应研究［J］．管理学报，2021，18（8）：1204－1211，1219.

［199］张敏，童丽静，许浩然．社会网络与企业风险承担——基于我国上市公司的经验证据［J］．管理世界，2015（11）：161－175.

［200］张明，蓝海林，陈伟宏．企业注意力基础观研究综述——知识基础、理论演化与研究前沿［J］．经济管理，2018，40（9）：189－208.

［201］张平．我国上市公司高层管理团队异质性与企业绩效的关系研究［M］．北京：经济科学出版社，2005.

［202］张瑞君，李小荣，许年行．货币薪酬能激励高管承担风险吗［J］．经济理论与经济管理，2013（8）：84－100.

［203］张三保，李晔．何以称制度企业家为创新勇士［J］．清华管理评论，2018（Z1）：70－75.

［204］张三保，张志学．区域制度差异，CEO 管理自主权与企业风险承担——中国 30 省高技术产业的证据［J］．管理世界，2012（4）：101－114，188.

［205］张文菲，金祥义，张诚．跨国并购、市场化进程与企业创新——来自上市企业的经验证据［J］．南开经济研究，2020（2）：203－225.

［206］张新民，金瑛，刘思义，等．互动式信息披露与融资环境优化［J］．中国软科学，2021（12）：101－113.

［207］张远飞，贺小刚，连燕玲．“富则思安”吗？——基于中国民营上市公司的实证分析［J］．管理世界，2013（7）：130－144，188.

［208］赵锂，刘妍艺，黄少卿．政商互动与中国企业环境信息披露［J］．学习与探索，2021（12）：139－147.

［209］赵茂，杨洋，刘大鹏．中国金融市场化指数的度量研究［J］．统计与决策，2019，35（10）：149－152.

［210］甄红线，张先治，迟国泰．制度环境、终极控制权对公司绩效的影响——基于代理成本的中介效应检验［J］．金融研究，2015（12）：

162－177.

[211] 郑兵云，陈圻，李邃．差异化战略对企业绩效的影响研究——基于创新的中介视角［J］．科学学研究，2011，29（9）：1406－1414.

[212] 郑丽，陈志军．绩优子公司创新阻力的内在机制研究［J］．研究与发展管理，2021，33（5）：54－66.

[213] 郑小碧，刘俊哲．期望落差与互联网新创企业狙击型国际化——基于资源条件与市场环境二元情境视角［J］．科技进步与对策，2021，38（12）：89－98.

[214] 郑晓倩．董事会特征与企业风险承担实证研究［J］．金融经济学研究，2015，30（3）：107－118.

[215] 钟熙，宋铁波，陈伟宏，等．分析师期望落差会促进战略变革吗？——来自中国制造业上市公司的经验证据［J］．管理评论，2020，32（2）：266－277.

[216] 周阳敏，赵亚莉．制度环境、制度资本与企业绩效关系的实证检验［J］．统计与决策，2019，35（22）：180－183.

[217] 周业安，章泉．财政分权、经济增长和波动［J］．管理世界，2008（3）：6－15，186.

[218] 周泽将，罗进辉，李雪．民营企业身份认同与风险承担水平［J］．管理世界，2019，35（11）：193－208.

[219] 朱丽娜，贺小刚，贾植涵．"穷困"促进了企业的研发投入？——环境不确定性与产权保护力度的调节效应［J］．经济管理，2017，39（11）：67－84.

[220] 朱卫东，许赛．融资约束视角下终极控股股东对企业风险承担的影响［J］．工业技术经济，2016，35（3）：78－87.

[221] 朱文莉，丁洁．公司战略差异、机构投资者持股与盈余持续性［J］．哈尔滨商业大学学报（社会科学版），2019（4）：29－41，74.

[222] Aaker D. A. & Mascarenhas B. The need for Strategic Flexibility

[J]. Journal of Business Strategy, 1984, 5 (2): 74 – 82.

[223] Acemoglu D., Aghion P., Lelarge C. et al. Technology, Information, and the Decentralization of the Firm [J]. Quarterly Journal of Economics, 2007, 122 (4): 1759 – 1799.

[224] Acharya V., Amihud Y. & Litov L. Creditor Rights and Corporate Risk – Taking [J]. Journal of Financial Economics, 2011, 102 (1): 150 – 166.

[225] Adams R. B., Almeida H. & Ferreira D. Powerful CEOs and Their Impact on Corporate Performance [J]. Review of Financial Studies, 2005, 18 (4): 1403 – 1432.

[226] Attig N., Ghoul S. E., Guedhami O. et al. The Governance Role of Multiple Large Shareholders: Evidence from the Valuation of Cash Holdings [J]. Journal of Management and Governance, 2013, 17 (2): 419 – 451.

[227] Baixauli – Soler J. S., Belda – Ruiz M. & Sanchez – Marin G. Executive Stock Options, Gender Diversity in the Top Management Team, and Firm Risk Taking [J]. Journal of Business Research, 2015, 68 (2): 451 – 463.

[228] Bantel K. A. & Jackson S. E. Top Management and Innovations in Banking: Does the Composition of the Top Team make a Difference?[J]. Strategic Management Journal, 1989, 10: 107 – 124.

[229] Bargeron L., Lehn K. M. & Zutter C. J. Sarbanes – Oxley and Corporate Risk – Taking [J]. Journal of Accounting and Economics, 2010, 49 (1): 34 – 52.

[230] Barker V. L. & Mone M. A. The Mechanistic Structure Shift and Strategic Reorientation in Declining Firms Attempting Turnarounds [J]. Human Relations, 1998, 51 (10): 1227 – 1258.

[231] Barney J. B. Firm Resource and Sustained Competitive Advantage

[J]. Journal of Management, 1991, 17 (1): 99 –120.

[232] Barney J. B. Strategic Factor Markets: Expectations, Luck, and Business Strategy [J]. Management Science, 1986, 32 (10): 1231 –1241.

[233] Baron R. M. & Kenny D, A. The Moderator – Mediator Variable Distinction in Social Psychological Research: Conceptual, Strategic, and Statistical Considerations [J]. Journal of Personality and Social Psychology, 1986, 51 (6): 1173 –1182.

[234] Benmelech E. & Frydman C. Military CEOs [J]. Journal of Financial Economics, 2015, 117 (1): 43 –59.

[235] Bernile G. , Bhagwat V. & Rau P. R. What doesn't Kill you Will Only Make you More Risk – Loving: Early – Life Disasters and CEO Behavior [J]. Journal of Finance, 2017, 72 (1): 167 –206.

[236] Boubakri N. , Cosset J. C. & Saffar W. The Role of State and Foreign Owners in Corporate Risk – Taking: Evidence from Privatization [J]. Journal of Financial Economics, 2013, 108 (3): 641 –658.

[237] Bowman E. H. Risk Seeking by Troubled Firms [J]. Sloan Management Review, 1982, 23 (4): 33 –42.

[238] Bromiley P. Testing a Causal Model of Corporate Risk Taking and Performance [J]. Academy of Management Journal, 1991, 34 (1): 37 –59.

[239] Cain M. D. & Mckeon S. B. CEO Personal Risk – Taking and Corporate Policies [J]. Journal of Financial and Quantitative Analysis, 2016, 51 (1): 139 –164.

[240] Carpenter M. A. & Fredrickson J. W. Top Management Teams, Global Strategic Posture, and the Moderating Role of Uncertainty [J]. The Academy of Management Journal, 2001, 44 (3): 533 –545.

[241] Carpenter M. A. The Implications of Strategy and Social Context for

the Relationship between Top Team Management Heterogeneity and Firm Performance [J]. Strategic Management Journal, 2002, 23 (3): 275 -284.

[242] Carpenter M. A., Geletkanycz M. A. & Sanders W. G. Upper Echelons Research Revisited: Antecedents, Elements, and Consequences of Top Management Team Composition [J]. Journal of Management, 2004, 30 (6): 749 -778.

[243] Carter E. E. The Behavioral Theory of the Firm and Top - Level Corporate Decision Making [J]. Administrative Science Quarterly, 1971, 16 (4): 413 -429.

[244] Certo S. T., Lester R. H., Dalton C. M. et al. Top Management Teams, Strategy and Financial Performance: A Meta - analytic Examination [J]. Journal of Management Studies, 2006, 43 (4): 813 -839.

[245] Chen C., Guo R., Hsiao Y. et al. How Business Strategy in Non - Financial Firms Moderates the Curvilinear Effects of Corporate Social Responsibility and Irresponsibility on Corporate Financial Performance [J]. Journal of Business Research, 2018, 92: 154 -167.

[246] Chen W. R. & Miller K. D. Situational and Institutional Determinants of Firms' R&D Search Intensity [J]. Strategic Management Journal, 2007, 28 (4): 369 -381.

[247] Chen W. R. Determinants of Firms' Backward - and Forward - Looking R&D Search Behavior [J]. Organization Science, 2008, 19 (4): 609 -622.

[248] Cheng J. L. C. & Kesner I. F. Organizational Slack and Response to Environmental Shifts: The Impact of Resource Allocation Patterns [J]. Journal of Management, 1997, 23 (1): 1 -18.

[249] Cheng S. Board Size and the Variability of Corporate Performance [J]. Journal of Financial Economics, 2008, 87 (1): 157 -176.

[250] Chiles T. H. , Bluedorn A. C. & Gupta V. K. Beyond Creative Destruction and Entrepreneurial Discovery: A Radical Austrian Approach to Entrepreneurship [J]. Organization Studies, 2007, 28 (4): 467 -493.

[251] Chrisman J. J. , Chua J. H. , Pearson A. W. et al. Family Involvement, Family Influence, and Family - Centered Non - Economic Goals in Small Firms [J]. Entrepreneurship Theory and Practice, 2012, 36 (2): 267 - 293.

[252] Christensen D. M. , Dan S. D. , Boivie S. et al. Top Management Conservatism and Corporate Risk Strategies: Evidence from Managers' Personal Political Orientation and Corporate Tax Avoidance [J]. Strategic Management Journal, 2015, 36 (12): 1918 -1938.

[253] Coles J. L. , Daniel N. D. & Naveen L. Managerial Incentives and Risk - Taking [J]. Journal of Financial Economics, 2006, 79 (2): 431 - 468.

[254] Cyert R. M. & March J. G. A Behavioral Theory of the Firm [M]. Englewood Cliffs, NJ: Prentice - Hall, 1963.

[255] David J. S. , Hwang Y. , Pei B. K. W. et al. The Performance Effects of Congruence between Product Competitive Strategies and Purchasing Management Design [J]. Management Science, 2002, 48 (7): 866 -885.

[256] Davis L. & North D. C. Institutional Change and American Economic Growth: A First Step Towards a Theory of Institutional Innovation [J]. Journal of Economic History, 1970, 30 (1): 131 -149.

[257] Deephouse D. L. To be Different, or to be the Same? It's a Question (and Theory) of Strategic Balance [J]. Strategic Management Journal, 1999, 20 (2): 147 -166.

[258] Denrell J. Organizational Risk Taking: Adaptation Versus Variable Risk Preferences [J]. Industrial and Corporate Change, 2008, 17 (3):

427 – 466.

[259] Desai V. M. Constrained Growth: How Experience, Legitimacy, and Age Influence Risk Taking in Organizations [J]. Organization Science, 2008, 19 (4): 594 – 608.

[260] Desai V. M. The Behavioral Theory of the (Governed) Firm: Corporate Board Influences on Organizations' Responses to Performance Shortfalls [J]. Academy of Management Journal, 2016 (3): 860 – 879.

[261] Eisenmann T. R. The Effects of CEO Equity Ownership and Firm Diversification on Risk Taking [J]. Strategic Management Journal, 2002, 23 (6): 513 – 534.

[262] Faccio M., Marchica M. & Mura R. Large Shareholder Diversification and Corporate Risk – Taking [J]. Social Science Electronic Publishing, 2011, 24 (11): 3601 – 3641.

[263] Faccio M., Marchica M. T. & Mura R. CEO Gender, Corporate Risk – Taking, and the Efficiency of Capital Allocation [J]. Journal of Corporate Finance, 2016, 39 (2): 193 – 209.

[264] Fehr – Duda H., Gennaro M. D. & Schubert R. Gender, Financial Risk, and Probability Weights [C]. Institute of Enocomic Research, Swiss Federal Institute of Technology Zurich (ETH), 2004 (4): 283 – 313.

[265] Finkelstein S., Hambrick D. C. & Cannella A. A. Strategic Leadership: Theory and Research on Executives, Top Management Teams, and Boards [M]. Oxford: Oxford University Press, 2009.

[266] Gavetti G. & Levinthal D. Looking Forward and Looking Backward: Cognitive and Experiential Search [J]. Administrative Science Quarterly, 2000, 45 (1): 113 – 137.

[267] Gavetti G., Greve H. R, Levinthal D. A. et al. The Behavioral Theory of the Firm: Assessment and Prospects [J]. The Academy of Manage-

ment Annals, 2012, 6 (1): 1 -40.

[268] George B. & Jorgensen B. Volatility, Noise and Incentives [J]. Harvard University and NBER Working Paper, 2003, 7634.

[269] Gold A. H. , Malhotra A. & Segars A. H. Knowledge Management: An Organizational Capabilities Perspective [J]. Journal of Management Information Systems, 2001, 18 (1): 185 -214.

[270] Goll I. , Johnson N. B. & Rasheed A. A. Top Management Team Demographic Characteristics, Business Strategy, and Firm Performance in the us Airline Industry: The Role of Managerial Discretion [J]. Management Decision, 2008, 46 (2): 201 -222.

[271] Greve H. R. A Behavioral Theory of R&D Expenditures and Innovations: Evidence from Shipbuilding [J]. Academy of Management Journal, 2003b, 46 (6): 685 -702.

[272] Greve H. R. Organizational Learning from Performance Feedback: A Behavioral Perspective on Innovation and Change [M]. Cambridge, UK: Cambridge University Press, 2003a.

[273] Greve H. R. A Behavioral Theory of Firm Growth: Sequential Attention to Size and Performance Goals [J]. Academy of Management Journal, 2008, 51 (3): 476 -494.

[274] Guariglia A. & Liu P. To What Extent do Financing Constraints Affect Chinese Firms' Innovation Activities? [J]. International Review of Financial Analysis, 2014, 36 (12): 223 -240.

[275] Hambrick D. C. & Mason P. A. Upper Echelons: The Organization as a Reflection of its Top Managers [J]. Academy of Management Review, 1984, 9 (2): 193 -206.

[276] Hambrick D. C. Upper Echelons Theory: An Update [J]. Academy of Management Review, 2007, 32 (2): 334 -343.

[277] Hambrick D. C. , Cho T. S. & Chen M. J. The Influence of Top Management Team Heterogeneity on Firms' Competitive Moves [J]. Administrative Science Quarterly, 1996, 41 (4): 659 -684.

[278] Hannan M. T. & Freeman J. H. The Population Ecology of Organizations [J]. American Journal of Sociology, 1977, 82 (5): 929 -964.

[279] Heckman J. The Sample Selection Bias as a Specification Error [J]. Econometrica, 1979, 47 (1): 153 -162.

[280] Hitt M. & Tyler B. Strategic Decision Models: Integrating Different Perspectives [J]. Strategic Management Journal, 1991, 12 (5): 327 -351.

[281] Hoskisson R. E. , Johnson R. A. , Tihanyi L. et al. Diversified Business Groups and Corporate Refocusing in Emerging Economies [J]. Journal of Management, 2005, 31 (6): 941 -965.

[282] Hutton I. , Jiang D. & Kumar A. Corporate Policies of Republican Managers [J]. Journal of Financial and Quantitative Analysis, 2014, 49 (5 -6): 1279 -1310.

[283] Jehn K. A. , Northcraft G. B. & Neale M. A. Why Differences Make a Difference: A Field Study of Diversity, Conflict, and Performance in Workgroups [J]. Administrative Science Quarterly, 1999, 44 (4): 741 -763.

[284] Jiraporn P. , Chatjuthamard P. , Tong S. et al. Does Corporate Governance Influence Corporate Risk - Taking? Evidence from the Institutional Shareholders Services (ISS) [J]. Finance Research Letters, 2015, 13: 105 -112.

[285] John K. , Litov L. & Yeung B. Corporate Governance and Risk - Taking [J]. Journal of Finance, 2008, 63 (4): 1679 -1728.

[286] Joseph J. & Gaba V. The Fog of Feedback: Ambiguity and Firm

Responses to Multiple Aspiration Levels [J]. Strategic Management Journal, 2015, 36 (13): 1960 - 1978.

[287] Kahneman D. & Tversky K. Prospect Theory: An Analysis of Decision under Risk [J]. Econometrica, 1979, 47 (2): 263 - 291.

[288] Khaw K. L. H., Liao J., Tripe D. et al. Gender Diversity, State Control, and Corporate Risk - Taking: Evidence from China [J]. Pacific - Basin Finance Journal, 2016, 39 (9): 141 - 158.

[289] Kini O. & Williams R. Tournament Incentives, Firm Risk, and Corporate Policies [J]. Journal of Financial Economics, 2012, 103 (2): 350 - 376.

[290] Klenke K. Gender Influences in Decision - Making Processes in Top Management Teams [J]. Management Decision, 2003, 41 (10): 1024 - 1034.

[291] Koerniadi H., Krishnamurti C. & Tourani - Rad A. Corporate Governance and Risk - Taking in New Zealand [J]. Australian Journal of Management, 2014, 39 (2): 227 - 245.

[292] Kor Y. Y. Direct and Interaction Effects of Top Management Team and Board Compositions on R&D Investment Strategy [J]. Strategic Management Journal, 2006, 27 (11): 1081 - 1099.

[293] La Porta R., Lopez - de - Silanes F. & Shleifer A. Government Ownership of Banks [J]. Journal of Finance, 2002, 57 (1): 265 - 301.

[294] La Porta R., Lopez - de - Silanes F., Shleifer A. et al. Trust in Large Organizations [J]. The American Economic Review, 1997, 87 (2): 333 - 338.

[295] Langenmayr D. & Lester R. Taxation and Corporate Risk - Taking [J]. Accounting Review, 2018, 93 (3): 237 - 266.

[296] Lazear E. P. & Rosen S. Rank - Order Tournaments as Optimum

Labor Contracts [J]. Journal of Political Economy, 1981, 89 (5): 841 - 864.

[297] Lee C. Y. & Chang H. Y. How do the Combined Effects of CEO Decision Horizon and Compensation Impact the Relationship between Earnings Pressure and R&D Retrenchment?[J]. Technology Analysis&Strategic Management, 2014, 26 (9): 1057 - 1071.

[298] Lewellyn K. B. & Muller - Kahle M. I. CEO Power and Risk Taking: Evidence from the Subprime Lending Industry [J]. Corporate Governance An International Review, 2012, 20 (3): 289 - 307.

[299] Li J. & Tang Y. CEO Hubris and Firm Risk Taking in China: The Moderating Role of Managerial Discretion [J]. Academy of Management Journal, 2010, 53 (1): 45 - 68.

[300] Li K., Griffin D., Yue H. et al. How does Culture Influence Corporate Risk - Taking?[J]. Journal of Corporate Finance, 2012, 23 (4): 1 - 22.

[301] Lim E. N. K. & Mccann B. T. Performance Feedback and Firm Risk Taking: The Moderating Effects of CEO and Outside Director Stock Options [J]. Organization Science, 2014, 25 (1): 262 - 282.

[302] Ljungqvist A., Zhang L. & Zuo L. Sharing Risk with the Government: How Taxes Affect Corporate Risk Taking [J]. Journal of Accounting Research, 2017, 55 (3): 669 - 707.

[303] Low A. Managerial Risk - Taking Behavior and Equity - Based Compensation [J]. Journal of Financial Economics, 2009, 92 (3): 470 - 490.

[304] Lumpkin G. T. & Dess G. G. Clarifying the Entrepreneurial Orientation Construct and Linking it to Performance [J]. Academy of Management Review, 1996, 21 (1): 135 - 172.

[305] March J. G. & Shapira Z. Variable Risk Preferences and the Focus of Attention [J]. Psychological Review, 1992, 99 (1): 172 - 183.

[306] McKinley W., Latham S. & Braun M. Organizational Decline and Innovation: Turnarounds and Downward Spirals [J]. Academy of Management Review, 2014, 39 (1): 88 - 110.

[307] Mclean R. D. & Zhao M. The Business Cycle, Investor Sentiment, and Costly External Finance [J]. The Journal of Finance, 2014, 69 (3): 1377 - 1409.

[308] Mihet R. Effects of Culture on Firm Risk - Taking: A Cross - Country and Cross - Industry Analysis [J]. Journal of Cultural Economics, 2013, 37 (1): 109 - 151.

[309] Miles R. E. & Snow C. C. Organizational Strategy, Structure and Process [M]. Stanford University Press, 2003.

[310] Miller R. & Lessard D. The Strategic Management of Large Engineering Projects: Shaping Institutions, Risks, and Governance [M]. Massachusetts Institute of Technology, 2000.

[311] Mishra D. R. Multiple Large Shareholders and Corporate Risk Taking: Evidence from East Asia [J]. Corporate Governance, 2011, 19 (6): 507 - 528.

[312] Mone M. A., WcKinley W. & Barker V. L. Organizational Decline and Innovation: A Contingency Framework [J]. Academy of Management Review, 1998, 23 (1): 115 - 132.

[313] Nakano M. & Nguyen P. Board Size and Corporate Risk Taking: Further Evidence from Japan [J]. Corporate Governance, 2012, 20 (4): 369 - 387.

[314] Nohria N. & Gulati R. Is Slack Good or Bad for Innovation? [J]. Academy of Management Journal, 1996, 39 (5): 1245 - 1264.

[315] Ocasio W. Towards an Attention - Based View of the Firm [J]. Strategic Management Journal, 1997, 18 (SI): 187 -206.

[316] Palmer T. B. & Wiseman R. M. Decoupling Risk Taking from Income Stream Uncertainty: A Holistic Model of Risk [J]. Strategic Management Journal, 1999, 20 (11): 1037 -1062.

[317] Perryman A. A., Fernando G, D. & Tripathy A. Do Gender Differences Persist? An Examination of Gender Diversity on Firm Performance, Risk, and Executive Compensation [J]. Journal of Business Research, 2016, 69 (2): 579 -586.

[318] Peterson R. S., Smith D. B., Martorana P. V. et al. The Impact of Chief Executive Officer Personality on Top Management Team Dynamics: One Mechanism by Which Leadership Affects Organizational Performance [J]. Journal of Applied Psychology, 2003, 88 (5): 795 -808.

[319] Porter M. E. Competitive Strategy: Techniques for Analyzing Industries and Competitors [M]. NewYork: FreePress, 1980.

[320] Porter M. E. Industrial Organization and the Evolution of Concepts for Strategic Planning: The New Learning [J]. Managerial and Decision Economics, 1983, 4 (3): 172 -180.

[321] Prahalad C. K. & Hamel G. The Core Competence of the Corporation [J]. Harvard Business Review, 1990, 68 (1): 79 -91.

[322] Ross J. & Staw B. M. Expo 86: An Escalation Prototype [J]. Administrative Science Quarterly, 1986, 31 (2): 274 -297.

[323] Roussanov N. & Savor P. Marriage and Managers' Attitudes to Risk [J]. Social Science Electronic Publishing, 2011, 60 (10): 2496 -2508.

[324] Sah R. K. & Stiglitz J. E. The Quality of Managers in Centralized Versus Decentralized Organizations [J]. The Quarterly Journal of Economics,

1991, 106 (1): 289 - 295.

[325] Schmidt U., Starmer C. & Sugden R. Third - Generation Prospect Theory [J]. Journal of Risk and Uncertainty, 2008, 36 (3): 203 - 223.

[326] Schoar A. & Zuo L. Shaped by Booms and Busts: How the Economy Impacts CEO Careers and Management Styles [J]. Nber Working Papers, 2011.

[327] Scott W. R. & Meyer J. W. Institutional Environments and Organizations: Structural Complexity and Individualism [M]. NewYork: Sage Publications, 1994.

[328] Scott W. R. Institutions and Organizations [M]. Thousand Oaks, Califonia: Sage Publications, 1995.

[329] Smith K. G., Smith K. A., Olian J. D. et al. Top Management Team Demography and Process: The Role of Social Integration and Communication [J]. Administrative Science Quarterly, 1994, 39 (3): 412 - 438.

[330] Staw B. M., Sandelands L. E. & Dutton J. E. Threat Rigidity Effects in Organizational Behavior: A Multilevel Analysis [J]. Administrative Science Quarterly, 1981, 26 (4): 501 - 524.

[331] Suchman M. C. Managing Legitimacy: Strategic and Institutional Approaches [J]. Academy of Management Review, 1995, 20 (3): 571 - 610.

[332] Talke K., Salomo S. & Rost K. How Top Management Team Diversity Affects Innovativeness and Performance Via the Strategic Choice to Focus on Innovation Fields [J]. Research Policy, 2010, 39 (7): 907 - 918.

[333] Teece D. J. Explicating Dynamic Capabilities: The Nature and Microfoundations of (Sustainable) Enterprise Performance [J]. Strategic Management Journal, 2007, 28 (13): 1319 - 1350.

[334] Teece D. J., Pisano G. & Shuen A. Dynamic Capabilities and

Strategic Management [J]. Strategic Management Journal, 1997, 18 (7): 509 - 533.

[335] Tihanyi L., Ellstrand A. E., Daily C. M. et al. Composition of the Top Management Team and Firm International Diversification [J]. Journal of Management, 2000, 26 (6): 1157 - 1177.

[336] Tversky A. & Kahneman D. Advances in Prospect Theory: Cumulative Representation of Uncertainty [J]. Journal of Risk and Uncertainty, 1992, 5 (4): 297 - 323.

[337] Tversky K. A. Prospect Theory: An Analysis of Decision under Risk [J]. Econometrica, 1979, 47 (2): 263 - 291.

[338] Wally S. & Becerra M. Top Management Team Characteristics and Strategic Changes in International Diversification [J]. Group & Organization Management, 2001, 26 (2): 165 - 188.

[339] Wang C. J. Board size and Firm Risk - Taking [J]. Review of Quantitative Finance and Accounting, 2012, 38 (4): 519 - 542.

[340] Wernerfelt B. A Resource - Based View of the Firm [J]. Strategic Management Journal, 1984, 5 (2): 171 - 180.

[341] Wright P., Ferris S. P., Sarin A. et al. Impact of Corporate Insider, Blockholder, and Institutional Equity Ownership on Firm Risk Taking [J]. The Academy of Management Journal, 1996, 39 (2): 441 - 458.

[342] Wright P., Kroll M., Krug J. A. et al. Influences of Top Management Team Incentives on Firm Risk Taking [J]. Strategic Management Journal, 2007, 28 (1): 81 - 89.

[343] Wu Y., Wei Z. & Liang Q. Top Management Team Diversity and Strategic Change: The Moderating Effects of Pay Imparity and Organization Slack [J]. Journal of Organizational Change Management, 2011, 24 (3): 267 - 281.

[344] Yang L. & Wang D. The Impacts of Top Management Team Characteristics on Entrepreneurial Strategic Orientation [J]. Management Decision, 2014, 52 (2): 378 -409.

[345] Zhang Y. & Gimeno J. Earnings Pressure and Long - Term Corporate Governance: Can Long - Term - Oriented Investors and Managers Reduce the Quarterly Earning Sobsession?[J]. Organization Science, 2016, 27 (2): 354 -372.

[346] Zona F. Corporate Investing as a Response to Economic Downturn: Prospect Theory, the Behavioural Agency Model and the Role of Financial Slack [J]. British Journal of Management, 2012, 23 (S1): S42 -S57.

# 后　记

当本书进行到后记时，心中突然激动了起来。相信多年以后，再次拿起这本书时，我仍不能忘记傻坐在书桌前选题无从着手时的那份迷茫与彷徨，也不能忘记写作遇到阻力时的那般焦虑与绝望，更不会忘记耗时搜集的数据回归结果却很糟糕时的那种无助与沮丧。

本书的顺利完稿，得到了许多老师和同事的大力支持。首先，要感谢我的导师——辽宁大学刘力钢教授。从本书的选题、结构的安排、语言的组织、结果的分析，以及文字的校订，刘老师都倾注了大量心血。特别是在我思路中断，迷茫不前时，刘老师像一盏指路明灯，不断照亮我前进的道路。同时，刘老师高尚的人品、渊博的学识、严谨的学风、博大的胸怀、淡泊名利的心态以及平易近人的态度使我深深地感受到为人师者的魅力。刘老师不仅教会了我如何做学问，更教会了我如何做人，给了我亦师亦父般的引领，有幸师从刘力钢教授，是我人生道路上最珍贵的收获！其次，感谢辽宁大学商学院的各位领导和同事给我的支持与鼓励。学院积极向上的拼搏精神，深厚的学科积淀，浓厚的科研氛围，引领着我不断向上进取。本书的完成受益于各位师长同事的精心指点和热心帮助。最后，还要感谢我的父母。感谢你们给予我的支持与鼓励。正是你们的明理与豁达才会让我在面对抉择时可以完全遵从自己的内心，可以毫无压力地作出客观的判断。是你们教会了我独立与坚忍，向上与拼搏，也正是你们教会了我遇事要沉着冷静，面对成绩要戒骄戒躁。你们给我的这些优秀品质我定会受用终生。未来我定将以我全部的挚爱和陪伴予以回报！正是有你们的全力支持才使得我得以全身心投入学习与工作，亲情的力量永远是我前行的不竭动力！

刚刚看到屏保上的一句话，感觉很喜欢，希望以此自省共勉，并作为我后记的结尾。

宇宙很谦虚，明明拥有一切，却叫太空！

李 莹

二〇二四年十二月